対人ストレスコーピング
ハンドブック

人間関係のストレスにどう立ち向かうか

加藤司 著

ナカニシヤ出版

はじめに

現代はストレス社会であるといわれているが，ストレスの中でも，人間関係に関するストレスは，多くの人々が経験したことのある最も一般的なものである。人間関係に関連するストレスは対人ストレスといわれ，ご近所，上司や部下，友人などとのトラブルだけでなく，配偶者を失ったり，離婚や失恋を経験したり，セクハラを受けたり，その内容は多岐にわたっている。このような対人ストレスを避けて生活することはできない。そこで，このような対人ストレスに遭遇しつつも，精神的に健康な生活を維持するために重要なキーワードとなるのが，ストレス解消方法（コーピング）である。対人ストレスに対するコーピングを対人ストレスコーピングというが，対人ストレスコーピングに対して，多くの人々が関心を寄せているにもかかわらず，わが国はもちろんのこと，海外においても，対人ストレスコーピングの科学的専門書はみあたらない。

本書では，対人ストレスに対するコーピングにはどのような種類のものがあるのか，どのようなコーピングを用いると精神的な健康を維持し続けることができるのか，科学的な実証研究をもとに紹介する。しかし，精神的に健康であっても，人間関係そのものが悪化してしまっては問題である。そこで，どのようなコーピングが，良好な関係を維持することができるのか，さらには，コーピングを行うことによって，周囲の人々に与える影響に関しても解説する。

本書を読むにあたって，予備的な知識は一切必要ない。専門的知識を有しない者にも理解できるように，予備的知識を必要とする記述は避けることにした。心理学を専攻とする学生，人間関係，健康科学，福祉，看護領域などで学ぶ学生はもちろんのこと，「人間関係」や「ストレス」に関心のある読者は，気軽に読んでほしい。しかし，本書の専門性は非常に高い。それは，「対人ストレス」に関心のある研究者ならば，本書に目を通しただけで理解できるであろう。これまでに紹介されたことのない文献が，ストレスの専門家ですら知らなかった現象が，数多く取りあげられているからである。「人間関係」や「ストレス」を研究領域とする研究者には，研究室や書斎においていただきたい。

著　者

お願い

筆者が作成した対人ストレスコーピング尺度を用い，研究を実施し，学術学会誌論文はもちろん，卒業論文，修士論文，学会発表論文集，紀要など，紙媒体としてまとめた読者がいましたら，ぜひ，筆者まで，ご連絡ください。対人ストレスコーピング尺度を用いた研究例として，学術論文や書籍などで引用したいと思っております。

連絡・郵送先
〒112-8606　東京都文京区白山5-28-20　東洋大学社会学部　加藤　司　宛
mtsukasa@toyonet.toyo.ac.jp

目　次

第１章　対人ストレスコーピングとは

多くの人々が人間関係を原因としたことで悩んだことがあるだろう。そして，些細な出来事でなかなか眠れなかったり，もう誰とも会いたくないと思ったり，人間不信になったりしたことがあるかもしれない。人間関係に関する悩みは，多くの人々のストレス源となり，日常生活に支障をきたすこともある。このような人間関係のストレスを経験した時，われわれはどのような方法でストレスを解消すればいいのであろうか。人間関係でストレスを感じたら，気の合う仲間と飲みに行き，ストレスが解消すればそれだけでいいのであろうか。ストレスを生み出した人間関係は，どのようになってもいいのであろうか。人間関係もうまくいき，ストレスも解消される，そのような方法があるのであろうか。

このような疑問に答えるため，まず，本章では，ストレスの発生メカニズムに関する説明をしたのち，人間関係で生じるストレス，そして，そのストレスの解消方法について，説明する。

第１節　ストレスに関する基本的な考え方

対人ストレスに対する対処方法について知るためには，まず，ストレスに関する基礎的知識が必要になる。本節では，ストレッサーがストレス反応として表出される仕組みと，コーピングの役割について，簡単に説明する。

■ 1　ストレッサーとストレス反応

ストレスの医学的概念を確立し，ストレスという用語を一般の人々にまで広めたのはセリエ（Selye, H.）である。セリエは，生体に対する有害な刺激が加えられた際に生じる生体内部の状態をストレス，外的刺激をストレッサーとよんだ。ストレッサー（stressor）はストレス源を意味し，隣人とのもめごと，失恋，受験など，緊張や不快な情動を喚起させる情動的刺激だけでなく，寒冷，騒音，放射能などの物理的刺激，酸素欠乏，薬物，毒物などの化学的刺激，感染，出血，疼痛などの生物学的刺激も含まれる。心理・社会的ストレス研究では，ストレッサーは，ストレスフルな状況（stressful situation）あるいはストレスイベント（stressful events）などとよばれることが多い。ストレッサーによって生じる生体の心理・行動・生理的反応をストレス反応（strain, distress）という。ストレッサーに遭遇することで悩んだり，落ち込んだり，職場でのミスが多くなったり，眠れなくなったり，病気になったりすることもある。このような状態がストレス反応である。日常生活では，ストレッサーとストレス反応のどちらの意味においても，「ストレス」という言葉を用いている。

古典的なストレス発生モデルでは，ストレッサーの経験頻度やストレッサーの強度（どの程度不快であるか）に焦点があてられていた。たとえば，ホームズとレイ（Holmes & Rahe, 1967）はストレッサーの強度をLCU得点（Life Change Unite score）であらわし，過去1年間に経験したLCU得点の合計点によって，ストレスに関連した疾患の発症率を予測しようとした。LCU得点とは，それぞれのストレッサーに適応するために必要なエネルギーの総量であり，「結婚」を50点とし，0点から100点までの範囲で表記される。LCU得点が高いほど，そのストレッサーに適応するためのエネルギーがより多く必要であり，ストレッサーの強度が高いことを意味している。表1-1は，さまざまなストレッサーのLCU得点を示した社会的再適応評価尺度（Social Readjustment Rating Scale）である。表1-1は，ホームズとレイ（1967）のデータに，わが国の勤労者のデータ（夏目, 1987）および大学生のデータ（白石ら, 1990）を加えたものである。

ホームズとレイは，過去1年間に経験したストレッサーのLCU得点の合計得点が，150点から199点の場合，疾患の発症率は約40%，200点から299点の発症率は約50%，300点以上の発症率は約80%であると報告している。ホ

表 1-1　社会的再適応評価尺度（LCU 得点）

ライフイベント	原版	勤労者	大学生	ライフイベント	原版	勤労者	大学生
配偶者の死	100	83	83	子女の離家	29	50	—
離婚	73	72	68	義理の家族とトラブル	29	—	—
夫婦別居	65	67	—	個人的な成功	28	—	39
服役	63	—	—	妻の就職・退職	26	38･40	—
近親者の死	63	73	80	進学・卒業	26	—	—
大きなけがや病気	53	62	69	生活条件の変化	25	42	47
結婚	50	50	53	個人的習慣の変化	24	38	48
失業	47	74	—	上司とのトラブル	23	51	56
夫婦の和解	45	—	37	勤務時間・条件の変化	20	55	—
退職・引退	45	44	71	転居	20	47	—
家族の健康の変化	44	59	58	転校（転部）	20	41	(50)
妊娠	40	44	67	余暇の減少・増加	19	37･28	37
性生活の困難	39	49	—	宗教活動の変化	19	—	—
新たな家族の加入	39	47	49	社会活動の変化	18	42	34
勤務先の変化	39	59･59･64	—	1 万ドル以下借金	17	51	61
収入減・増	38	58･38	—	睡眠習慣の変化	16	47	51
親友の死	37	60	77	家族団らんの変化	15	41	—
転勤・配置転換	36	58･51	—	食生活の変化	15	37	43
夫婦の口論の変化	35	48	—	長期休暇	13	35	—
1 万ドル以上借金	31	61	72	クリスマス	12	—	—
抵当流れ	30	—	—	小さな法律違反	11	41	26
仕事の責任の変化	29	40･60	—	留年	—	—	78

注）原版は Holmes & Rahe（1967），勤労者は夏目ら（1987），大学生は白石ら（1990）を参考に作成した。夏目らの研究では，ホームズとレイの「勤務先の変化」を「吸収合併」･「建て直し」･「会社がかわる」に，「転勤・配置転換」を「人事異動」･「配置転換」に，「1 万ドル」を「300 万円・100 万円」に，「仕事の責任の変化」を「昇進・昇格」･「降格」に変えたものである。「—」は該当項目がないことを示している。灰色は，対人ストレッサーと考えられるライフイベントである。大学生の基準（LCU 得点 50 点）は「大学入学」である。

ームズとレイ（1967）のデータにあてはめるとするならば，たとえば，過去 1 年間に，配偶者と死別し（LCU 得点 100 点），再婚して転居（LCU 得点 50 点 + 20 点）し，上司とトラブルを起こして失業すると（LCU 得点 23 点 + 47 点），合計 LCU 得点は 240 点となり，疾患の発症率は約 50%となる。

■ 2　ストレス反応の個人差

まったく同一のストレッサーを経験しても，病気にかかる者もいれば，そうでない者もいる。それは，個人によって，ストレッサーの受け止め方や，ストレス解消方法が異なるからである。ホームズとレイの古典的なストレス理論で

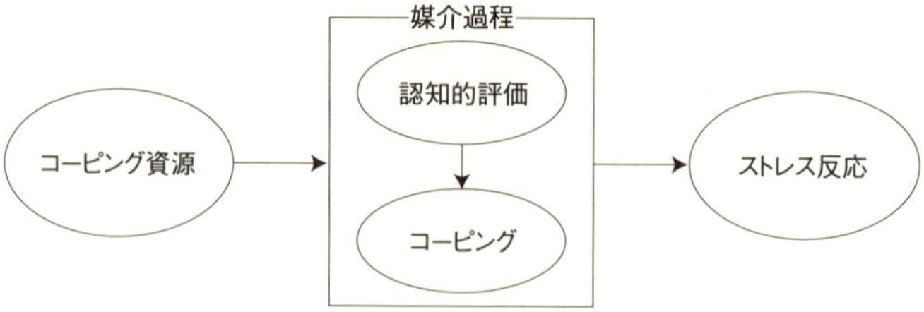

図1-1　ラザルスらの心理的ストレス発生モデル

は，このような現象を説明することができなかった。この個人差に注目した研究者の一人がラザルス（Lazarus, R. S.）である。ラザルスは，ストレッサーを経験し，そのストレッサーがストレス反応として表出されるストレス発生過程を図1-1のように説明した。

ラザルスは，ストレス発生過程における個人差として，認知的評価とコーピングを重要な概念として取りあげている。認知的評価（cognitive appraisal）とは，経験したストレッサーが個人の健康に関連しているかどうか，もし関連しているとしたら，何をなすのかに関する評価の過程である。コーピング（coping behavior）とは，ストレッサーに対してどのような方法で対応するのか，ストレッサーに対する対処行動を意味している。ストレス解消法という日常用語は，学術用語ではコーピングのことを意味している。ストレッサーに遭遇した生活体は，認知的評価に基づきコーピングを選択する。どのような認知的評価，コーピングを選択するかは個人によって異なるため，同一のストレッサーを経験しても，ストレス反応は個人によって異なることになる。図1-1に示したコーピング資源，認知的評価，ストレス反応に関して，以下に簡単に説明する。なお，コーピングに関しては次項で説明する。

(1) コーピング資源

コーピング資源（coping resources）とは，コーピングの選択に影響を及ぼす，比較的安定した要因である。経済状況，健康状態，パーソナリティ，ソーシャル・サポート（他者からの援助行動）などがあげられる。たとえば，経済的状態が良好である者は，ストレスフルな状況において，旅行や趣味に没頭するというコーピング方略を選択することが可能である。しかし，経済状態が著しく悪い場合には，そのようなコーピング方略を選択することができない。また，援助をしてくれる人間関係を有する者は，サポート希求（誰かに援助を求める）というコーピング方略を選択することができるが，そのような人間関係を持たない者は，サポート希求というコーピング方略を用いることができない。上記の場合には，経済状況や人間関係がコーピング資源となる。このように，コーピング資源の程度によって，選択可能なコーピングが異なる。

(2) 認知的評価

認知的評価とは，潜在的なストレッサー（potential stressor）に対する個人の主観的な評価を意味している。潜在的なストレッサーに遭遇した個人は，そのストレッサーが個人の健康に関連しているかどうか，ストレスフルであるかどうかに関する評価がなされる。自分の健康に関連があり，ストレスフルであると評価することで，潜在的なストレッサーは初めてストレッサーとなる。「自分には関係がない」「自分にとって有害ではない」と判断すれば，もはやストレッサーではなくなるのである。さらに，ストレスフルであると評価すると，個人にとって，ストレッサーがどの程度重要であるのか，どの程度脅威であるのか，という評価がなされる。さらに，そのストレッサーに対してどのようなコーピングを選択することができるのか，選択したコーピングがどの程度効果的であるのかなどに関する評価がなされる。このような認知的評価の過程で，最も重要な評価が，コントロールの可能性と対処効力感である。コントロールの可能性（controllability）とは，ストレスフルな状況をコントロールすることができるという認知である。対処効力感（coping efficacy）とは，選択したコーピングを効果的に用いることができるという自信，効力感である。

(3) ストレス反応

ストレッサーにさらされると，短期的には不安，怒り，抑うつなどの情動的変化，および，心拍数が増加するなどの生理的な変化が生じる。長期的には，認知・行動的変化，身体的症状，社会的機能の低下などもみられる。認知・行動的変化には，自信喪失，思考力の低下，無気力，引きこもりなどが含まれる。身体的症状は，生体のホメオスタシス（生体内の環境を常に一定に保とうとする機能）を調節している自律神経系，内分泌系，免疫系の機能が低下することによって生じるさまざまなストレス関連性疾患を意味している。社会的機能の低下では，社会的に不適応な状態に至ったり，生活の質（QOL：quality of life）が低下したり，社会的生活を営むうえで何らかの障害が生じたりする。このように，ストレス反応の概念は幅広い意味で用いられ，そのような意味において，心理・社会的ストレス研究では，ストレス反応の総称として精神的健康（well-being）という用語を用いる傾向が強い。

■ 3　ストレス発生過程におけるコーピングの役割

(1) コーピングとは

コーピング（coping）はto strikeを意味する古代ギリシアのkolaphosに由来し，本来to meet, to encounter, to strike againstという意味で用いられていた。その後，社会的・文化的変化に伴い，コーピングは「何とかうまく処理すること」（to manage successfully）を意味するようになった。コーピングに対応する日本語は対処行動である（文部省・日本心理学会, 1986参照）。学術用語として，対処行動といえばストレッサーに対するコーピングを意味する。コーピングという学術用語が使用され始めたのは1960年代に入ってからである。その後，1972年には心理学関連領域の学会学術論文数が毎年2桁に至り，1977年には毎年100篇を，そして，1993年から毎年500篇を，2000年には毎年680篇を超えるようになった（加藤・今田, 2001参照）。コーピングをキーワードとする学術論文は増加を続けており，現在も増加中である（図1-2参照）。

コーピング研究には，コーピングを防衛機制とみなす研究（coping as defense mechanisms），知覚スタイルとみなす研究（coping as perceptual styles），プロセスとみなす研究（coping as process），パーソナリティ特性とみなす研究（coping as trait）の4つのアプローチに大別することができる。コーピングを防衛機制とみなす研究は，フロイト（Freud, S.）によって理論化された自我の防衛機制（defense mechanisms）に基づくアプローチである。知覚スタイルとみなす研究では，ストレスフルな状況において，脅威を喚起さ

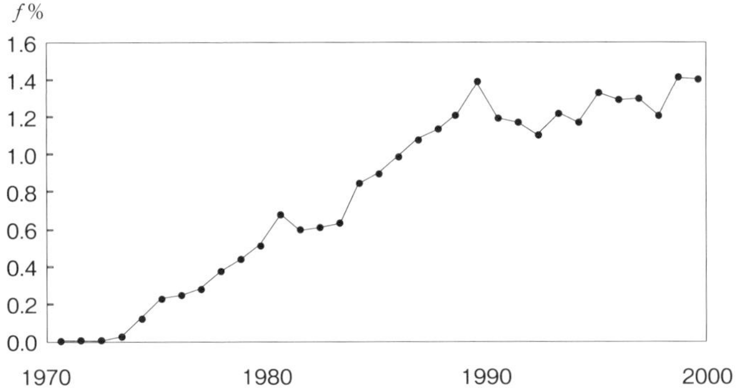

注）加藤（2007a）より作成した。

図1-2　コーピング（coping behavior）の論文数が全論文数に占める割合

せる情報に対する対応方法に焦点があてられている。主に，脅威を喚起させるような情報に注意を払うスタイルと，認知的に回避するスタイルとの2つのスタイルに分類している。プロセスとみなす研究では，ラザルスらのプロセス理論（process theory）に基づいたアプローチであり，コーピングは意識的に行われる努力であり，状況によって，刻々と変化するプロセスであると，とらえるアプローチである（56頁参照）。パーソナリティ特性とみなす研究では，コーピングの一貫性を認め，パーソナリティのような比較的安定した特性としてとらえるアプローチである（加藤・今田, 2001参照）。

それぞれのアプローチによって，コーピングのとらえ方は異なるが，科学的研究方法を軽視している防衛機制とみなす研究を除き，いずれのアプローチにおいても，以下の点で，共通した立場を有している。第一に，コーピングは，潜在的にストレスフルとなりうる状況に対処する個人の方略を意味する。第二に，同一のストレスフルな環境に置かれても，その影響のあらわれ方は個人によって異なり，コーピングはその主要な個体内要因のひとつである，という見解である。すなわち，ストレスフルな状況に遭遇した際のコーピングの選択が，その後の個人の精神的健康に影響を及ぼすということである。そのため，現在では，コーピングという学術用語は医学，看護学，心理学，社会福祉学，社会学など，さまざまな領域において用いられ，健康や適応を考える際に重要な意味を持つことが，多くの研究者の共通した見解となっている。

(2) コーピングの種類

コーピングにはさまざまな種類の方略が存在する。現在，最も使用頻度の高いコーピング尺度のひとつであるフォルクマンとラザルス（Folkman & Lazarus, 1980, 1985, 1988; Folkman et al., 1986）のコーピング尺度（WCQ：Ways of Coping Questionnaire）では，2つの次元と8つの方略を仮定している（表1-2参照）。2つの次元とは，問題焦点型対処と情動焦点型対処である。問題焦点型対処（problem-focused coping）とは，ストレスフルな状況において生じている問題を積極的に解決することで，ストレスを減少させるコーピング方略群である。たとえば，上司が自分の能力を評価してくれないことでストレスを感じているならば，誰もが納得できるような業績をあげるように努力することなどがそうである。一方，情動焦点型対処（emotion-focused coping）とは，ストレスフルな状況で喚起された不快な情動を鎮め，調節するコーピング方略群である。たとえば，同じように，上司が自分の能力を評価してくれないことでストレスを感じているならば，同僚とやけ酒を飲みに行ったり，部下にやつ当たりをしたりすることなどがそうである。両次元はコーピングの基本的次元として多くの研究者に認知されている。

問題－情動焦点型対処次元のほか，接近－回避コーピング，認知－行動コ

表1-2　ラザルスらの8つのコーピング方略

コーピングの種類	コーピングの内容
計画的問題解決	問題を解決するために計画を立てたり，積極的な解決方法を考え出したりする
対決型コーピング	ストレスフルな状況を変えるために，積極的に取り組もうとする
自己コントロール	自分の感情や考えを表に出さず，コントロールする
責任受容	自分の行動を自覚し，反省する
サポート希求	他者から何らかの援助を得ようとする
逃避・回避	問題を解決する意欲を失い，ストレスフルな状況に直面することを避けようとする
離隔型コーピング	ストレスフルな状況は自分と関係がないものであると思い込む
肯定的解釈	ストレスフルな状況を肯定的に解釈する

注）Folkman & Lazarus（1988）をもとに作成した。

ーピングなど，いくつかのコーピングの基本次元が提唱されている。接近－回避コーピングは，ストレスフルな状況に対して積極的に対処する積極的コーピング（approach coping）と，ストレスフルな状況を避ける回避的コーピング（avoidance coping）に分類する次元である。認知－行動コーピングは，ストレスフルな状況を肯定的に解釈したり，望ましい結果を想像したり，そのような認知的活動である認知的コーピング（cognitive coping）と，問題を解決するために情報を収集したり，話し合ったり，やけ酒を飲んだり，実際に行動を起こす行動的コーピング（behavioral coping）に分類する次元である。このような大きな枠組みでのコーピングの分類のほか，表 1-2 に示した具体的なコーピング方略の分類もなされている。なお，コーピングの使用頻度の推移については，毎年報告されている加藤（2006c, 2007b, 2008a,）の一連の研究が参考になる。

第２節　対人ストレスとは

われわれは，日常生活でさまざまなストレスフルな状況に遭遇する。なかでも，最も遭遇頻度が高く，われわれを困らせるのが人間関係であろう。このように人間関係に起因して生じるストレッサーを対人ストレッサー（interpersonal stressor, relationship stressor）という。対人ストレスイベント（interpersonal events）や対人ストレス状況（interpersonal stressful situation）ともいう。

明確な区別はできないが，ストレッサーのとらえ方には２つの立場がある。ライフイベントを重視する立場と，日常苛立ち事を重視する立場である。ライフイベント（life events）とは，生涯を通じて，一度あるいは数度経験するかしないか，非常にまれに遭遇するストレッサーである。一方，日常苛立ち事（daily hassles）は，日常生活において，繰り返し経験する些細な出来事である。対人ストレッサーに関しても，ライフイベントと日常苛立ち事がある。

■ 1　ライフイベントとしての対人ストレッサー

ライフイベント研究では，先に説明したホームズとレイの社会的再適応尺度が有名である。社会的再適応尺度はそれぞれのストレッサーの強度をLCU得点によって示したものである（2頁参照）。社会的再適応尺度は，対人ストレッサーのみを集めたものではない。しかし，表1-1（3頁）からもわかるように，配偶者の死，離婚，夫婦別居，近親者の死など，LCU得点の高いライフイベントの多くは，対人ストレッサーである（灰色で示したライフイベントが対人ストレッサーである）。ホームズとレイ（1967）の社会的再適応尺度は，その後，さまざまな研究者によって改訂されたが，配偶者の死，離婚，夫婦別居，近親者の死などの対人ストレッサーは，常に，高いLCU得点が算出されている。個人の人生において，ライフイベントは通常大きな影響を及ぼす。対人ストレッサーの中には，個人の人生を左右するようなストレッサーが含まれることがある。

■ 2　日常苛立ち事としての対人ストレッサー

「友だちと気まずい雰囲気になった」「上司が自分の提案を受け入れてくれない」「公衆道徳を守らず迷惑している」など，これらのストレッサーは，日常苛立ち事としての対人ストレッサーである。このような対人ストレッサーは，さまざまな対象，さまざまな状況で報告されている。本項では，日常生活で生じる対人ストレッサーについて説明する。

(1) ストレス研究における対人ストレッサー

日常苛立ち事のひとつとして，対人ストレッサーを取りあげる研究者は多いが，対人ストレッサーの分類を試みようとする研究者は少ない。国外の研究では，対人ストレッサーを分類する場合，どのような人間関係で生じたストレッサーであるのかという点に焦点があてられることが多い。たとえば，メイベリー（Maybery, 2003）は，対人ストレッサーを，恋人との間で生じるストレッサー，子どもとの間で生じるストレッサー，親類との間で生じるストレッサー，友人との間で生じるストレッサー，両親との間で生じるストレッサー，同僚との間で生じるストレッサー，学友との間で生じるストレッサー，教師との間で生じるストレッサーに分類している。

このような関係の対象による分類とは異なり，ストレッサーの質によって

表 1-3　対人ストレッサーの分類

種類	対人ストレッサーの内容（項目例）
対人葛藤	他者が否定的な態度や行動をあらわすような状況
	3　あなたの意見を○○が真剣に聞こうとしなかった
	5　○○からけなされたり，軽蔑された
	8　あなたと関わりたくなさそうな態度やふるまいをされた
	10　○○が都合のいいようにあなたを利用した
	13　あなたを信用していないような発言や態度をされた
	17　○○の問題点や欠点について注意・忠告をしたら，逆に怒られた
対人過失	相手に迷惑や不快な思いをさせてしまうような状況
	1　あなたの落ち度を，○○にきちんと謝罪・フォローできなかった
	2　○○に対して果たすべき責任を，あなたが十分に果たせなかった
	4　あなたのミスで○○に迷惑や心配をかけた
	7　○○にとってよけいなお世話かもしれないことをしてしまった
	9　○○に過度に頼ってしまった
	14　○○の仕事や勉強，余暇のじゃまをしてしまった
対人摩耗	配慮や気疲れを生じさせるような状況
	6　あなたのあからさまな本音や悪い部分が出ないように気を使った
	11　その場を収めるために，本心を抑えて○○をたてた
	12　○○に合わせるべきか，あなたの意見を主張すべきか迷った
	15　○○の機嫌を損ねないように，会話や態度に気を使った
	16　本当は指摘したい○○の問題点や欠点に目をつむった
	18　本当は伝えたいあなたの悩みやお願いを，あえて口にしなかった

注）橋本（2006）をもとに作成した。

対人ストレッサーを分類する試みがなされている。橋本（1997, 2006）は，対人ストレッサーの個人差を測定するための対人ストレスイベント尺度（Scale of Interpersonal Stressor）を作成し，大学生が遭遇する対人ストレッサーを対人葛藤，対人過失（対人劣等），対人摩耗の３つに分類している（表 1-3）。対人葛藤（interpersonal conflict）とは，他者が自分に対して，否定的な態度や行動をあらわすような状況である。たとえば，相手が意見を真剣に聞こうとしなかったり，相手に軽蔑されたり，けなされたり，相手の都合のいいように利用されたりするような状況である。橋本の対人葛藤の定義は，対人葛藤研究における対人葛藤の定義（13 頁参照）より，少し広い意味を持っている。対人過失（interpersonal blunder）とは，自分自身に誤りがあり，相手に迷惑や不快な思いをさせてしまうような状況である。たとえば，自分のミスで，相手に迷惑をかけた状況や，余計なお世話かもしれないことをしてしまった状況な

表 1-4　対人ストレッサーの経験率とストレス度

対人ストレッサー	程度（%）	経験率（%）
知人に嫌な思いをさせた	74.1	40.5
知人とケンカをした	69.6	15.9
周りの人から疎外されていると感じることがあった	66.2	31.9
知人とどのように付き合えばいいのか，わからなくなった	65.9	38.9
知人から責められた	63.2	17.9
親しくなりたい相手と，なかなか親しくなれなかった	61.9	36.8
知人に嫌な顔をされた	59.2	29.4
好意的な知人の誘いを断った	58.7	35.3
知人が無責任な行動をした	57.6	27.4
知人に誤解された	55.9	25.9
知人に対して劣等感を抱いた	55.0	43.4
知人に軽蔑された	54.5	10.2
相手が嫌な思いをしていないか気になった	54.3	70.9
約束を破られた	52.3	24.3
会話中に，何を話したらいいのかわからなくなった	48.6	54.5
自分の言いたいことが，相手にうまく伝わらなかった	48.4	63.9
知人に無理な要求をされた	48.0	21.3
会話中に，気まずい沈黙があった	47.7	45.8
嫌な人と会話した	44.6	39.6
知人が自分のことをどのように思っているのか気になった	42.2	67.7
テンポの合わない人と会話した	39.2	58.6
同じことを何度も言われた	32.9	42.7
自慢話や愚痴など，聞きたくないことを聞かされた	32.6	52.0
知人に深入りされないように気を使った	32.1	27.5
上下関係に気を使った	23.0	67.8
知人と意見が食い違った	22.6	58.4
無理に相手に合わせた会話をした	22.4	54.8
誰が悪いというわけではないとき，自分から謝った	19.4	34.0
知人のストレス発散に付き合わされた	16.0	23.9
あまり親しくない人と会話した	14.5	74.5

注）村松ら（2003）のデータ（1076名の大学生）をもとに作成した。対人ストレッサーの程度（%）は，「つらかった」「非常につらかった」と回答した調査参加者の割合を示す。

どが，対人過失にあてはまる。対人摩耗（interpersonal dislocation）とは，円滑な対人関係を維持するために，あえて自分の意に沿わないような行動をしたり，相手に対する期待外れを黙認しなければならなかったりするような状況である。たとえば，その場をおさめるために，本心を抑えて行動したり，相手の機嫌を損なわないように，会話や態度に気を遣ったりする状況があてはまる。表1-4は，橋本の対人ストレスイベント尺度（1997）の項目と，その経験頻度およびストレスフルの程度を示したものである。

橋本の対人ストレッサーを質的に分類しようとする研究は，国内外を通じて，初めての試みであり，わが国の複雑な人間関係の仕組みを解き明かす重要な研究の先駆けである。また，その研究は，ストレス研究の領域から飛び出し，日本人特有の人間関係論を展開する基礎的な知見となるかもしれない。

(2) 対人葛藤研究における対人ストレッサー

第4節（31頁）でも触れるが，ストレス研究以外の領域でも，対人ストレッサーと考えられる研究がなされている。その領域のひとつに，対人葛藤研究がある（31頁も参照）。対人葛藤（interpersonal conflict）とは，相互依存的関係にある個人間あるいは集団間において，意見が対立している状況や，他者から妨害されている状況である。単純にいうならば，対人関係において，お互いに相容れない状況である。このような対人葛藤状況は，否定的な感情を喚起しやすく，対人ストレッサーの一種であると考えられる。

職場あるいは小集団における葛藤研究では，集団内のメンバー間で生じる集団内葛藤（intragroup conflict）を「課題葛藤」と「関係葛藤」とに分類する考え方がある。課題葛藤（task conflict）とは，遂行しようとしている仕事の内容について，メンバー間で生じた見解の相違や意見の不一致を意味している。関係葛藤（relationship conflict）とは，集団内で生じた対人関係における不一致であり，典型的には，緊張状態，憎しみ，恨み，苛立ちなどが含まれている。両概念を明確に区別すべきだと考える研究者もいるが，両概念間には中程度から高い相関がみられ（Jehn & Chatman, 2000など），課題葛藤は関係葛藤へと移行すると考えられている（Friedman et al., 2000など）。イェーン（Jehn, 1995）は，このような「課題葛藤」と「関係葛藤」の経験頻度を測定するための集団内葛藤尺度（Intragroup Conflict Scale）を作成している。

別の側面から，対人葛藤を「見解の相違」「妨げ」「否定的感情」に分類しようとする研究者もいる（Barki & Hartwick, 2001, 2004参照）。見解の相違（disagreement）とは，他者との間に生じた知覚された意見の相違である。「見

表 1-5　対人葛藤の分類

	対人葛藤の焦点レベル	
対人葛藤の特性レベル	仕事の内容・仕事の過程	対人関係
見解の相違	仕事で何をすべきか，どのような仕事をすべきかに関する他者との意見の相違	他者の個人的な意見，価値観，見解，好みなどに関する意見の不一致
干渉	仕事で考えなければならないこと，あるいは，なすべき仕事を他者によって妨げられること	仕事とは関係のない事柄について，他者に妨げられること
否定的感情	仕事でしなければならないこと，あるいは，なすべき仕事について，他者に向けられた怒りや不満状態	個人的に，他者に向けられた怒りや不満状態

注）Barki & Hartwick（2004）236 頁を参考に作成した。

解の相違」には，個人の価値観，意見，態度，関心，目的や目標などの不一致も含まれる。対人葛藤の認知的側面であることから，認知的葛藤（cognitive conflict）とよばれることもある。妨げ（interference）とは，他者によって，個人の目標や関心ごとの達成を妨害されたり，反対されたりするような状況を意味する。多くの研究者たちが，「妨げ」を対人葛藤の中核であると考えている。否定的感情（emotional conflict，affection）とは，怒り，不満などの否定的な感情によって特徴づけられる人間関係の衝突である。「否定的感情」は，重要な見解の相違が生じたり，当事者にとって重要な目標達成を妨げられたりした場合に生じる。さらに，バーキら（Barki & Hartwick, 2004）は，「見解の相違」「妨げ」「否定的感情」という対人葛藤の特質（interpersonal conflict's properties）と，対人葛藤の焦点（interpersonal conflict's focus）によって，対人葛藤を 6 つに分類している（表 1-5 参照）。

■ 3　対人ストレッサーの性質

(1) 対人ストレッサーの条件

われわれは，対人ストレッサーが何であるのか経験的に知っている。しかし，研究を行ううえでは，対人ストレッサーであるかどうか，他のストレッサーと区別することが困難である場合もある。対人ストレッサーは，人間関係に起因して生じるストレスフルな状況である。どのような用語を用いようが，対人ストレッサーとなりうるためには以下の条件が必要である。

第一に，ストレッサーになりえなければならない。同一のストレッサーに遭遇しても，ストレッサーであるかどうかは，個人によって異なる。つまり，遭遇した段階では，ストレッサーは潜在的なストレッサーに過ぎず，ストレスフルであると認知されて初めて，ストレッサーとなる。ストレスフルであるかどうかは，個人の主観的な認知であり，直接観察することは困難である。そのため，ストレッサーとなりうるかどうかは，ストレッサーを経験することで，ストレス反応として表出されるかどうかによって判断される。すなわち，潜在的な対人ストレッサーとなりうるためには，一般的に，ストレスフルであると認知されるか，ストレス反応との間に関連性が認められる必要性がある。

第二に，人間関係に起因していることが明確である必要がある。そもそも，われわれは，社会の中で生活しており，決してひとりでは生活していない。その意味において，日常生活で遭遇するストレッサーは，すべて人間関係に関連していると考えても誤りではないように思われる。たとえば，あなたが「試験の成績が悪かった」という試験ストレッサーに遭遇したとする。試験の成績が悪かったことそれ自体は，人間関係と関係がないように思える。しかし，あなたは，試験の成績が悪いことで，自分を評価する先生の目が気になるかもしれない。「悪い成績が友人に知られたどうしよう」と友人の評価が気になるかもしれない。このような状況は，試験ストレッサーから派生した二次的な対人ストレッサーといえるかもしない。あなたが女性であれば，流産をするというストレッサーに遭遇するかもしれない。流産したことそれ自体は，人間関係と関係がないように思われる。しかし，流産したことによって，あなたは，夫や親戚から責められるかもしれないし，冷淡な態度をとられるかもしれない。このような場合，あなたは，流産から派生した二次的な対人ストレッサーに遭遇しているといえるかもしれない。このような理由から，試験ストレッサーや流産ストレッサーを対人ストレッサーとして扱おうとした場合，あらゆるストレッサーが対人ストレッサーとなる可能性がある。対人ストレッサーであるためには，たとえ派生的なストレッサーであろうが，明確に人間関係に起因している必要性がある。

(2) 他のストレッサーとの相違

対人ストレッサーとそれ以外のストレッサーとのデータ上の違いは，どのような点にあるのであろうか。パークら（Park et al., 2004）は，190名の大学生を対象に，28日間，毎日，その日に遭遇した最も不快な出来事（ストレッサー），および，そのストレッサーに対するコーピングの使用状況などについて調査した。最も不快な出来事を分析した結果，全体の約22%が人間関係に関する記述であった。さらに，対人ストレッサー，学業ストレッサー，自分自身の健康に関するストレッサー，それ以外のストレッサー間で，それぞれのストレッサーに対するコントロール感を比較した結果，対人ストレッサーに対するコントロール感が最も低かった。さらに，それぞれのストレッサーに対して，どのようなコーピングを使用したのかに関する分析を行った。その結果，対人ストレッサーに対して，情動焦点型や回避型のコーピングの使用頻度が高かった。パークら（2004）の研究から，対人ストレッサーは，他のストレッサーと比較して，自分自身でコントロールすることが困難であると認知する傾向が高く，感情を低減させたり，ストレスフルな状況から逃れたりするようなコーピング方略を選択しがちであることがわかる。

(3) 対人ストレスの重要性

意外に思う読者もいるかもしれないが，ストレス研究において，対人ストレッサーに焦点をあてた研究は極めて少ない（175頁参照）。だからといって，対人ストレス研究が重要な研究領域でない，というわけではない。対人ストレス研究には，少なくとも，以下のような意義があると考えられる。

第一に，対人ストレッサーは，最も遭遇頻度の高いストレッサーである。リクナビNEXT（株式会社リクルートが提供している就職ポータルサイト）では，2006年度に1,088名を対象に，職場でのストレス調査を実施している。そして，「仕事の量」「仕事の質」「やりがい」などを超え，「職場の人間関係（主に上司）」（41.2%複数回答）がストレスの原因の第一位であった，と報告している。また，2002年に実施された20歳以上の男女を対象としたNHKの全国調査では，ここ1年間に，「自分の考えが，周囲から反対を受けた」経験率は28.8%，「いやがらせ，いじめ，または暴行を受けた」経験率は7.9%であった

（日本人のストレス実態調査委員会, 2003）。対人ストレッサーは，われわれの身近な存在なのである。

第二に，対人ストレッサーは，避けることはできず，慢性化しやすいストレッサーである。われわれは，通常，ひとりでは生きてゆくことができず，社会の中で生活を営んでいる。それゆえ，人に気を遣ったり，人とのいさかいや争いは避けられないことを経験的に知っている。一方，通勤，寒暖，試験など，人間関係に起因しないストレッサーの多くは，避けることが可能なストレッサーである。満員電車や通勤時間に起因する通勤ストレッサーに対しては，出勤時間を変えたり，通勤先に近い場所に住居を構えたりすることによって解消されうるであろう。寒暖によるストレッサーに対しては，扇風機，エアコンをはじめ，さまざまな工夫によって回避することが可能である。試験に起因したストレッサーに耐えることができないとするならば，試験のない人生選択もあるだろう。

対人ストレッサーは，人間関係を断ち切ることで，避けることができる，と考える読者がいるかもしれない。実際，対人ストレッサーを生み出すような職場を離れることで，その職場では，対人ストレッサーに遭遇することはなくなる。しかし，離職することでは，対人ストレッサーを避けることができない。たとえ，どのような職場であろうとも，人間関係を円滑に営む能力の低い者は，再び，対人ストレッサーに遭遇する可能性が高い。対人ストレッサーを生み出すような関係を解消することは可能であるが，対人ストレッサーを避けることは困難なのである。

第３節　対人ストレスコーピング

対人ストレスコーピング（interpersonal stress coping）とは，対人ストレッサーに対するコーピングである。本節では，対人ストレスコーピング研究とはいかなる研究領域であるか理解するため，まず，加藤（2000, 2007a）が提唱している対人ストレスコーピングについて説明する。その後，ストレス研究において，対人ストレスコーピング研究が確立されるまでの流れについて説明する。

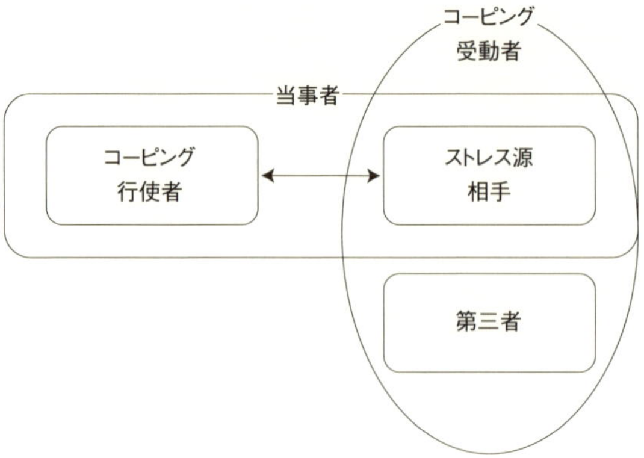

図 1-3　対人ストレスをめぐる人間関係

そのまえに，対人ストレスコーピングにかかわる人間関係について，少し説明する必要がある（図 1-3 参照）。対人ストレッサーにかかわる人々を当事者（party）とよぶ。当事者には，対人ストレッサーの原因を生み出した相手（other party）がいる。その相手は一人とは限らず，複数の場合もある。たとえば，ある集団の仲間に入りたいが，声をかけづらいという対人ストレス状況では，その集団の成員全員が相手（ストレス源）となる。当事者には，コーピングを実施する主体であるコーピング行使者（protagonist）も含まれる。また，当事者ではないが，それを観察している第三者（third parties）も存在する。対人ストレッサーの相手や第三者は，コーピング行使者によって実行されたコーピングの影響を受ける可能性があることから，コーピング受動者（coping recipients）という。

■ 1　対人ストレスコーピングの３つの方略

加藤（2000, 2007a）は自由記述から得られた項目に基づき，対人ストレスコーピングには３つの側面があることを実証している。対人ストレスコーピングの３つの側面とは，ポジティブ関係コーピング，ネガティブ関係コーピング，解決先送りコーピングである（表 1-6 参照）。以下にそれぞれのコーピング方略について説明する。

表 1-6　対人ストレスコーピングの分類

対人ストレスコーピング	内容（＊具体例）
ポジティブ関係コーピング	対人ストレスイベントに対して，積極的にその関係を改善し，よりよい関係を築こうと努力するコーピング方略群 ＊相手のことを良く知ろうとした ＊積極的に話をするようにした
ネガティブ関係コーピング	対人ストレスイベントに対して，そのような関係を放棄・崩壊するようなコーピング方略群 ＊無視するようにした ＊友達付き合いをしないようにした
解決先送りコーピング	ストレスフルな対人関係を問題とせず，時間が解決するのを待つようなコーピング方略群 ＊自然の成り行きに任せた ＊気にしないようにした

注）　加藤（2007a）より作成した。

(1)　ポジティブ関係コーピング

ポジティブ関係コーピング（positive relationship-oriented coping）とは，対人ストレッサーに対して，積極的にその関係を改善し，よりよい関係を築こうと努力するコーピング方略群である。たとえば，ある友人と些細なケンカをしたとする。そのケンカの原因である誤解を解くように努力するような方略が，ポジティブ関係コーピングに相当する。

ポジティブ関係コーピングには，いくつかの下位概念を有することが報告されている。たとえば，加藤（2006e）は，ポジティブ関係コーピングには，自己制御（self-restrain），サポート希求（seeking social support），協調（cooperation），他者への接近（friend-making），肯定的解釈（positive reappraisal），内省（self-examination），気晴らし（distancing），自己主張（assertion）の８つの下位概念を有すると報告している（表 1-7 参照）。

(2)　ネガティブ関係コーピング

ネガティブ関係コーピング（negative relationship-oriented coping）とは，対人ストレッサーを喚起させるような関係を放棄・崩壊するようなコーピング方略群である。たとえば，上司に嫌味を言われた場合，その上司に仕返しをしたり，その上司とは仕事上の付き合いしかしないようにしたりする方略のこと

表 1-7　ポジティブ関係コーピングの下位概念

下位概念	概念の内容（＊は項目例）
自己制御	自分の感情を抑制し，自分を殺してでも，相手に合わせるようなコーピング方略 ＊相手の顔色をうかがうようにした ＊話をあわせるようにした
サポート希求	ストレスフルな関係について，他者に相談するコーピング方略 ＊友人などに相談した ＊客観的な意見を聞いてみることにした
協　調	ストレスフルな問題について，お互いに，積極的に向かい合うようなコーピング方略 ＊お互いに歩み寄ることができるように努力した ＊よく話し合うようにした
他者への接近	ストレスフルな人間関係以外の関係を強固にしたり，新たな関係を形成しようとするコーピング方略 ＊たくさんの友人を作るようにした ＊多くの人に話をするようにした
肯定的解釈	ストレスフルな人間関係を肯定的にとらえようとするコーピング方略 ＊人間として成長したと思った ＊この経験で何かを学んだと思った
内　省	ストレスフルな人間関係について，冷静にとらえなおそうとするコーピング方略 ＊人のことを考えて行動するようにした ＊自分のことを見つめなおした
気晴らし	気分を紛らわそうとするコーピング方略 ＊自分の趣味に没頭した ＊何か楽しいことをするようにした
自己主張	自分の意見を積極的に相手に伝えようとするコーピング方略 ＊相手の悪い点を指摘した ＊自分が悪くないことをアピールした

注）加藤（2006e）より作成した。

である。

ネガティブ関係コーピングには，2つの側面があることが報告されている。黒田・桜井（2002）は，ストレスフルな人間関係全般を放棄・崩壊する「ネガティブ関係・回避コーピング」と，ストレスフルな人間関係については放棄・崩壊するが，それ以外の人間関係に関しては，その関係を維持したり，深めたり，あるいは，新たな関係を形成しようとしたりする「ネガティブ関係・接近コーピング」の2つの方略に分類することができると述べている。

(3) 解決先送りコーピング

解決先送りコーピング（postponed-solution coping）とは，ストレスフルな関係を問題視することなく，時間が解決するのを待つようなコーピング方略群である。たとえば，ある友人と気まずいことになったとする。その友人と気まずいことがあったという問題は，ひとまず気にとめず，時間が解決するのを待つような方略である。

■ 2　主な対人ストレスコーピング研究の流れ

対人ストレスコーピングという学術用語は，国内外を通じ，加藤（2000）によって初めて提唱された概念である。しかし，対人ストレスコーピングという現象の研究は，加藤（2000）の研究より以前にもなされていた。

そもそも，対人ストレスコーピングの研究には２つの流れがある（図 1-4）。第一の流れがストレス研究に基づく流れであり，第二の流れがストレス研究とは別の研究領域で展開している研究の流れである。第二の流れに関しては，第４節（31 頁）で説明する。第一の流れは，さらに，２つに大別することができる。それは，コーピング方略を測定する質問紙の形式によって分類される。すなわち，包括的コーピング尺度を用いた研究であるのか，イベント特定コーピング尺度を用いた研究であるのかである。包括的コーピング尺度（coping scales with broad applicability）は，さまざまな生活領域で遭遇するストレッサーに対するコーピングの測定を目的とした尺度である。そのため，包括的コーピング尺度では，多様なストレッサーに回答することができる項目から構成されている。イベント特定コーピング尺度（event-specific coping scales）は，特定のストレッサーに対するコーピングの測定を目的とした尺度である（加藤, 2004a, 2007a）。そのため，イベント特定コーピング尺度では，ある特定のストレッサーに対して回答することができる項目が含まれている。質問紙を用いない実験などによる研究も，同様の方法によって分類することができる。

(1) 包括的コーピング尺度による研究

代表的な包括的コーピング尺度には，フォルクマンとラザルス（1988）のコーピング尺度（Ways of Coping Questionnaire）やカーバーら（Carver et al.,

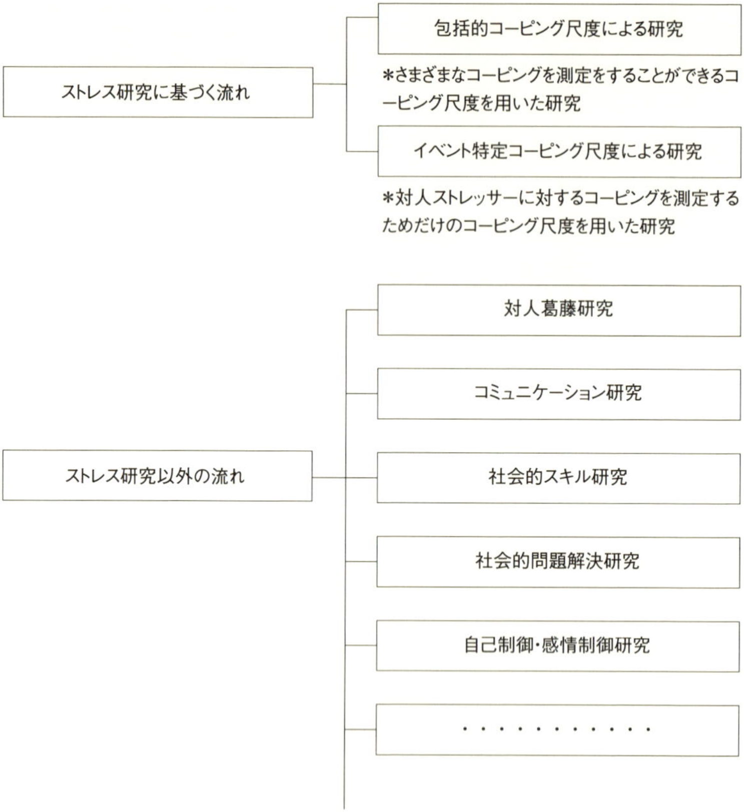

図 1-4　対人ストレスコーピングに関する主な研究の流れ

1989）のコーピング尺度（COPE）などがある。包括的コーピング尺度を用いた対人ストレス研究においても，フォルクマンとラザルス（1988）のコーピング尺度や，カーバーら（1989）のコーピング尺度がよく用いられている。たとえば，ボルガーとズッカーマン（Bolger & Zuckerman, 1995）やカーケンとブレーウィン（Kuyken & Brewin, 1999）は，フォルクマンとラザルス（1988）のコーピング尺度を用いて対人ストレスコーピングを測定している。

対人ストレス研究では，イベント特定コーピング尺度を用いた研究より，包括的コーピング尺度を用いた報告が圧倒的に多い。その理由として，以下のようなことが考えられる。第一に，対人ストレス研究そのものが，研究の中心的テーマではない，ということである。たとえば，ボルガーとズッカーマン（1995）の研究は対人ストレスコーピング研究の例として頻繁に引用されているが，ボルガーとズッカーマン（1995）の主な目的は，パーソナリティ，具体的には神経質傾向がストレス発生過程で果たす役割を検証することにあり，対人ストレスコーピングに焦点をあてた研究ではない。包括的コーピング尺度を用いると，通常，調査参加者によって遭遇したストレッサーが異なる。そこで，ストレッサーを統制するために，ストレスフルな状況を研究者が規定することがある。ボルガーとズッカーマン（1995）の研究でも，調査参加者が遭遇したストレッサーを統制するために，対人ストレッサーに対するコーピングについて回答するように教示されている。日常生活では，対人ストレッサーは最も多くの人々が経験するストレッサーであるため，統制するストレッサーとしては都合がいいのである。

また，包括的コーピング尺度を用いた研究では，対人関係，学業場面，健康問題，役割葛藤など，さまざまなストレッサーに対するコーピングの使用頻度を比較したり，それぞれのストレッサーに対するコーピング方略と精神的健康との関連性を比較したりする場合にも用いられる。このような研究では，確かに，対人ストレッサーに対するコーピングを測定しているが，研究の焦点は対人ストレスコーピングではない。加えて，包括的コーピング尺度の因子構造の安定性や妥当性を検証するために，対人関係，学業場面など，いく種かのストレッサーに対するコーピングを測定する場合がある。このような研究も，その焦点は対人ストレスではない。

第二に，対人ストレスコーピングを測定するための，信頼性と妥当性が十分に検証されたイベント特定コーピング尺度が開発されておらず，仮に，そのような尺度が開発されたとしても，そのような尺度を用いる積極的な理由と，それを裏付ける実証研究がなされていないことがあげられる。対人ストレス研究以外の領域では，さまざまなイベント特定コーピング尺度が作成されている。たとえば，運動コーピング尺度（Athletic Coping Skills Inventory: Smith et al., 1995），試験に対するコーピング尺度（Coping with Pre-Exam Anxiety and Uncertainty：Stöber, 2004），失業に対するコーピング尺度（Coping with

Job Loss Scales：Kinicki & Latack, 1990）などがある。特に，医学や看護学の分野では，疼痛（pain：慢性の痛み）に対するイベント特定コーピング尺度の使用頻度が高く，尺度開発も盛んである。たとえば，疼痛に対するコーピングを測定するイベント特定尺度には，ローゼンスティールとキーフ（Rosenstiel & Keefe, 1983）のコーピング尺度（Coping Strategies Questionnaire）やジェンセンら（Jensen et al., 1995）のコーピング尺度（Chronic Pain Coping Inventory）などがある。疼痛に関する研究領域では，これらのイベント特定コーピング尺度の信頼性や妥当性の検証が繰り返し報告されている。疼痛に対するコーピング研究では，包括的コーピング尺度も使用されているが，これらのイベント特定コーピング尺度を用いた研究報告が圧倒的に多い。しかし，対人ストレスに関する研究領域では，後述する加藤（2000, 2007a）の対人ストレスコーピング尺度を除くと，現在のところ，対人ストレスコーピングを測定するための尺度が存在せず，そのような試みはほとんどなされていない。現在においても，対人ストレッサーに対するコーピングを測定するために，包括的コーピング尺度を用いることが一般的である。

(2) 関係焦点型対処の登場

加藤（2000）が対人ストレスコーピングという学術用語を提唱する10年ほど前，ストレス領域において，対人機能に焦点をあてたコーピング方略である関係焦点型対処という概念が提唱された（Coyne et al., 1990; Coyne & Smith, 1991, 1994; DeLongis & O'Brien, 1990; Kramer, 1993; O'Brien & DeLongis, 1996, 1997など）。関係焦点型対処（relationship-focused coping）とは社会的関係の成立，維持，崩壊を目的とした対人調節機能に関するコーピングである。関係焦点型対処という概念が提唱されるまで，問題焦点型対処と情動焦点型対処，接近型コーピングと回避型コーピング，認知的コーピングと行動的コーピング（8頁参照）というように，人間関係に焦点をあてたコーピング方略は提示されていなかった。フォルクマンとラザルス（1988）のコーピング尺度が開発されて以降，他者に援助を求めるサポート希求というコーピング方略が知られているが，サポート希求が有する対人関係の機能に関しては注目されなかった。関係焦点型対処は，問題焦点型対処や情動焦点型対処とは異なる次元のコーピングとして概念化され，コーピング方略に含まれる対人関係を重視した初めての研究が，関係焦点型対処に関する一連の研究である。

そもそも，関係焦点型対処はケアギバーとその配偶者との関係に関する研究によって展開された。そこでは，関係焦点型対処は２つの機能を有するとされている。たとえば，コインとスミス（Coyne & Smith, 1991）の研究では，関係焦点型対処を「積極的接近コーピング」と「保身的緩和コーピング」に分類している。積極的接近コーピング（active engagement）とは，配偶者の気持ちに気を配ったり，問題解決について建設的に話し合ったりするコーピングである。保身的緩和コーピング（protective buffering）は心配事を隠したり，悲しみを否定したり，口論を回避するために配偶者に従うようなコーピングである。コインとスミス（1991）は，56 組の夫婦を対象に，心筋梗塞を患（わずら）う夫と，その配偶者の心理的ストレス反応などについて測定した結果，妻だけでなく夫の「保身的緩和コーピング」の使用頻度が高いほど，妻の心理的ストレス反応が高いことを報告している。クレイマー（Kramer, 1993）の研究では，関係焦点型対処を「肯定的関係焦点型対処」と「否定的関係焦点型対処」に分類している。肯定的関係焦点型対処（positive relationship-focused coping）とは，配偶者に対する共感的配慮に関連するコーピングである。否定的関係焦点型対処（negative relationship-focused coping）とは，社会的関係を崩壊させるようなコーピングである。コインとスミス（1991）の「積極的接近コーピング」，クレイマー（1993）の「肯定的関係焦点型対処」は，ポジティブ関係コーピングに包括されると考えられる。コインとスミス（1991）の「保身的緩和コーピング」，クレイマー（1993）の「否定的関係焦点型対処」は，ネガティブ関係コーピングに包括されると考えられる。

関係焦点型対処は，問題焦点型対処や情動焦点型対処と同様に，コーピング方略の一種であり，必ずしも，対人ストレッサーに対するコーピングとは限らない。その意味では，関係焦点型対処は対人ストレスコーピングではない。関係焦点型対処に関する研究は，ほとんど注目を集めることはなく，新たな展開もみられなかった。しかし，対人ストレス研究の先駆けとなった研究であり，また，後述するダイアディック・コーピング（106 頁参照）の概念に強い影響を及ぼした重要な研究である。

(3) ホブフォールらの多次元モデル

関係焦点型対処と同様に，対人ストレッサーに対するコーピングの研究ではないが，対人関係に関するコーピング機能に注目した研究がある。ホブフォールらのグループは，ラザルスらのコーピング研究が，コーピング方略の対人機能を軽視している点を強く批判し，対人機能に関するコーピング次元を有する多次元モデル（multiaxial model of coping）を提唱している（Dunahoo et al., 1998; Hobfoll, 1998; Hobfoll et al., 1994, Monnier et al., 2000）。ホブフォールらの多次元モデルで仮定した２次元は，積極－消極軸（active-passive axis）と向社会－反社会軸（prosocial-antisocial axis）である。対人機能と関係のある次元は向社会－反社会軸である。向社会－反社会軸では，コーピング方略を「向社会的コーピング」と「反社会的コーピング」に分類することができる。向社会的コーピング（prosocial coping）とは，他者の世話をしたり，他者からの援助を求めたり，肯定的な社会的やり取りを含んだ適応的な行為である。サポート希求，社会的活動への参加などが含まれる。一方，反社会的コーピング（antisocial coping）は，他者を傷つけたり，相手を無視したりするような行為である。向社会的コーピングはポジティブ関係コーピングに類似している，反社会的コーピングはネガティブ関係コーピングと類似している。

(4) 共同コーピングモデル

疼痛（とうつう）研究（pain study）の領域では，慢性の疼痛に対する破局的思考（catastrophizing）に多くの関心が寄せられている。破局的思考とは，慢性的な疼痛に対して，疼痛のことを繰り返し考えたり，無力感に襲われたり，疼痛をよりひどいものとしてとらえたりするような思考である。破局的思考は，疼痛に対するコーピング方略の一種であると考えられている。この破局的思考に関する研究では，破局的思考の人間関係に関する機能に注目し，共同コーピングモデル（communal coping model）が提唱されている（Lackner & Gurtman, 2004; Sullivan et al., 2000, 2001）。共同コーピングモデルでは，破局的思考における他者との関係性を重要視している。たとえば，破局的思考の慢性疼痛患者は，周りの人々に対して過剰に援助を求め，その結果，周りの人々に負担がかかるという報告などがなされている。破局的思考は対人ストレッサーに対するコーピングではないが，医療現場においても，コーピングの対人的機能に関心が寄せられていることは注目すべき点である。共同コーピングモデルは提唱されて間もなく，今後，どのような展開をみせるのか期待される。

■ 3　対人ストレスコーピング研究の確立

包括的コーピング尺度を用いた研究では，対人ストレスに特有のコーピングを測定することはできない。先に説明したポジティブ関係コーピング，ネガティブ関係コーピング，解決先送りコーピング，いずれのコーピング方略も，包括的コーピング尺度の下位概念には包括することができないことが実証されている。このような対人ストレス特有のコーピング方略を測定するためには，イベント特定コーピング尺度を開発する必要性がある。対人ストレスに特有のコーピング方略を測定することで，対人ストレス特有のコーピングと精神的健康の関連性を導き出すことができるのである。すなわち，対人ストレス研究の意義を認識した対人ストレス研究は，包括的コーピング尺度を用いた対人ストレスコーピングの研究ではなく，イベント特定コーピング尺度を用いた研究なのである。本項では，対人ストレッサーに対するコーピング尺度の開発について紹介する。

(1) クエイヘイゲンらの研究

対人ストレッサーに対するコーピングを測定するために開発された尺度を用いた初めての研究報告は，クエイヘイゲンとクエイヘイゲン（Quayhagen & Quayhagen, 1982）であろう。クエイヘイゲンとクエイヘイゲン（1982）は，代表的な包括的コーピング尺度をもとに，40 項目からなるコーピング尺度（Coping Strategies Inventory）を作成した。クエイヘイゲンとクエイヘイゲン（1982）が提唱した６つのコーピング方略は，「問題解決」「サポート希求」「現実生活の成長」「感情処理」「空想」「脅威の低減」である（表 1-8）。問題解決（problem solving）は，情報収集，以前の経験分析，計画，行動のリハーサルなどにより，問題の解決に努める方略である。サポート希求（help seeking）は，他者に相談したり，同意を求めたりする方略である。現実生活の成長（existential growth）は，新たな信念の発見，重要な事柄の再発見な

表1-8 クエイヘイゲンとクエイヘイゲンのコーピング分類

コーピング方略	コーピング方略の内容（*項目例）
問題解決	情報収集，以前の経験分析，計画，行動のリハーサルなどにより，問題の解決に努める方略 *その状況から見出そうとする *その状況について，もっと知ろうとする
サポート希求	他者に相談したり，同意を求めたりする方略 *家族や友人に相談する *問題を理解している人と接触する
現実生活の成長	新たな信念の発見，重要な事柄の再発見などにより，ストレスフルな状況を肯定的にとらえようとする方略 *人生で重要なことを再発見する *良い側面に注目する
脅威の低減	問題を無視したり，気分転換をしたりする方略 *問題を忘れるようにする *仕事などで気をそらせる
感情処理	不快な感情をぶつける方略 *気をもんでいることを表に出す *落ち込んでいる感情をあらわす
空想	願望や白昼夢などによって，快適な時間を過ごす方略 *その状況が過ぎ去るように願う *白昼夢，あるいは，よりよいことを想像する。

注） Quayhagen & Quayhagen（1982）をもとに作成した。

どにより，ストレスフルな状況の見方を変えるような方略である。感情処理（affectivity）は不快な感情をぶつけることでストレスフルな状況から逃れる方略である。空想（fantasy）は，願望や白昼夢などによって，快適な時間を過ごす方略である。脅威の低減（minimization of threat）は，ストレスフルな問題を無視したり，気分転換をしたりすることで，ストレス状況における脅威を低減させる方略である。

その後，クエイヘイゲンとクエイヘイゲン（1988）によって，アルツハイマー患者の介護者（caregiver）を対象に，クエイヘイゲンとクエイヘイゲン（1982）のコーピング尺度を用いた研究が行われているが，それ以降，この尺度を用いた研究報告はほとんどみられない。

クエイヘイゲンとクエイヘイゲン（1982）のコーピング尺度は，対人葛藤状況に対するコーピングを測定するイベント特定コーピング尺度である。しかし，表1-8からもわかるように，6つのすべてのコーピング方略は，包括的コーピング尺度にもみられるような方略である。項目レベルでも，40項目のうちひとつの項目（腰をおろして，言い争いについて話し合う）を除いて，すべての項目が対人ストレッサーに特有の項目ではない。また，対人ストレッサーに対するコーピングに特有の現象も報告されていない。しかし，対人ストレッサーに対するコーピングを測定するためにコーピング尺度を開発した，という点において，対人ストレス研究では重要な研究例のひとつである。

(2) コナー・スミスらの研究

クエイヘイゲンとクエイヘイゲン（1982）以降，2000年代に入るまで，学会学術論文レベルで，対人ストレッサーに対するコーピング方略を測定しようとする試みはなされなかった。2000年代に入ると，コナー・スミスら（Connor-Smith et al., 2000）によって，対人ストレッサーに対するコーピングを測定する尺度（Responses to Stress Questionnaire：Social Stress Version）が作成された。コナー・スミスら（2000）のコーピング尺度（Responses to Stress Questionnaire）には，経済的ストレス版（economic strain version），家族葛藤版（family conflict version），腹痛版（recurrent abdominal pain version）など，いくつかの改作がある。社会的ストレス版（social stress version）も，その中のひとつである。それぞれの項目は改作間で同様の意味を有し，それぞれの改作によって，項目の一部のみが異なっている。たとえば，社会的ストレス版の質問項目では「ほかの子どもたち」（others kids）と表現されている箇所が，家族葛藤版（Family Conflict Version）では「家族」（my family）となっている。社会的ストレス版の項目をみると，対人ストレッサー特有のコーピング項目であるかのように思えるが，項目の一部を変えることによって，さまざまなストレッサーに対して用いることができるように作成されているため，３つの下位尺度のすべてが，対人ストレッサーに特有のコーピング方略ではない。３つの下位尺度とは，問題解決や感情の制御と表出を意味する一次的コントロール（primary control coping），気晴らし，肯定的解釈，受容などを意味する二次的コントロール（secondary control coping），否認や願望的思考などを意味する解放的コーピング（disengagement coping）である。このような意味では，コナー・スミスら（2000）のコーピング尺度は，イベント特定コーピング尺度ではなく，包括的コーピング尺度である。しかし，コナー・スミスら（2000）のコーピング尺度（社会的ストレス版）を用いた研究がいくつか報告され，ストレス研究において，対人ストレスコーピングへの関心がいくばくか高まったという点では，コナー・スミスら（2000）の研究意義は大きい。

(3) 共同コーピング

対人ストレッサーではないが，対人関係の機能に注目した概念に共同コーピングがある。共同コーピング（communal coping）とは，夫婦関係など親密な関係にある者同士が，お互いにストレッサーに対処する過程である（26頁の共同コーピングモデルとは異なるので注意）。まず，親密な関係にある者が，ストレッサーに直面し，そのストレッサーをお互いの問題として受け止めることから始まる。自分の問題あるいは相手の問題ではなく，ふたりの問題として受け止めるのである。その責任もまた，お互いの責任として受け止める。そして，そのストレッサーに対して，お互いに協力し合い，対処してゆく。この過程が共同コーピングである。共同コーピングの概念は，ライアンズら（Lyons et al., 1998）によって提唱され，理論化された。個人内で帰結するストレス発生過程に固着していた当時のコーピング研究において，ライアンズら（1998）の概念は，あるストレッサーに対して，共同で対処するという点において独創的であった。ライアンズら（1998）の概念は，対人関係の重要性を示したという点で，多次元モデル（26頁）の理論的な支えのひとつとして，引用されることが多い。

(4) さまざまな人間関係における対人ストレスコーピング尺度の開発

対人ストレッサー全般ではなく，親子関係，夫婦関係など，特定の人間関係に焦点をあてた対人ストレッサーに対するコーピング尺度の作成，あるいは，離婚や死別などの特定の対人ストレッサーに対するコーピング尺度の作成も試みられている。たとえば，結婚生活で生じる問題に対するコーピングの個人差を測定するボウマン（Bowman, 1990）の夫婦コーピング尺度（Marital Coping Inventory），夫と別れ別れになった状況に対するコーピングの個人差を測定するマカビンら（McCubbin et al., 1976）の離別コーピング尺度（Coping with Separation Inventory）などがある。このような特定の人間関係に焦点をあてた対人ストレッサーに対するコーピング尺度，および，離婚や死別などの特定の対人ストレッサーに対するコーピング尺度については第３章で紹介する。

(5) 加藤の対人ストレスコーピング尺度

加藤（2000）は，対人ストレスコーピングの個人差を測定する対人ストレスコーピング尺度（Interpersonal Stress-Coping Inventory）を作成している。加藤（2000, 2007a）は，自由記述法によって，人間関係に起因して生じる対人ストレッサーに対するコーピング項目 117 項目を収集した。得られた項目を集約し，因子分析を行った結果，ポジティブ関係コーピング，ネガティブ関係コーピング，解決先送りコーピングの３つのコーピング方略を抽出している。いずれのコーピング方略も，対人ストレスに対する特有のコーピング方略である。対人ストレスコーピング尺度の信頼性と妥当性などの詳細は加藤（2003b, 2004b, 2007a）に譲る。具体的な測定方法と項目は附録１（203 頁）に掲載している。読者自身の対人ストレスコーピングの使用頻度を比較することができるように，2,574 名の大学生を対象としたそれぞれのコーピング方略得点の度数分布を示した。現在，改訂対人ストレスコーピング尺度（Interpersonal Stress-Coping Inventory Revised）15 項目が開発中であり，さらなる展開が期待される。また，加藤の対人ストレスコーピング尺度をもとに，福田ら（2006）は小学生用対人ストレスコーピング尺度（Interpersonal Stress-Coping Inventory for Children）を作成している（附録２参照）。福田ら（2006）の小学生用対人ストレスコーピング尺度は，小学生にも理解できるように項目の表記を平易にしており，小学生だけでなく，中学生，高校生，大学生にも使用可能である。

第４節　ストレス研究以外の領域での対人ストレスコーピング研究

ストレス研究以外の分野においても，対人ストレスコーピングに関連すると思われる研究領域がある。本節では，そのうち，代表的な研究領域について説明する。

■ 1　対人葛藤方略

対人葛藤研究は，古くから，社会心理学のテーマのひとつとして研究が進められてきた。主に，産業領域や小集団研究において進展してきたが，親密な関係，親子関係など家族心理学の分野にも大きな影響を及ぼした。現在では，社会心理学というより，経営学におけるマネジメント研究，あるいは，社会学における小集団研究などにおいて，報告がなされている。

(1) 対人葛藤方略と対人ストレスコーピング

対人葛藤（interpersonal conflict, social conflict）とは，相互依存的関係にある個人間あるいは集団間において，意見の不一致や，他者から妨害されている状況である。欧米では，対人葛藤ではなく，単に葛藤（conflict）と記述されることも多い。対人葛藤状況において，葛藤解決を目的とした行動が対人葛藤方略（interpersonal conflict resolution）である。対人葛藤方略は，conflict management，conflict strategy，handing conflict，response to conflict などともよばれる。ストレス研究の文脈でとらえるならば，対人葛藤は対人ストレッサーに，対人葛藤方略は対人ストレスコーピングに相当する。しかし，両概念は同一の概念ではない。以下の点で主な相違がある。

第一に，対人ストレッサーと対人葛藤では，その概念が意味する範囲が異なる。対人葛藤研究における対人葛藤状況には，入学時や入社時など，新しい仲間や新たな集団になじむ時の気恥ずかしさを感じるような状況は含まれない。また，苦手な人物と話をしなければならない状況なども，対人葛藤には含まれない。対人葛藤は対人ストレッサーに包括されると考えられる。その意味では，対人葛藤方略は対人ストレスコーピングの一部であると考えられる。

第二に，対人葛藤状況は，必ずしも，潜在的な対人ストレッサーであるとは限らない。対人ストレッサーであるためには，対人葛藤がストレッサーとなりうる必要がある（14 頁参照）。対人葛藤研究では，対人葛藤が不安や抑うつなどの否定的な情動を喚起することが知られている。このことから，対人葛藤は潜在的なストレッサーであると考えられる。しかし，対人葛藤の中には，潜在的なストレッサーと判断するのに困惑する葛藤も含まれている。対人葛藤には，「課題葛藤」(13頁参照) といわれる集団内での課題 (仕事) の目標や方向性などに関する意見の相違を対人葛藤に含めるという考え方もある。「課題葛藤」は，多くの場合，否定的な感情を喚起し，「関係葛藤」に進展することが知られているが，必ずしも，否定的な感情を喚起させるとは限らない。このような場合，「課題葛藤」を対人ストレッサーとみなすことは困難である。

第三に，対人ストレスコーピングと対人葛藤方略とでは，その目的が異なる。対人葛藤方略は，葛藤解決を目標とした行動である。一方，対人ストレスコーピングは，ストレス低減のためになされる行動である。そのため，対人葛藤方略研究では，主に，対人葛藤方略を行使した結果，関係が改善されたかどうか，あるいは，パフォーマンスが向上したか，などに関心が寄せられている。一方，対人ストレスコーピング研究では，主に，対人ストレスコーピングを行った結果，精神的健康を維持することができたかどうかに研究の焦点があてられている。そのため，対人葛藤研究では，ストレス反応や精神的健康の予測因として，対人葛藤方略を用いた研究はあまりみられない。また，一般的に，対人葛藤方略のストレス反応や精神的健康に対する説明力は低い。たとえば，加藤 (2007c) の研究では，単相関レベルでは，対人葛藤方略と心理的ストレス反応や抑うつと間に有意な関連性がみられるものの，対人ストレスコーピングあるいは対人葛藤方略を統制変数として加えると，加藤 (2000, 2007a) の対人ストレスコーピング尺度の３つの下位概念が心理的ストレス反応や抑うつを有意に予測しているのに対し，対人葛藤方略は心理的ストレス反応や抑うつをほとんど予測できない，という結果を報告している。

(2) 対人葛藤方略の分類

1) 対立－退却モデル

対人葛藤方略の最も単純な分類は，闘争か逃走か (fight or flight) による分類であろう。そもそも，「闘争か逃走か」は，キャノン (Cannon, W. B.) が，生体が緊急の事態に直面した時に生じる生体内の反応(アドレナリン分泌など) を，闘争あるいは逃走するための準備状態と名付けたことに由来する。対人葛藤研究では，この「闘争か逃走か」に基づき，ドイッチュ（Deutsch, 1949）によって協調－対立モデル（cooperative-competitive model）が提唱された。協調スタイル（cooperation）とは，対人葛藤状況において，当事者同士で協力し合い，問題となる意見の不一致を解消するよう努力する方略である。対立スタイル（competition）とは，見解の相違を助長し，対立を深めるような方略である。この対立－退却モデルは，多くの研究者たちの研究の礎となってきた。

2）二重関心モデル

対人葛藤研究では，ブレークとムートン（Blake & Mouton, 1964）が対人葛藤方略を2つの次元によって分類し，トマス（Thomas, 1976）によって再解釈されて以降，伝統的に，対人葛藤方略を2次元によって4つのスタイルあるいは5つのスタイルに分類している。2次元は，方略行使者の関心事を満たす程度を示す自己志向性（concern for self）と，葛藤相手の関心事を満たす程度を示す他者志向性（concern for others）である（図1-5）。この2つの次元によって，対人葛藤方略を分類する考え方を二重関心モデル（dual concern

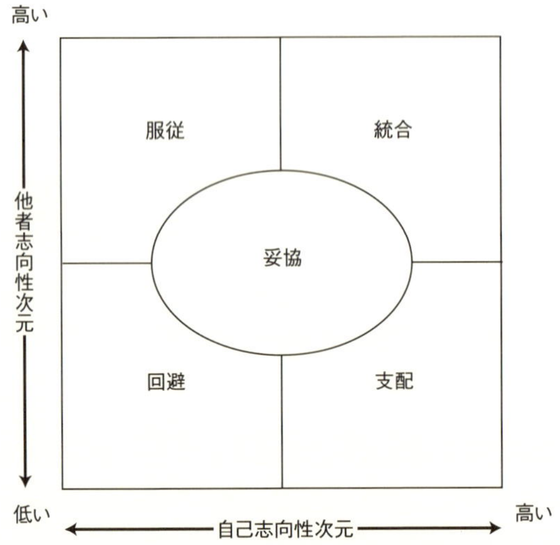

図1-5　対人葛藤方略の分類

model）といわれている。二重関心モデルは，多くの研究たちに支持されており，多くの対人葛藤研究では，二重関心モデルに基づいた対人葛藤方略の分類がなされている。二重関心モデルによって分類される対人葛藤方略の名称は，研究者間で多少の異なりがある。しかし，その内容はほぼ同義であり，「統合スタイル」「回避スタイル」「服従スタイル」「支配スタイル」の４つのスタイルに，５つめのスタイルである「妥協スタイル」を加えたものである。

統合スタイルは（integrating），自己志向性と他者志向性がともに高い方略であり，方略行使者と葛藤相手の両者が受け入れられるように交渉し，問題を解決する方略である。この方略は，問題点を明確にし，情報を交換し，問題を分析し，代替案を算出する，さまざまな解決方法を試す，といった方略を用いる。問題解決スタイル（problem solving），協調スタイル（collaboration），協同スタイル（cooperation），相乗的スタイル（synergistic）などとよばれることもある。服従スタイル（obliging）は，他者志向性が高く，自己志向性の低い方略であり，葛藤相手の要求や意見に服従する方略である。相手の関心を満足させるために，意見の差異を重視せず，共通性を強調する。このようなスタイルをとる人物は，無欲，寛容，慈愛，従順であり，葛藤の吸収者（conflict absorber）とよばれることもある。服従スタイルは，調和スタイル（accommodation），屈服スタイル（yielding），屈服・敗北スタイル（yield-lose）などともよばれる。支配スタイル（dominating）は，自己志向性が高く，他者志向性の低い方略であり，葛藤相手の利益を犠牲にしてでも，行使者の要求や意見を通そうとする方略である。この葛藤スタイルは，行使者の目的を達成するために，すべてを退け，結果として，相手の要求や期待を無視する方略である。行使者自身の権利を主張し，行使者自身が正しいと信じている。時には，あらゆる犠牲を払い，服従させようとする場合もある。対決スタイル（competing），強制スタイル（forcing），競合スタイル（contending）などとよばれることもある。回避スタイル（avoiding）は，自己志向性と他者志向性ともに低い方略であり，直接対立を避けようとする方略である。「見ざる・聞かざる・言わざる」，三猿（さんえん）の教えに従う方略である。この方略には，葛藤行使者の責任転換や責任回避，状況が改善されるまで，問題を棚上げにする，脅威的な状況から単に逃げ出す，解決すべき問題が存在することを公然と認めたくない，といった意味も含まれている。引きこもりスタイル（withdrawal），無行動スタイル（inaction）などとよばれることもある。妥協スタイル（compromising, compromise）は，自己志向性と他者志向性ともに中程度の方略であり，行使者と葛藤相手の両者が相互に要求や意見を譲歩し合い，お互いに受け入れられる結果を得ようとする方略である。分配スタイル（sharing）ともよばれる。

対人葛藤方略を測定する代表的な尺度に，ラヒム（Rahim, 1983; Rahim & Bonoma, 1979）の対人葛藤方略尺度（ROCI-Ⅱ：Rahim's Organizational Conflict Inventory-Ⅱ），トーマスとキルマン（Thomas & Kilmann, 1974）の対人葛藤方略尺度（MODE：Management of Differences Exercise），ヤンセンとフリート（Janssen & van de Vliert, 1996）の対人葛藤方略（DTCH：Dutch Test of Conflict Handling）などがある。特に，ラヒムの対人葛藤方略尺度の使用頻度は高く，その信頼性と妥当に関して，繰り返し検証が重ねられている（Rahim, 1997; Rahim & Magner, 1995; Weider-Hatfield, 1988 参照）。ラヒムの対人葛藤方略尺度は，産業場面への応用を視野に入れ開発がなされたため，特に，産業場面における使用頻度が高い。なお，ラヒムの対人葛藤方略尺度には，様式A（Form A），様式B（Form B），様式C（Form C）などの記載がなされる場合もある。この様式は葛藤相手を示しており，様式Aの葛藤相手は上司（boss），様式Bの葛藤相手は部下（subordinate），様式Cの葛藤相手は同僚（peer）を意味している。わが国においても，加藤（2003a）によって，対人葛藤方略スタイル尺度（Handling Interpersonal Conflict Inventory）が作成され，2次元によって5つのスタイルに分類する試みがなされている（表1-9参照）。

このような対人葛藤方略尺度を用い，5つの対人葛藤スタイル得点を加減算することによって，自己志向性と他者志向性の個人得点を算出することができる。

自己志向性＝（統合得点＋支配得点）－（服従得点＋回避得点）
他者志向性＝（統合得点＋服従得点）－（支配得点＋回避得点）

表 1-9　二重関心モデルによる対人葛藤方略の分類

対人葛藤スタイル	対人葛藤スタイルの内容（＊項目例）
統合スタイル	方略行使者と葛藤相手の両者が受け入れられるように交渉し，問題を解決するスタイル ＊お互いに満足するような結論を見つけ出そうとする ＊最良の結果が得られるように，お互いの考えを理解する
回避スタイル	直接的な葛藤を避けようとするスタイル ＊対立を防ごうとする ＊できるだけ口論にならないようにする
支配スタイル	葛藤相手の利益を犠牲にしてでも，行使者の要求や意見を通そうとするスタイル ＊自分の意見を通そうとする ＊自分にとって有利な結果を得ようとする
服従スタイル	葛藤相手の要求や意見に服従するスタイル ＊友人の要求に従う ＊友人の目的に沿うようにする
妥協スタイル	行使者と葛藤相手の両者が相互に要求や意見を譲歩し合い，お互いに受け入れられる結果を得ようとするスタイル ＊お互いの意見を水に流すように主張する ＊お互いの妥協点を探そうとする

注）加藤（2003a）の対人葛藤方略スタイル尺度をもとに作成した。

(3) 対人葛藤研究と対人ストレス研究

対人葛藤研究は，主に，社会心理学のテーマのひとつである小集団研究や組織社会研究において，展開してきた。現在では，主に，“*Administrative Science Quarterly*”(Cornell University)，“*International Journal of Conflict Management*”(Center for Advanced Studies in Management)，“*Journal of Management*”(JAI Press) のようなマネジメントの専門誌において報告がなされており，社会心理学全般を対象とした専門誌にはほとんどみられなくなった。そのためであろうか，マネジメントにおける対人葛藤研究には，ストレスやコーピングといった概念が導入され，流布することはなかった。

一方，対人葛藤研究は，夫婦関係，親子関係，恋人関係などの親密な関係における研究領域にも影響を及ぼした。親密な関係における対人葛藤研究では，ストレス研究の理論的枠組みやコーピングの概念が積極的に導入された研究もみられる。その結果，親密な関係に関する研究領域では，葛藤という用語は残ったものの，対人葛藤研究の理論的体系やそこから得られた知見などに基づく研究は報告されなくなった。

■ 2　コミュニケーション研究

コミュニケーション研究では，主に，2者間のコミュニケーションのやり取り（相互作用）に焦点があてられている。このようなやり取りをコミュニケーション・パターン（communication pattern）という。コミュニケーション・パターンの研究では，主に，口論を含めた話し合いをしている状況において，2者の言動についての研究がなされている。このような状況で観察されたり，測定されたりしたコミュニケーション・パターンは，対人ストレス研究における対人ストレスコーピングに相当する。このような研究領域では，恋人や夫婦などの親密な関係における研究が多い。コミュニケーション・パターンの研究として，クリステンセンの研究とシラスらの研究を紹介する。加えて，コミュニケーション・パターン研究と同様に，2者間のやり取りに注目した否定的社会的交換時における反応について説明する。

(1) クリステンセンらの研究

クリステンセンら（Christensen & Sullaway, 1984）は，親密な2者関係のコミュニケーション状況（問題が生じた時，問題を話し合う時，話し合いが終わった後）で観察されるコミュニケーション・パターンに注目した。そして，その個人差を測定するためのコミュニケーション・パターン尺度（CPQ：Communication Patterns Questionnaire）35項目を開発した（cited in Christensen, 1988; Christensen & Shenk, 1991; Eldridge & Christensen, 2002）。クリステンセンら（1984）のコミュニケーション・パターン尺度は，「要求－撤退コミュニケーション」「要求－撤退役割」「相互回避コミュニケーション」「建設的相互コミュニケーション」の4つの下位尺度から構成されている（図1-6）。要求－撤退コミュニケーション（demand/withdraw communication）では，一方のパートナーは問題について話し合おうと努力するが，もう一方のパートナーは問題に直面することを回避しようとする，そのような言動を測定する。さらに，「要求－撤退コミュニケーション」は，「妻の要求－夫の撤退」と「夫の要求－妻の撤退」に分類される。妻の要求－夫の

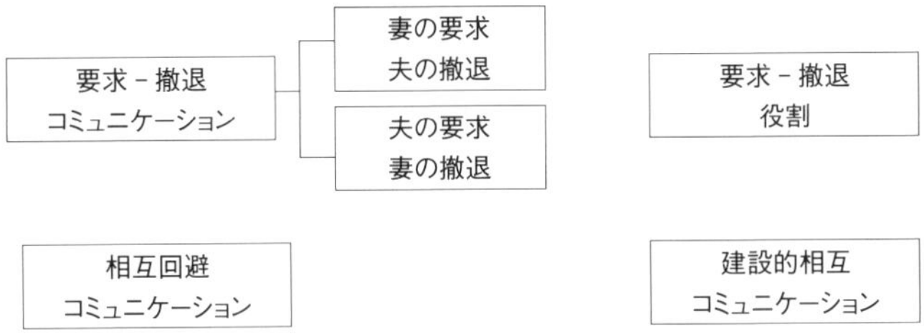

図 1-6　クリステンセンらのコミュニケーション・パターンの分類

撤退（wife-demand/husband-withdraw）は，妻の要求に対して，夫は撤退することを意味する。「妻が議論を始めようとするが，夫は議論を避けようとする」「妻はガミガミ言い，要求するが，夫は退き，静かになり，議論することを避けようとする」「夫が自分を弁護しようとすることを妻が批判する」などの項目からなる。夫の要求－妻の撤退（husband-demand/wife-withdraw）は，夫の要求に対して，妻は撤退することを意味する。「夫の要求－妻の撤回」は「妻の要求－夫の撤退」と同一項目であり，「妻」と「夫」を入れ替えるだけである。要求－撤退役割（demand/withdraw roles）では，「要求－撤退コミュニケーション」と同一の項目を用いて，夫の評定から妻の評定を減算した値を算出する。正の値は妻の要求と夫の撤退状況を意味し，負の値は夫の要求と妻の撤退状況を意味している。相互回避コミュニケーション（mutual avoidance communication）は，お互いが話し合いを回避する言動を意味している。建設的相互コミュニケーション（mutual constructive communication）は，問題の相互議論，感情の表現，問題解決のための交渉，お互いの意見の理解，問題の解決などを意味している。コミュニケーション・パターン尺度の簡易版として，短縮版コミュニケーション・パターン尺度（CPQ-SF：CPQ-Short Form）11 項目が作成されている（Christensen & Heavey, 1990; Heavey et al., 1993）。

クリステンセンらのコミュニケーション・パターン尺度の「要求－撤退」次元は，相互作用関係を測定する独創的な方法であったため，多くの研究者たちに用いられている。特に，夫婦関係のコミュニケーションの測定では，その使用頻度は非常に高い。そのため，信頼性と妥当性に関しても多くのデータが蓄積されている（Eldridge & Christensen, 2002 参照）。

さらに，「要求－撤退」に焦点をあて，カップル間で行われた実際の議論の内容を観察することによって，データを収集するカップル相互作用評定システム（CIRS：Couples Interaction Rating System）が開発されている（Heavey et al., 1996 cited in Cristensen & Heavey, 1990; Heavey et al., 1993）。カップル相互作用評定システムでは，15の行動次元を観察し，それらの行動を「要求」「撤退」「肯定的コミュニケーション」「否定的コミュニケーション」の４つのカテゴリーに分類している。肯定的コミュニケーション（positive communication）は，お互いに妥協し合ったり，会話が続くように相槌を打ったり，パートナーを受容したり，肯定的な感情をあらわしたりする。否定的コミュニケーション（negative communication）は，批判的な態度をとったり，パートナーの話をさえぎったり，話し合いを独占したり，否定的な感情をあらわしたりする。このカップル相互作用評定システムもまた，多くの研究に使用されている。

(2) シラスの研究

シラスら（Sillars & Wilmot, 1994）は，シラスらの一連の研究（多くのデータはカップルによるデータ）をもとに，葛藤時におけるコミュニケーション・タイプ（communication style in conflict）を７つのスタイルに分類している。７つのスタイルとは，「否認とごまかし」「話題の扱い」「献身的ではない意見」「不敬な意見」「懐柔的意見」「分析」「対立的意見」である。否認とごまかし（denial and equivocation）は，問題となっている葛藤状態が存在しないものだと否定するようなスタイルである。話題の扱い（topic management）は，問題となる会話の内容を変えることで，葛藤を回避するスタイルである。献身的ではない意見（noncommittal remarks）とは，葛藤を認めようとも否定しようともしないスタイルである。不敬な意見（irreverent remarks）は，ユーモアなどによって，葛藤状態やそれにまつわる問題をごまかすようなスタイルである。懐柔的意見（conciliatory remarks）とは，葛藤相手の感情や見解に共感したり，敬意を示したり，譲歩したり，あるいは，自分自身の責任を認めたりすることで，和解の道を探り，関係の修復を図るスタイルである。分析（analytic remarks）とは，明らかに回避したり，対立したりしようとするのではなく，協同的な立場から，葛藤を分析するスタイルである。対立的意見（confrontative remarks）とは，葛藤相手と対立するスタイルである。

シラスら（Zietlow & Sillars, 1988）は，「子どものいない新婚夫婦あるいは21歳以下の子どものいる夫婦」「子どもが自立した夫婦」「リタイヤした夫婦」に分類し，夫婦のコミュニケーション・タイプを調査した。そして，経験を重ねた夫婦であるほど，葛藤を認めようとも否定しようともしないコミュニケーション（献身的でない意見）が増加し，協同的な立場から葛藤を分析しようとするコミュニケーション（分析）が減少することを報告している。シラスらの研究によるコミュニケーション・タイプの分類は複雑であるためであろうか，研究者の関心を引くことなく，現在ではほとんど引用されることはない。

(3) 否定的社会的交換

1970年代から，ソーシャル・サポート（social support）という概念が注目されてきた。ソーシャル・サポートとはさまざまな人々から与えられる支援を意味し，ソーシャル・サポートの高さが，個人の寿命，身体的・精神的健康と密接に関連があるという報告が次々と発表された。そして，ソーシャル・サポートの研究は，ストレス研究や社会心理学に関する研究にも影響を及ぼした。肯定的な人間関係のやり取りに焦点をあてたソーシャル・サポートに対して，1980年代後半ころより，人間関係の否定的なやり取りに焦点をあてた否定的ソーシャル・サポート（negative social support）という用語が登場するようになった。否定的社会的交換という用語も，そのような研究の流れの中から誕生したものである。社会心理学では，一般的に，人間関係におけるさまざまな行動のやり取りを社会的交換というが，否定的社会的交換（negative social exchange）は，そのような社会的交換における否定的側面に注目した概念である。

否定的社会的交換に関する研究では，否定的社会的交換を対人ストレッサーとみなし，研究が進められている。否定的社会的交換が対人ストレッサーとなりうるならば，否定的な社会的交換において観察される言動は，対人ストレスコーピングに相当する。現在では，ロークらの研究グループ（Newsom et al.,

2003; Rook, 2001; Sorkin & Rook, 2006 など）によって研究が進められているが，ストレス研究やソーシャル・サポート研究の枠組みを超えるような進展はみられていない。

(4) コミュニケーション研究における対人ストレッサー

コミュニケーション研究では，主に，親密な2者間の相互作用に焦点があてられている。2者間の相互作用において，ストレッサーとなりうる出来事や状況があるとするのならば，それは対人ストレッサーである。クリステンセンらの研究では，カップル間で生じた口論を想起させたり，過去に経験したカップル間の問題について話し合いをさせたりし，そのような状況で用いた言動を記録している。カップルにとって，カップル間で生じた口論や，そのことに対する話し合いがストレッサーであるとするならば，そのような状況で観察される言動は対人ストレスコーピングに相当する。ロークらの研究では，否定的社会的交換が否定的な情動を喚起することが知られていることから，そこで行われる言動は対人ストレスコーピングに相当する。コミュニケーション研究では，否定的な2者間の相互作用において測定された言動が対人ストレスコーピングに相当するのである。

コミュニケーション研究では，対人ストレスコーピングに相当する多くの知見の蓄積がなされている。特に，クリステンセンらの研究に類する領域では，多くの有意義な知見が得られている。カップル間の行動を観察・記録した研究，そして，コミュニケーション・パターンが関係の継続性（関係が続いているのか離別したのか）に及ぼす影響を検証した縦断的研究，これらの研究には莫大な時間と労力が費やされている。それゆえ，コミュニケーション研究における知見の蓄積は，対人ストレス研究には欠かせない。

■ 3　社会的スキル

一般的に，社会的スキル（social skill）は，対人関係を円滑に営む行動あるいは能力を意味する。しかし，その定義は一様ではなく，さまざまな理論的枠組が提示されている。そのすべてを紹介することは本書の目的ではないため，対人ストレス研究と関連性があると思われる社会的情報処理モデルと対人交渉方略について取りあげることにする。

(1) 社会的情報処理モデル

ドッジら（Crick & Dodge, 1994; Dodge, 1986）は，子どもの社会的適応を理解するために，子どもの社会的行動の生起過程に関する社会的情報処理モデル（social information-processing mechanisms）を提唱した。社会的情報処理モデルでは，以下の６つのステップを仮定している（図 1-7）。ステップ１と２の手がかりの符号化（encoding of cue）と手がかりの解釈（interpretation of cue）では，状況の手がかりと内的な手がかりに対して選択的に注意を向け，これらの手がかりを符号化し，解釈（分析）する過程である。ステップ３の目標の明確化（clarification of goals）では，目標あるいは望ましい結果の選択がなされる。ステップ４の入手と構成（response access or construction）では，状況に対する可能な反応を過去の記憶から取り出したり，そのような状況に遭遇していない場合には，新しい反応を構成したりする段階である。ステップ５の反応決定（response decision）では，ステップ４で産出した反応の評価を行い，最も適切な反応を選択する。ステップ６の行動制定（behavioral

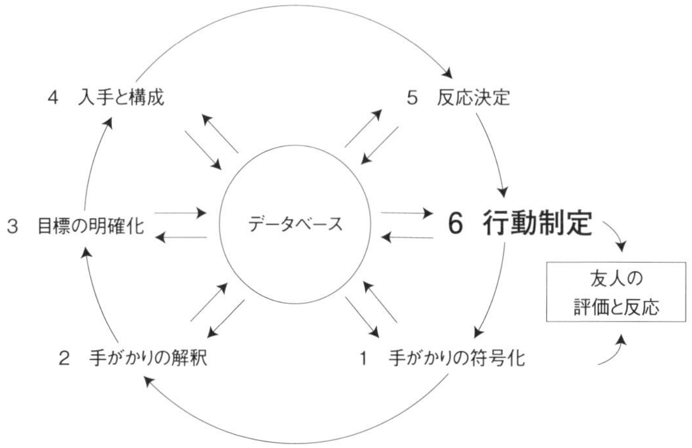

注） Crick & Dodge（1994）をもとに作成した。

図 1-7　ドッジの社会的情報処理モデル

enactment）は，ステップ5で選択した反応を行動に移す段階である。ストレス発生過程に置き換えるならば，ステップ1から5の過程が認知的評価，ステップ6がコーピングに相当すると考えられる。

(2) 対人交渉方略

セルマンら（Selman et al., 1986; Selman & Yeates, 1987; Yeates & Selman, 1989）は，対人交渉方略（INS：interpersonal negotiation strategies）の発達モデルとして，対人交渉方略モデル（INS model）を提唱した。対人交渉方略は，特定の社会的葛藤状況において，重要な他者との間に生じた不均衡状態を解決するための対応方法を意味する。対人交渉方略モデルでは，相手の思考や感情などを理解する社会的視点の発達によって，対人交渉方略が変化するとし，4つのレベルを仮定している（図1-8参照）。レベル0が最も発達レベルの低い方略であり，レベル3が最も発達レベルの高い方略である。レベル0は，闘争か逃避かという衝動的な方略である。自身と重要な他者との視点の調整が

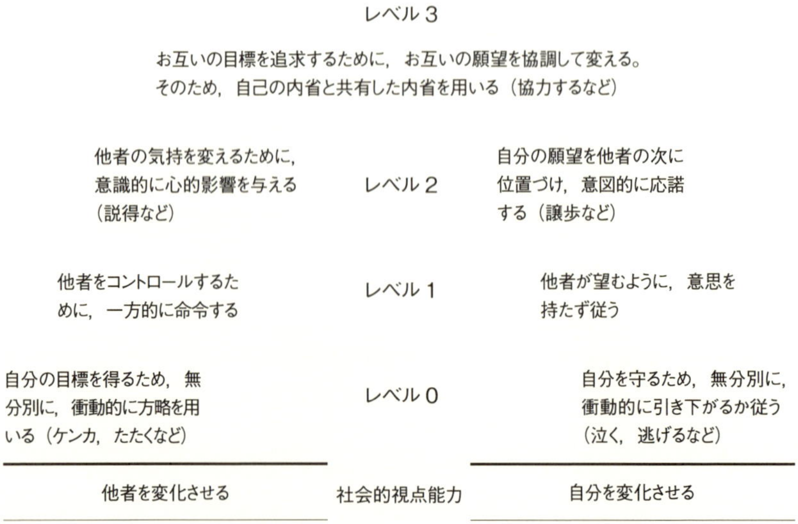
レベル3
お互いの目標を追求するために，お互いの願望を協調して変える。
そのため，自己の内省と共有した内省を用いる（協力するなど）
他者の気持を変えるために，意識的に心的影響を与える（説得など）
レベル2
自分の願望を他者の次に位置づけ，意図的に応諾する（譲歩など）
他者をコントロールするために，一方的に命令する
レベル1
他者が望むように，意思を持たず従う
自分の目標を得るため，無分別に，衝動的に方略を用いる（ケンカ，たたくなど）
レベル0
自分を守るため，無分別に，衝動的に引き下がるか従う（泣く，逃げるなど）
他者を変化させる
社会的視点能力
自分を変化させる

注）Selman & Yeats（1987）55頁をもとに作成した。

図1-8　セルマンの対人交渉方略モデル

欠如している状態である。レベル１は，一方的に要求や主張をする，あるいは，重要な他者の要求に何も考えることなく順応する方略である。レベル２の方略は，意見や感情，行動が重要な他者に影響を及ぼすこと，内省ができることなど，自身と重要な他者の理解に基づいたものである。レベル３は，第三者の視点から，自身と重要な他者との関心事を統合するような方略である。たとえば，妥協，分析，話し合い，お互いに共有した目標の設定である。

(3) 社会的スキルと対人ストレスコーピング

社会的スキル研究では，主に，幼児や児童を対象として研究が進められてきた経緯がある。幼児や児童を対象に，社会的スキルを測定するためには，幼児や児童の日常場面を観察する方法や，幼児や児童が理解しやすいように，具体的な特定場面を想定する方法が効果的である。日常場面や具体的な想定場面では，友だちとの間で生じた問題が取りあげられることが比較的多い。たとえば，友だちに意地悪をされている状況が描かれている絵カードを児童に呈示し，絵カードの状況を十分説明し，もし，絵カードに描かれている主人公ならばどのような言動を行うのか尋ね，幼児や児童の社会的スキルを測定するような場合である。このような状況が幼児や児童にとって，潜在的なストレッサーとなりうるならば，その状況で測定された社会的スキルは対人ストレスコーピングと考えられる。幼児や児童における研究の中には，数少ないが，対人ストレスコーピングに関する研究も含まれている。

理論的には，社会的スキルはストレス発生過程（4頁）におけるコーピング資源に相当する。社会的スキルは比較的安定した個人の能力であり，状況によって変化するコーピングではなく，コーピングの選択に影響を及ぼすコーピング資源なのである。これまでの研究から，社会的スキルが高いほど，問題に対して積極的に解決するような問題焦点型対処の使用頻度が高く，その結果，ストレス反応が低下する，ということが知られている。

■ 4　社会的問題解決

(1) 社会的問題解決の分類

社会的問題解決（social problem solving）とは，日常生活で遭遇する諸問題に，効果的に対処する手段を識別し，発見する認知－感情－行動プロセスである。ドゥズリラとゴールドフライド（D'Zurilla & Goldfried, 1971）によって，社会的問題解決に関する基礎的な理論が提唱された。そののち，ヘップナー（Heppner, 1988; Heppner & Petersen, 1982）によって社会的問題解決尺度（PSI：Problem Solving Inventory）が作成され，臨床への応用実践および評価測定において多くの研究者の注目を集め，数多くの研究報告がなされた（Heppner et al., 2004 参照）。ヘップナーの社会的問題解決尺度では，「問題解決の自信」「接近－回避スタイル」「コントロールの信念」の３つの要素を抽出している。問題解決の自信（problem solving confidence）は，さまざまな問題に対して効果的に対処する能力に関する自信や信念である。接近－回避スタイル（approach-avoidance style）は，問題を解決するための行動に対する接近あるいは回避傾向である。コントロールの信念（personal control）とは，問題解決に伴う感情や行動をコントロールできるという信念である。

ドゥズリラとネズ（D'Zurilla & Nezu, 1990）は，社会的問題解決の基礎理論を提唱したドゥズリラとゴールドフライド（1971）の理論をもとに，社会的問題解決尺度（SPSI：Social Problem-Solving Inventory）を作成し，社会的問題解決を図 1-9 のように分類している。問題志向（problem orientation）とは，問題にうまく対処することができる能力があるという一般化された信念，態度，情動反応を表出する認知－感情スキーマである。簡単に言うならば，問題を解決することができるという認知的傾向である。合理的問題解決スキル（rational problem-solving skills）は，「明確化と定式化」「解決策の産出」「意

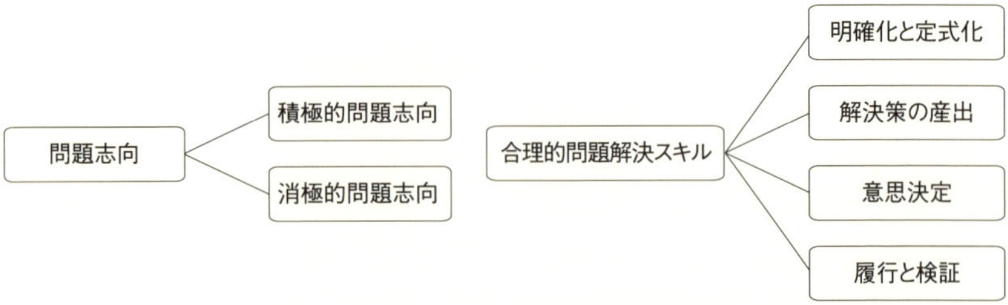

図 1-9　ドゥズリラらによる社会的問題解決能力の分類

思決定」「履行と検証」に分類される。明確化と定式化（problem definition and formulation）とは，直面している問題の情報を収集し，問題の性質を明確化し，現実的目的を明確にすることである。解決策の産出（generation of alternatives）とは，できる限り解決の可能性が高いさまざまな解決策を見つけ出すことである。意思決定（decision making）とは，さまざまな解決方法を比較し，最も優れた解決策を選択することである。履行と検証（solution implementation and verification）とは，解決策を履行したのちの結果について評価することである。

その後，ドゥズリラら（D'Zurilla et al., 2002）によって，社会的問題解決尺度は改訂され（SPSI-R：Social Problem-Solving Inventory- Revised），不適切な社会的問題解決として，「衝動・軽率スタイル」と「回避スタイル」が加えられた。衝動・軽率スタイル（impulsive/careless style）は，問題解決において，衝動的な行動を行ったり，解決を急いだり，不注意に行動に移したりするような方略である。回避スタイル（avoidance style）とは，できる限り問題に直面することを延期したり，問題が自然に解決するのを待ったり，問題解決の責任を他者に転嫁したり，問題から回避するような方略である。

ロンダールら（Londahl et al., 2005）は，大学生を対象に，言い争いや口論などの対人葛藤に対して用いた社会的問題解決について調査している。その結果，合理的問題解決スキルが高いほど不安が高く，衝動・軽率スタイルが高いほど抑うつが高く，回避スタイルが高いほど抑うつが高いことを報告している。

(2) 社会的問題解決と対人ストレス

社会的問題解決研究では，必ずしも，対人関係のみを研究の対象としているわけではない。一般的に，人間関係を含めた日常生活で直面する問題全般を研究対象としている。社会的問題解決に関する一部の研究では，ロンダールら（2005）のように，問題を対人ストレッサーに限定し，対人ストレッサーに対する問題解決方法を測定した研究も報告されている。このような研究報告は限られたものであるが，社会的問題解決研究の理論的基盤はラザルスらのコーピング研究の影響を強く受けており，社会的問題解決研究とコーピング研究とのつながりは強い。対人関係に限定しなければ，社会的問題解決とコーピングとの関連性を検証した多くの研究が報告されている。このような研究では，比較的安定した個人の能力である社会的問題解決は，ストレス発生過程（4頁）におけるコーピング資源に相当し，コーピングの選択に影響を及ぼす要因となる。一般的に，社会的問題解決能力が高いほど，積極的に問題を解決するような問題焦点型対処の使用頻度が高く，精神的にも健康であることが知られている（Heppner et al., 2004）。

■ 5　自己制御および感情制御

対人ストレスを生じさせた相手に対して，不快な感情が生じるのは自然な出来事であろう。その不快な感情には，怒り，妬（ねた）み，軽蔑，恥ずかしさ，恐怖，屈辱感，孤独感，劣等感など，さまざまな感情がある。このような否定的感情が生起するような状況は，対人ストレス状況であるといえる。さらに，このような否定的感情をコントロールしようとする言動は，対人ストレスコーピングに相当する。

心理学の領域では，このような感情のコントロールを自己制御（self-regulation）や感情制御（emotion-regulation）という。コーピング研究においても，コーピング方略のひとつとして知られている。すなわち，ストレスフルな状況において喚起された情動を表出したり，抑制しようとしたりする方略であり，感情表出，自己コントロールなどとよばれる方略である。自己制御や感情制御に関しては，児童の認知発達，動機づけ，目標志向的行動，認知科学など，さまざまな研究領域で，多くの理論的枠組が提唱されている。本項では，否定的感情制御，タイプCなど，コーピング研究と関連性の深い領域について説明する。

(1) 否定的感情制御

否定的感情制御（NMR：Negative Mood Regulation）は，否定的な感情を軽減するような一般化された行動や認知の信念であり，カタンザロ（Catanzaro, S. J.）によって提唱された概念である（Catanzaro & Mearns, 1990）。否定的感情制御は，1990年より，カタンザロらによって積極的に研究が進められており，否定的感情制御が高いほど，不安や抑うつ傾向，そして，ストレス反応が低下することが知られている（Catanzaro & Mearns, 1990; Mearns & Cain, 2003 など）。否定的感情制御は，否定的な感情の軽減に関する信念であり，否定的な感情が生起された状況を対人ストレス状況とするならば，その軽減はコーピングに相当し，コーピングの概念と類似している。そのため，多くの研究によって，否定的感情制御とコーピングの関連性の検討がなされている。たとえば，カタンザロら（Catanzaro & Greenwood, 1994）は，否定的感情制御が，6～8週間後のコーピングの選択を予測することができると報告している。さらに，積極的コーピングおよび回避コーピングがその後のストレス反応に否定的な影響を及ぼすか，あるいは，影響を及ぼさなかったのに対して，否定的感情制御はその後のストレス反応を抑制していた，と報告している。

(2) タイプC

テモショック（Temoshok, 1987）によって，タイプC（type C）という概念が提唱されている。テモショックが提唱するタイプCの性質は，ストレスフルな状況において，怒りなどの否定的な感情を慢性的に抑制し，その感情を表に出さず，にこやかな態度で接するところにある（Temoshok, 1987, 2000）。そして，テモショックはタイプCを脆弱なコーピングパターンであるとみなし，タイプCコーピングパターンが，個人の精神的健康に否定的な影響を及ぼすばかりではなく，がん化した細胞が増殖（浸潤（しんじゅん）や転移）しやすい，と報告している（Temoshok & Dreher, 1992）。テモショックは，その心理・社会的要因のひとつとして，否定的な感情が喚起することや，喚起した感情の表出を抑制しようとすることが，他者からのソーシャル・サポートを抑制していると指摘している。さらに，最善のがん治療を受けようとせず，その治療過程においても，ソーシャル・サポートを得ようとはしない，と説明している。

テモショックの提唱するタイプCはコーピングの一種であるが，その対象は対人ストレッサーとは限らない。しかし，タイプCの機能は対人関係に関するものであり，対人ストレス研究において，重要な知見を提唱するものである。

(3) 対人感情

対人ストレス状況で生じる情動が存在する。加藤（2007i）は，対人ストレス状況で生じる感情について測定している。その結果，怒り，嫌悪感，憤り，憎悪感などの嫌悪・軽蔑感のほか，劣等感や羞恥心だけでなく，好意や好感などの感情も生じることを報告している。

一方，特定の情動に対するコーピングの研究も報告されている。たとえば，あがり（有光, 2002など），孤独感（諸井, 1989など），嫉妬（Salovey & Rodin, 1988など），怒り（Müller, 1993など）などの情動に対するコーピング研究がある。さまざまな情動の中には，明らかに対人関係に起因して生じるものもある。妬(ねた)み，軽蔑，恥ずかしさ，屈辱感，孤独感などは，対人ストレス状況においてのみ生じる情動であるように思われる。このような情動に対するコーピングは，対人ストレスコーピングに相当すると考えることもできる。

(4) 自己制御や感情制御と対人ストレスコーピング

本項の冒頭でも説明したが，自己制御や感情制御の対象である感情が，対人ストレス状況で生じた感情であるならば，自己制御や感情制御は対人ストレスコーピングの一種であると考えられる。しかし，実際の研究では，喚起された感情が不快なものであるのかどうか，そして，その感情が必ず対人関係に起因して生じたものであるのかどうか，不明確である場合が多い。自己制御や感情制御の研究では，そのようなことは大きな問題ではなく，制御のプロセスや，制御がもたらす結果に関心が寄せられているためである。

■ 6　特殊な対人ストレスコーピング方略

加藤の一連の対人ストレスコーピング研究では，対人ストレスコーピングをポジティブ関係コーピング，ネガティブ関係コーピング，解決先送りコーピングの3つの方略に分類している。本項では，特定のコーピング方略に焦点をあてた研究について紹介する。

(1) 共感的コーピング

共感的コーピング（empathic coping）とは共感に基づいたコーピング方略

であり，デロンギスとオブライエン（DeLongis & O'Brien, 1990; O'Brien & DeLongis, 1996, 1997）によって定義された。共感的コーピングは，他者への思いやりや配慮に基づいたコーピング方略であり，そのような方略が意図することは，ストレスフルな関係を積極的に改善したり，維持しようと努めたりすることである。このことから，共感的コーピングは，ポジティブ関係コーピング（19 頁参照）の一種であると考えられる。

共感的コーピングは，「認知・情動的コーピング」と「行動的コーピング」に分類される。認知・情動的コーピング（cognitive/affective strategies of coping）とは，対人ストレス状況において，他者の立場に立って物事を考えたり，他者の感情を感じ取ったりする方略である。たとえば，「相手の視点に立って，物事を見ようとした」「相手のことを理解しようとした」などが認知・情動的コーピングである。行動的コーピング（behavioral strategies of coping）とは，そのような状況で，他者の話に耳を傾けたり（傾聴），慰めたり，援助を行ったりする方略である。たとえば,「相手のために，何か役に立つことをしようとした」「相手の話に耳を傾けることで，相手の役に立とうとした」などが行動的コーピングである。共感的コーピングを用いるほど，その後のストレス反応が低下することが知られている（加藤, 2002a など）。デロンギスとオブライエンの研究ではストレス状況を特定しなかったが，加藤(2002a)の共感的コーピングの定義では，明確に対人ストレッサーに限定したコーピング方略として定義づけられている。さらに，加藤（2002a, 2004c）によって，対人ストレス状況において用いられる共感的コーピングを測定する共感的コーピング尺度（Empathic Coping Scale）が開発されている。

(2) 暴力的なコーピング方略

暴力的な手段によってストレッサーを解決しようとする方略を測定する指標として，ストラウスら（Straus, 1979; Straus et al., 1996）の葛藤方略尺度（CTS：Conflict Tactics Scales）がある。ストラウスらの葛藤方略尺度は，特に，家庭内暴力（ドメスティック・バイオレンス）の程度を測定する指標として用いられることが多い。ストラウスらの葛藤方略尺度は，夫婦関係，兄弟関係，親子関係など，家庭内で生じる葛藤（特に夫婦関係）に対する葛藤方略の個人差を測定するために開発された。開発当初，ストラウスらの葛藤方略尺度は，理論的に仮定された「理性的話し合い」「攻撃」「暴力」の３つの下位尺度によって構成されていた（Straus, 1979）。理性的話し合い（reasoning）は，葛藤状況で，理性的な話し合いをする程度を示している。攻撃（verbal aggression）は，相手を傷つけ，脅威を与える方略である。暴力（violence）は，葛藤を解決するために，身体的暴力を振るうことを意味している。自己記述式による測定（Form A：14 項目）と，面接形式による測定（Form N：18 項目）があり，面接形式による測定では，「攻撃」と「暴力」の測定に，より焦点があてられている。

改訂されたストラウスらの葛藤方略尺度（CTS-2：Revised Conflict Tactics Scale）では，カップル間で生じたストレッサーに特定し，お互いが用いたコーピング方略を測定するように修正されている。すなわち，コーピング行使者自身が用いた方略と，パートナーが用いた方略，それぞれを回答する形式をとっている。また，ストレッサーを意見の不一致から，カップル間でイライラしたことに変更されている。さらに，「理性的話し合い」「攻撃」「暴力」の３つの下位尺度に，「傷害」と「性的強制」の２つの下位尺度が加えられている。傷害（injury）は，パートナーの暴力によって身体的な障害を負わせるような行動である。性的強制（sexual coercion）は，パートナーが性的行為を強制するような言動である。なお，改訂後の名称は，「理性的話し合い」は交渉（negotiation）に，「攻撃」は心理的攻撃（psychological aggression）に，「暴力」は身体的暴力（physical assault）に改正されている。

シンプソンとクリステンセン（Simpson & Christensen, 2005）は，273 組の夫婦に対して，ストラウスら（1979, 1996）の葛藤方略尺度を用いて，過去に用いた暴力的なコーピングの程度を調査した。その結果，コーピング行使者自身の報告とパートナーの報告との間の一致の程度は比較的低く（低い相関から中程度の相関），行使者自身の報告より，パートナーの報告の方が，暴力的なコーピング方略の使用頻度が高かった。この傾向は妻より夫の方が高かった。これは，夫婦間で生じたストレッサーに対して，コーピング行使者，特に，夫は，暴力的なコーピング方略を用いたことに気づかない傾向が強い，ということを意味している。

ストラウスらの葛藤方略尺度が，ストレスや社会心理学の主領域で使用されることは多くない。しかし，家庭内暴力，レイプ，セクハラ，児童虐待などの専門雑誌では，その使用頻度は高い。そのような領域では，対人ストレッサーに対するコーピングを測定するというよりむしろ，暴力の程度を測定する指標として用いられることが多い。

第２章　効果的な対人ストレスコーピングを探る

友だちが陰であなたの悪口を言いふらしていることを知ってしまったら，あなたはどうするだろうか。何か誤解を与えることをしてしまったのではないかと考え，悪口を言いふらしている友だちの顔色をうかがい，その友だちに謝るだろうか。それとも，そのような悪口を言うような友だちとは縁を切り，逆に，その友だちの悪口を言いふらすだろうか。ここまで，読み進んできた読者であるならば，前者の行動はポジティブ関係コーピングの一種であり，後者の行動はネガティブ関係コーピングの一種であることは理解することができるであろう。前者のような行動を選択すれば，その友だちとの関係は改善されるかもしれないが，気疲れしそうである。一方，後者の場合，気分は晴れるかもしれないが，その友だちとの関係は途絶えてしまいそうである。本章では，主に，対人ストレスコーピングがもたらす結果について説明する。

第１節　対人ストレスコーピングと精神的健康

同一のストレッサーを経験しても，ストレス反応は個人によって異なる。その個人差を説明する要因として，最も有力な概念がコーピングである。本節では，まず，コーピングと精神的健康との関連性について簡単に説明したのち，対人ストレスコーピングと精神的健康との関連性について，さまざまな研究を取りあげ，そこからうかがい知ることができる対人ストレスコーピング研究の独自性について紹介する。

■ 1　コーピングと精神的健康

(1) ラザルスらのプロセス理論

そもそも，コーピングの概念は，フロイト（Freud, S.）および末娘のフロイト（Freud, A.）によって理論化された自我の防衛機制（defense mechanisms）に由来している。防衛機制とは，不安や葛藤状態に置かれた時に，自我が利用するあらゆる手段である。防衛機制は，苦痛，不安，罪悪感などが意識化されることによって，精神が耐えがたい状況に置かれることを避け，精神の安定を維持するために行われる。代表的な防衛手段には，抑圧（repression），退行（regression），隔離（isolation），打消し（undoing），投影（projection），置き換え（displacement），同一視（identification）などが仮定されている。このような防衛機制の概念は，防衛機制とその結果（主に精神的健康状態）を混合しており，コーピングを防衛手段と精神病理あるいは適応状態を含んだ概念としてとらえられている。たとえば，フロイトは，抑圧や転換とヒステリー，投影と恐怖症，取り入れや同一視と抑うつなど，特定の防衛手段と神経症の症状との間に密接な関係があると考えていた。また，防衛機制の階層理論では，防衛手段間にある種の優劣も仮定している（詳細は加藤・今田（2001）を参照）。

こうした防衛機制の概念に対して，ラザルスらは，コーピングをプロセスとしてとらえるプロセス理論を提唱している（Lazarus, 1990, 1993, 1999, 2000a, 2000b, 2006; Lazarus & Folkman, 1984, 1987; Folkman, 1984, 1992; Folkman et al., 1986, 1991; Folkman & Lazarus, 1985）。ラザルスらのプロセス理論では，コーピングはコーピング行使の結果にかかわらず，ストレスフルな状況を処理しようとする努力を意味する。加えて，ラザルスらは，コーピングを刻々と変化するプロセスであるととらえている。コーピングは次々と移り変わるプロセスの中で起こる現象であり，そのプロセスのある段階では，ある特定のコーピング方略を使用するが，他の段階では別のコーピング方略を用いる。そして，コーピングと精神的健康との関連性は一義的ではなく，状況の変化に伴い変化すると仮定している。すなわち，状況が変われば，コーピングの選択がストレス反応や適応に及ぼす影響が異なるというわけである。それでは，実際の研究では，コーピングと精神的健康との間に，どのような関連性がみられるのであろうか。

(2) コーピング方略と精神的健康との関連性

表 2-1 は，コーピング方略と精神的健康との関連性を報告した国内外 150 の学術論文を，加藤（2005d, 2006f, 2007a）がまとめたものである。表 2-1 の適応状態とは，生きがい，生活の質に代表されるような肯定的な指標を意味している。ストレス反応とは，抑うつ，不安など否定的な指標を意味している。そして，「↗」印は，コーピング方略と精神的健康とに正の関連性を報告している研究が圧倒的に多いことを意味し，「↘」印は負の関連性を報告している研究が圧倒的に多いことを意味している。「？」印は研究結果が一貫していないことを意味し，「—」印は研究報告がほとんどないことを意味している。たとえば，問題焦点型対処と適応状態との間には，↗印が記されている。それは，問題焦点型対処を用いるほど適応的であるという結果が，多くの研究で報告されていることを意味している。具体的にいえば，問題焦点型対処と精神的健康との関連性を報告している 75 の研究のうち 67 の研究で，問題焦点型対処を用いるほど適応的である，という結果が得られている。一方，問題焦点型対処とストレス反応との間には，↘印が記されている。これは，問題焦点型対処を用いるほど，ストレス反応が低いことを意味している。表 2-1 から，問題焦点型対処を用いると肯定的な結果に至り，逆に，問題解決を避けるような情動焦点

表 2-1　コーピングと精神的健康との関連性

コーピング方略	適応状態	ストレス反応
問題焦点型対処	↗	↘
情動焦点型対処	↘	↗
肯定的解釈	↗	?
サポート希求	↗	?
計画的問題解決	—	↘
逃避・回避型対処	↘	↗
責任受容	↘	↗
自己コントロール	—	↗
対決型対処	—	?
離隔型対処	—	?

注）「↗」は正の報告，「↘」は負の報告，「—」は十分な報告例がない。
「？」は報告内容が一貫していないことを意味する。

型対処や逃避・回避型対処を用いると否定的な結果に至るということがわかる（表中のコーピング方略の内容については8頁を参照）。同様な結果がペンリーら（Penley et al., 2002）のメタ分析（いくつかの研究結果をまとめ，ある特定の結論を導き出す研究方法）によっても示されている。また，コーピングをプロセスととらえるラザルスとともに，長年にわたり研究を進めてきたフォルクマン（Folkman, S.）も，このような傾向がみられることを認めている（Folkman & Moskowitz, 2004）。そもそも，問題焦点型対処では，ストレスフルな問題に積極的に対応することで，ストレスフルな問題が解決し，直面しているストレス状況がなくなるために，ストレス反応が低下する。直面しているストレスフルな状況を回避すれば，依然としてストレスフルな状況は残されたままであり，ストレス低下には結びつかないのである。

ラザルスをはじめ多くの研究者たちは，状況に応じて，コーピングが精神的健康に及ぼす影響が異なることを実証しようと試みてきた。たとえば，情動焦点型対処は短期的には効果的であり，問題焦点型対処は長期的には効果的である。コントロール可能であると認知した場合には，問題焦点型対処が効果的であり，コントロール不可能であると認知した場合には，情動焦点型対処が肯定的である。このような仮説のもと，さまざまな実証研究が行われたが，これらの仮説を支持するための十分な成果はあげられなかった。

膨大な数に及ぶコーピング研究の結論は，問題から逃れるようなコーピング方略を用いると精神的に不健康に陥り，問題を解決するようなコーピング方略を用いると精神的に健康に至るということである。はたして，この結果は対人ストレスにおいても同様であろうか。

■ 2　対人ストレスコーピングと精神的健康

(1) 国外における研究

対人ストレッサーに対するコーピング方略とストレス反応との関連性を検証した国外の研究をまとめたものが表2-2である。「↗」印は，そのようなコーピング方略を用いるほどストレス反応が増大することを意味し，「↘」印は，ストレス反応が減少することを意味している。積極的に問題を解決するコーピング方略である問題焦点型対処（両当事者の関心を満たすようなコーピング方

表 2-2　対人ストレスコーピングがストレス反応に及ぼす影響（国外）

対象	コーピング方略	結果	出典
	問題焦点型対処		
大学生	積極的コーピング（話し合う，情報収集）	↗	Seiffe-Krenke（2006）
大学生	問題解決	↗	Lee et al.（2005）
大学生	合理的問題解決（建設的に問題解決）	↗	Londahl et al.（2005）
大学生	衝動・不注意（積極的だが衝動的問題解決）	↗	Londahl et al.（2005）
大学生	一次的対処（問題解決，感情制御と表出）	↘	Connor-Smith & Compas（2002）
大学生	一次的対処（問題解決，感情制御と表出）	↘	Luecken et al.（2004）
大学生	肯定的問題志向（積極的に問題を解決する）	↘	Londahl et al.（2005）
既婚者	積極的認知（状況を改善する方法を考える）	↗	Mattlin et al.（1990）
成人	妥協	↘	Sorkin & Rook（2006）
中・高校生	関係維持（要求に従う）	↗	Feldman et al.（1995）
	回避コーピング		
大学生	問題から逃れる	↗	Seiffe-Krenke（2006）
大学生	回避，あきらめる，酒・薬の使用	↗	Lee & Liu（2001）
大学生	回避，否認，願望的思考	↗	Connor-Smith & Compas（2002）
大学生	回避，否認，願望的思考	↗	Luecken et al.（2004）
大学生	否定的問題志向（問題解決に消極的）	↗	Londahl et al.（2005）
大学生	回避的問題解決	↗	Londahl et al.（2005）
女性	回避	↗	Sullivan et al.（2005）
成人	回避	↗	Sorkin & Rook（2006）
ﾘｭｰﾏﾁ患者	問題から逃れる	↗	Griffin et al.（2001）
ﾘｭｰﾏﾁ患者	否定的な感情を表に出す	↗	Griffin et al.（2001）
うつ病患者	回避・逃避	↗	Kuyken & Brewin（1999）
	認知的回避コーピング		
大学生	二次的対処（肯定的解釈，気晴らし，受容）	↘	Connor-Smith & Compas（2002）
既婚者	忘れようとする	↗	Mattlin et al.（1990）
成人	隔離（自分とは関係ないと思う）	↘	Sorkin & Rook（2006）
	支配スタイル・対決コーピング		
高校生	対立（逆らう，抗議する）	↗	Boekaerts（2002）
中・高校生	行動化（怒る，逆らう）	↗	Feldman et al.（1995）
大学生	無視（すねる，むくれる）	↗	Berry et al.（2000）
大学生	対決コーピング	↗	Bolger & Zuckerman（1995）
成人	主張（自分の意見を主張する）	↗	Sorkin & Rook（2006）
	サポート希求		
大学生	サポート希求	↗	Lee et al.（2005）
成人	サポート希求	↗	Sorkin & Rook（2006）
	そのほか		
成人	自責	↘	Sorkin & Rook（2006）
成人	許す	↘	Sorkin & Rook（2006）

略である統合スタイルを含む）では，ストレス反応が減少する報告，ストレス反応が増大する報告，どちらの報告もなされており，一貫していない傾向にある。ストレスフルな問題や問題解決を避けるような回避コーピングでは，ストレス反応が増加することが一貫して報告されている。また，自分の意見に相手を従わせる支配スタイルや対決コーピング，援助を求めるサポート希求，これらのコーピング方略はストレス反応を増加させるようである。

これらの報告をまとめると，対人ストレッサーに対しては，一貫してストレス反応を低減させるコーピング方略は報告されておらず，回避コーピング，支配スタイルなどはストレス反応を増大させる，といえる。このような対人ストレッサーに対するコーピングとストレス反応との関連性の報告は，ストレッサー全般に対するコーピングと精神的健康との関連性（表 2-1 参照）とほぼ同様であるといえる。ただし，対人ストレスでは，積極的に問題を解決するようなコーピングは，必ずしも，ストレス反応を低下するとは限らず，増大させる場合もある。対人ストレッサーでは，ストレスフルな関係を解決したとしても，ストレス反応は低減しない場合もあるようだ。

(2) わが国における研究

対人ストレッサーに対するコーピング方略とストレス反応との関連性を検証した国内の研究をまとめたものが表 2-3 である。ストレスフルな問題に対して積極的に解決する問題焦点型対処は，ストレス反応を増大させる報告も，減少させる報告もあり，一貫しておらず，この傾向は欧米の研究と一致している。問題や問題解決を避ける回避コーピングは，ストレス反応を増加させるという報告が一貫してなされている。また，サポート希求や自責・内省は，ストレス反応を増大させるようである。欧米とわが国では，人間関係のとらえ方に，大きな相違があるように考えられるが，コーピングがストレス反応に及ぼす影響に関しては，大きな相違はないのかもしれない。

(3) 対人ストレスコーピング尺度を用いた研究

1) 青年や成人を対象とした研究

上記で紹介した対人ストレッサーに対するコーピングとストレス反応との関

表 2-3　対人ストレスコーピングがストレス反応に及ぼす影響（国内）

対象	コーピング方略	結果	出典
問題焦点型対処			
小学生	問題解決	↘	大竹ら（1998）
女子大学生	積極的解決	↗	松島（2003）
大学生	問題焦点型対処	↗	丸山・今川（2002）
大学生	対人的直面（相手と正面から向きあう）	↗	浅原（2003）
大学生	問題解決	↗	横井・坂野（1998）
大学生	行動的対処	↘	横井・坂野（1998）
大学生	問題解決・サポート希求	↘	荒木（2005）
大学生	統合スタイル	↘	加藤（2003a）
回避コーピング			
小学生	回避（泣く・悪口を言うなど）	↗	大竹ら（1998）
女子大学生	関係解消（相手を無視する，避ける）	↗	秋光（1995）
大学生	対人的回避（相手と向き合うのを避ける）	↗	浅原（2003）
大学生	問題回避	↗	荒木（2005）
大学生	回避方略（問題解決を回避する）	↗	浅原・明田（2003）
大学生	問題回避	↗	横井・坂野（1998）
大学生	回避	↗	加藤（2003a）
認知的回避コーピング			
小学生	あきらめ	↗	嶋田ら（1995）
大学生	ポジティブ思考的対処方略	↘	丸山・今川（2002）
大学生	肯定的解釈と気そらし	↘	荒木（2005）
女子大学生	認知的対処（あまり深く考えない）	↘	秋光（1995）
サポート希求			
小学生女児	サポート希求	↘	大竹ら（1998）
女子大学生	サポート希求	↗	松島 (2003)
女子大学生	外向的対処（友人に相談する）	↗	秋光（1995）
自責・内省			
女子大学生	内向的対処（反省する，原因を考える）	↗	秋光（1995）
女子大学生	自己非難	↗	横井・坂野（1998）
強制スタイル			
大学生	強制スタイル	↗	加藤（2003a）

連性の報告は，対人ストレスコーピングを測定するために作成されたイベント特定コーピング尺度（21 頁参照）を用いた研究とは限らない。その多くは，どのようなストレッサーに対するコーピングでも測定可能な包括的コーピング尺度（21 頁参照）を用いた研究報告である。表 2-4 は，対人ストレスコーピングを測定するために作成された加藤（2000, 2007a）の対人ストレスコーピング尺度（18 頁参照）を用いた研究報告をまとめたものである。この表から，以

表2-4　対人ストレスコーピングがストレス反応に及ぼす影響

コーピング方略	精神的健康の指標	結果	研究報告例
ポジティブ関係コーピング	不安	↗	加藤(2006a)
		→	加藤(2003c), 加藤(2007g), 小西ら(2006), 安井・藤島(2006)
	抑うつ	↗	加藤(2006a), 加藤(2007c), 小西ら(2006)
		→	加藤(2003c), 加藤(2007a, 4-1)
	怒り	→	小西ら(2006)
	孤独感	↘	加藤(2002b), 加藤(2002c), 加藤(2007a, 4-1)
		→	加藤(2007j)
	ストレス反応	↗	加藤(2006e), 加藤(2007j)
		→	加藤(2000), 加藤(2001c), 加藤(2001d), 加藤(2002b), 加藤(2003c), 加藤(2006d), 加藤(2007a, 4-1, 9, 10-1, 10-2), 加藤(2007c), 加藤(2007d), 加藤(2008b), 加藤・今田(2000), 小西ら(2006), 友野・橋本(2004a), 友野・橋本(2004b)
ネガティブ関係コーピング	不安	↗	加藤(2003c), 加藤(2006a), 加藤(2007g), 小西ら(2006), 安井・藤島(2006)
	抑うつ	↗	加藤(2000), 加藤(2003c), 加藤(2006a), 加藤(2007a, 4-1), 加藤(2007c), 小西ら(2006)
	怒り	↗	小西ら(2006)
	孤独感	↗	加藤(2002b), 加藤(2002c), 加藤(2007a, 4-1), 加藤(2007j)
	ストレス反応	↗	加藤(2000), 加藤(2001c), 加藤(2001d), 加藤(2002b), 加藤(2003c), 加藤(2006d), 加藤(2006e), 加藤(2007a, 4-1, 9, 10-1, 10-2), 加藤(2007c), 加藤(2007d), 加藤(2007j), 加藤(2008b), 加藤・今田(2000)
解決先送りコーピング	不安	→	小西ら(2006)
		↘	加藤(2003c), 加藤(2006a), 加藤(2007g), 安井・藤島(2006)
	抑うつ	→	加藤(2000), 加藤(2006a), 小西ら(2006)
		↘	加藤(2003c), 加藤(2007a, 4-1), 加藤(2007c)
	怒り	→	小西ら(2006)
	孤独感	↘	加藤(2002b), 加藤(2002c), 加藤(2007a, 4-1), 加藤(2007j)
	ストレス反応	→	加藤(2006a), 小西ら(2006), 友野・橋本(2004a), 友野・橋本(2004b)
		↘	加藤(2001c), 加藤(2002b), 加藤(2003c), 加藤(2005c), 加藤(2006e), 加藤(2007a, 4-1, 9, 10-1, 10-2), 加藤(2007c), 加藤(2007d), 加藤(2007j), 加藤(2008b), 加藤・今田(2000)

下のようなことが読み取れる。

①ポジティブ関係コーピング（ストレスフルな人間関係であっても，その関係を改善しようとするコーピング）の使用頻度が高いほど，不安，抑うつ，ストレス反応などが増大する報告がなされている一方で，両変数間には関連性がみられないという報告もある。このように，ポジティブ関係コーピングがストレス反応に及ぼす影響は一貫していない。しかし，孤独感に関しては，ポジティブ関係コーピングの使用頻度が高いほど，低下する傾向にある。

②ネガティブ関係コーピング（ストレスフルな人間関係を放棄・崩壊するコーピング）を用いるほど，一貫して，孤独感やストレス反応が増加する。

③解決先送りコーピング（ストレスフルな人間関係を，一時的に棚上げし，問題としてとらえないコーピング）を用いるほど，孤独感やストレス反応は低下する，という報告が多い。

全般的なストレッサーでは，積極的に問題を解決するような問題焦点型対処を用い，直面している問題を解決することがストレス低下に至る。しかし，対人ストレッサーでは，問題解決を先送りするような解決先送りコーピングが，ストレス低下に結びつくのである。いったいなぜであろうか。それは後の節（83 頁）で説明する。

2）児童や生徒を対象にした研究

対人ストレスコーピング尺度を用いた多くの研究は，青年および成人を対象にしたものである。児童や生徒を対象とした研究報告は限られている。そのひとつに福田ら（2007）の研究がある。福田ら（2007）は，小学生 385 名，中学生 931 名を対象に，小学生用対人ストレスコーピング尺度（205 頁）を用いた調査を行っている。小学生では，ネガティブ関係コーピングを用いるほど，ストレス反応が高かった。また，解決先送りコーピングを用いるほど，ストレス反応が高かった。中学生では，ポジティブ関係コーピングを用いるほど，ストレス反応が高かった。また，ネガティブ関係コーピングを用いるほど，ストレス反応が高かった。小学生や中学生を対象とした研究では，解決先送りコーピングはストレス反応の低減という点では，効果的ではないようである。

第２節　対人ストレスコーピングと人間関係の改善

前節では，対人ストレスコーピングによる精神的健康への影響について，どのような報告がなされているのか説明した。本節では，対人ストレスコーピングを用いた結果，問題が解決するかどうか，関係の満足感がどのように変化するのかについて説明する。対人葛藤研究（32 頁参照）では，対人葛藤方略を用いた結果，葛藤が解決されたかどうかに焦点があてられており，問題が解決したかどうかに関する多くの知見は対人葛藤研究において蓄積されている。本節では，対人葛藤研究の知見を含め，対人ストレスコーピングの選択が，ストレスフルな人間関係の問題解決や関係満足感に及ぼす影響について説明する。

■ 1　問題の解決

対人葛藤研究では，一般的に，協調スタイルは葛藤状況を解決しやすく，対立スタイルは解決から遠ざかることが知られている。また，二重関心モデル（34 頁参照）では，統合スタイル（当事者同士が受け入れられるように交渉し，問題を解決する方略）が，通常，最も葛藤を減少させることが知られている（Rahim, 2002）。

しかし，それぞれの対人葛藤方略が効果的な結果を生み出すかどうかは，状況に依存している，とも考えられている。ラヒム（Rahim, 2002）は，二重関心モデルにおける５つの対人葛藤方略に適した状況と不適な状況を提唱している（表 2-5）。統合スタイルは，一般的に，問題解決に適した方略であるが，特に，問題が複雑な場合に効果的である。服従スタイル（葛藤相手の要求や意見に服従する方略）は，最も簡単に，葛藤を解決させる方法であり，少なくとも，葛藤頻度は減少する。特に，方略行使者が問題に精通していない場合や，相手にとって問題が重要である場合，相手が正しい場合などに効果的である。支配スタイル（行使者の要求や意見を通そうとする方略）は，行使者にとって問題が重要である場合や，葛藤相手の決定が行使者にとって不利益をもたらす

表 2-5　適切に対人葛藤方略を用いるための状況

対人葛藤スタイル	適応的な状況	不適応な状況
統合スタイル	＊問題が複雑 ＊より良い解決策を持ち出す必要がある ＊葛藤相手のコミットメントが必要 ＊問題を解決するための時間がある ＊ひとりでは問題を解決できない ＊共通の問題を解決するために，当事者たちの能力が必要	＊課題や問題が単純 ＊決断をすぐにしなければならない ＊葛藤相手が結果に無関心 ＊葛藤相手に問題解決のためのスキルがない
服従スタイル	＊自分自身が間違っていると思っている ＊葛藤相手にとって，重要な問題 ＊将来，葛藤相手との取引に使う ＊自分が弱い立場にある ＊関係を維持することが重要	＊自分にとって問題が重要 ＊自分が正しいと信じている ＊相手が間違っていると思っている
支配スタイル	＊問題が些細 ＊素早く，決断をくださなければならない ＊評判の悪い方針を遂行する場合 ＊独断的な部下を圧倒する必要がある ＊葛藤相手が自分にとって好ましくない決断をくだす可能性がある ＊決断をくだす経験が部下に不足 ＊自分自身にとって，問題が重要	＊問題が複雑 ＊自分には問題は重要でない ＊当事者間の権限が等しい ＊すぐに判断をくだす必要がない ＊部下の能力が高い
回避スタイル	＊問題が些細 ＊問題を解決する利益より，相手と対決する不利益の方が大きい ＊冷静になる期間が必要	＊自分にとって問題が重要 ＊決断をくだす責任がある ＊葛藤相手が解決を延期したくない ＊迅速な対応が必要
妥協スタイル	＊当事者間の目標がお互いに相容れない ＊当事者間の権限が等しい ＊意見の一致が得られない ＊統合スタイルや支配スタイルでうまくいかない ＊一時的な解決を必要	＊どちらかの権力が強い ＊問題が複雑

注）Rahim（2002）219 頁をもとに作成した。

場合などで効果的である。回避スタイル（直接的な葛藤を避けようとする方略）は，問題を解決することによるメリットよりも，葛藤相手と対決することによるデメリットの方が大きい場合に効果的である。妥協スタイル（両者が相互に要求や意見を譲歩し合う方略）は，当事者間の目標が相容れない場合や，交渉が行き詰った場合などに効果的である。

■ 2　当事者の満足感

(1) 対人葛藤方略研究による知見

対人葛藤方略の満足感に関して，二重関心モデルをもとに，理論的な提言がなされている。トマスら（Kilmann & Thomas, 1975; Thomas, 1976）は，当事者の満足度に注目し，図2-1に示すような2つの次元を提唱している。調和次元（integrative dimension）は，図2-1に実線で示した統合スタイル－妥協スタイル－回避スタイルへと移行する次元である。この次元は，葛藤行使者および葛藤相手を含めた当事者の関心を満たす程度を示している。調和次元の程度は，統合スタイル得点から回避スタイル得点を引いた値によって算出される。調和得点が高いほど，当事者同士の満足感が高いことを意味している。

配分次元(distributive dimension)は，図2-1に破線で示した服従スタイル－妥協スタイル－支配スタイルへと移行する次元である。この次元は，行使者と葛藤相手のどちらの関心を満たす程度が高いのか，その割合を示している。配分次元の程度は，服従スタイル得点から支配スタイル得点を引いた値によって算出される。配分得点が高いほど，葛藤相手の満足感が高いことを意味する。

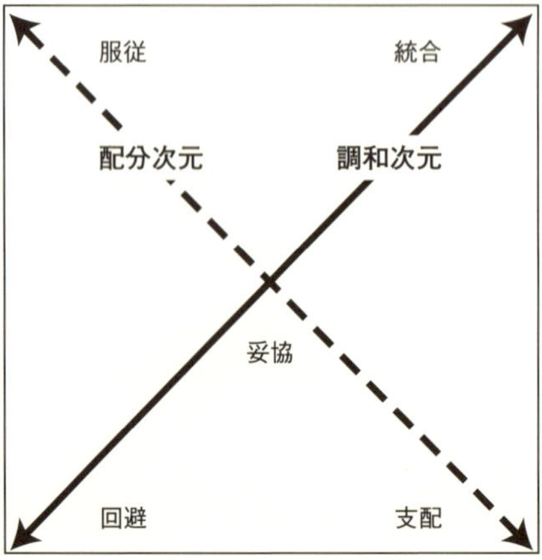

注）Thomas（1976）をもとに作図した。

図2-1　配分次元と調和次元

(2) 対人ストレスコーピング研究による知見

加藤（2000, 2007a）の対人ストレスコーピング尺度を用いた研究報告をまとめたものが表 2-6 である。この表には，人間関係の満足感に加え，課題や仕事に対する満足感，幸福感なども含まれている。この表から，以下のようなことが読み取れる。ポジティブ関係コーピングを用いるほど，満足感や幸福感が上昇する。ネガティブ関係コーピングを用いるほど，満足感や幸福感が減退する。解決先送りコーピングを用いるほど，満足感や幸福感が上昇する。

さらに，加藤（2007a）は，大学生を対象に，対人ストレスコーピングと対人関係の良好さとの関連性について調査している。そして，ポジティブ関係コーピングを用いるほど，人間関係が良好になること，ネガティブ関係コーピングを用いるほど，人間関係が悪化すること，解決先送りコーピングを用いるほど，人間関係が良好になる，と報告している。表 2-6 および，加藤（2007a）の研究結果をまとめると，以下のようになる。

表 2-6　対人ストレスコーピングが適応状態に及ぼす影響

コーピング方略	精神的健康の指標	結果	研究報告例
ポジティブ関係コーピング	関係満足感	↗	加藤（2000），加藤(2001d)，加藤(2007a, 4-2)，加藤（2007c）
		→	加藤（2007f）
	職務満足感	↗	加藤（2007e）
	課題遂行満足感	→	加藤（2007f）
	ハッピネス	→	小西ら（2006），友野・橋本（2004d）
	生活の質（QOL）	↗	加藤（2007a, 4-3）
ネガティブ関係コーピング	関係満足感	↘	加藤（2000），加藤（2001d），加藤（2002b），加藤(2007a, 4-2)，加藤(2007c)，加藤(2007f)
	職務満足感	↘	加藤（2007e）
	課題遂行満足感	↘	加藤（2007f）
	ハッピネス	→	小西ら（2006）
	生活の質（QOL）	↘	加藤（2007a, 4-3）
解決先送りコーピング	関係満足感	↗	加藤（2000），加藤（2001d），加藤（2002b），加藤（2007a, 4-2），加藤（2007c），
		→	加藤（2007f）
	職務満足感	↗	加藤（2007e）
	課題遂行満足感	→	加藤（2007f）
	ハッピネス	↗	伊澤（2004）
		→	小西ら（2006）
	生活の質（QOL）	↗	加藤（2007a, 4-3）

①ポジティブ関係コーピングを用いるほど，人間関係は良好になり，人間関係に対する満足感が増大する。

②ネガティブ関係コーピングを用いるほど，人間関係は悪化し，人間関係に対する満足感は低下する。

③解決先送りコーピングを用いるほど，人間関係は良好になり，人間関係に対する満足感が増大する。

第3節　他者への影響

前節では，コーピング行使者のストレス反応や適応状態などに焦点をあてた。しかし，人間関係を取りあげる時，対人ストレッサーの引き金となった相手の存在，それに加えて，当事者以外の人々の存在を忘れてはならない。ストレスフルな人間関係を断ち切ってしまうと，相手に不快な思いをさせるだけでなく，それを見ていた周りの人々に否定的な印象を与えてしまうかもしれない。その結果，コーピング行使者は，周りから無視され，孤立し，精神的に不健康になるかもしれない。このように，コーピングを選択する行使者とその影響を受ける受動者との関係にも，関心を向ける必要がある。本節では，対人ストレスコーピングの行使が，他者に及ぼす影響について説明する。

■ 1　コーピング受動者の感情

まず，コーピングを実施することによって，コーピング受動者の感情がどのように変化するのかについて，加藤（2002b, 2007a）の研究を紹介する。加藤（2002b, 2007a）は，大学生を対象に，対人ストレスコーピングの行使がコーピング受動者の感情に及ぼす影響を調査した。加藤は，調査参加者にコーピング受動者の立場に立たせ，もし，友人が対人ストレッサーに遭遇し，それぞれのコーピング方略を実施した場合，どのように感じるか，快－不快次元について回答を求めた。図2-2は，加藤（2002b, 2007a）のデータを用いて，再分析した結果である。グラフの縦軸は，コーピング受動者の快－不快得点を示している。中心線のゼロ点以上の得点（正の得点）の場合，友人が選択したコーピングを好意的に受け止めていることを意味し，ゼロ点以下の得点（負の得点）

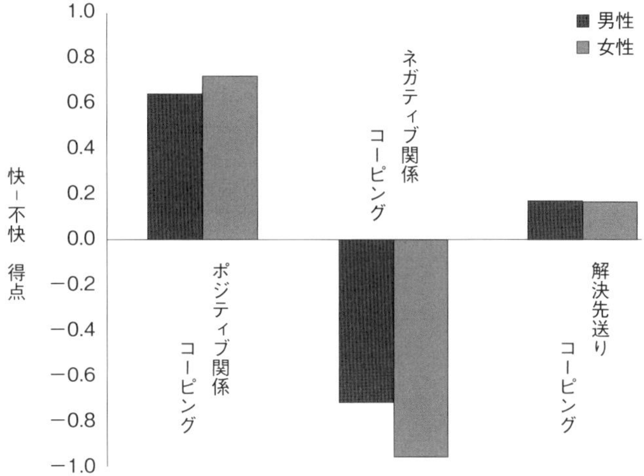

注）得点の範囲は-2から２点。

図 2-2　対人ストレスコーピングの選択が受動者の感情に及ぼす影響

の場合，コーピング受動者が不快だと感じていることを意味している。ポジティブ関係コーピングは，男女ともに正の値を示しており，受動者から好意的に受け止められることがわかる。ネガティブ関係コーピングは，男女ともに負の値を示しており，受動者に否定的な感情を与えることがわかる。解決先送りコーピングは，男女ともに正の値を示しており，受動者に好意的な感情を抱かせることがわかる。このことは統計的検定によっても支持されている。

■ 2　コーピング受動者の行動

次に，コーピングを行うことによって，受動者が行使者に向ける行動にどのような影響があるのか，加藤（2007a）の研究を紹介する。加藤（2007a）は，対人ストレスコーピングの選択が受動者の行動に及ぼす影響を調査した。受動者の行動は，支配的行動（指示しようとする），援助的行動（手助けしようとする），親和的行動（仲良くしようとする），依存的行動（頼りにする），服従的行動（従おうとする），回避的行動（避けようとする），拒否的行動（拒否しようとする），攻撃的行動（こらしめようとする）の８つの行動である。そして，行使者が受動者の知人であるのか，親友であるのか２つの場面が設定された。加えて，コーピング行使者が，ポジティブ関係コーピング，ネガティブ関係コーピング，解決先送りコーピングのいずれかのコーピング方略を用いた場面が設定された。すなわち，コーピング行使者との関係（知人か親友か）とコーピング方略の種類(3種類)によって,6つの場面設定がなされた。たとえば，知人にポジティブ関係コーピングを実行された場面などである。調査参加者には，この6つの場面が呈示され，行使者に対して8つの行動をどの程度行う可能性があるか回答を求めた。

その結果が表2-7である。この結果を簡単にまとめると，①ネガティブ関係コーピングを行使すると，コーピング受動者から，攻撃されたり，拒否されたり，避けられたりする。②一方，ポジティブ関係コーピングを行使すると，助けてくれたり，仲良くされたり，頼られたり，指示に従ったり，場合によっては，指示されたりする。

一方，加藤（2002b）の研究では，対人ストレスコーピングの選択がソーシャル・サポート（他者からの援助）に及ぼす影響を検証している。その結果，ポジティブ関係コーピングを用いるほどソーシャル・サポートが高く，ネガティブ関係コーピングを用いるほどソーシャル・サポートが低く，解決先送りコーピングを用いるほどソーシャル・サポートが高いことを明らかにしている。加藤（2007a）の研究でも，加藤（2002b）の研究と同様の結果が得られている。

表2-7　対人ストレスコーピングがコーピング受動者の行動に及ぼす影響

受動者の行動	コーピング方略	行使者と受動者との関係
攻撃的行動	ポジティブ≒先送り＜ネガティブ	—
拒否的行動	ポジティブ＜先送り＜ネガティブ	親友＜知人
回避的行動	ポジティブ＜先送り＜ネガティブ	親友＜知人
支配的行動	ネガティブ＜先送り＜ポジティブ	知人＜親友
援助的行動	ネガティブ＜先送り＜ポジティブ	知人＜親友
親和的行動	ネガティブ＜先送り＜ポジティブ	知人＜親友
依存的行動	ネガティブ＜先送り＜ポジティブ	知人＜親友
服従的行動	ネガティブ＜先送り＜ポジティブ	知人＜親友

第４節　対人ストレス過程に影響を及ぼす要因

どのようなコーピングを選択するかは，個人が置かれている状況によって異なるのだろうか。対人ストレスコーピングが個人の精神的健康に及ぼす影響の仕方もまた，個人が置かれている状況に依存しているのだろうか。本節では，対人ストレスコーピングの選択や，対人ストレスコーピングが精神的健康に及ぼす影響など，対人ストレス過程に影響を及ぼす要因について紹介する。

■ 1　対人ストレッサー

遭遇した対人ストレッサーの質によって，対人ストレスコーピングの選択は異なるのであろうか。谷口・加藤(2007)は，それぞれの対人ストレッサー（対人葛藤，対人過失，対人摩耗）に対して，どのようなコーピング方略を用いたのか，951名の大学生を対象に調査をしている。調査参加者は，あらかじめ決められた対人ストレス状況（対人葛藤，対人過失，対人摩耗のうちひとつ）が呈示され，その対人ストレス状況に対して，コーピングの使用頻度を回答した。対人葛藤とは他者が否定的な態度や行動をあらわすような状況である。対人摩耗とは自分の意に沿わないような行動をしなければならないような状況である。対人過失とは相手に迷惑や不快な思いをさせてしまうような状況である（11頁参照）。調査の結果，以下のようなことが明らかになった（図2-3)。①ポジティブ関係コーピングに関しては，対人葛藤＜対人摩耗＜対人過失の順で，使用頻度が高かった。相手に迷惑や不快な思いをさせた状況である対人過失では，自分に非があると思い，自責の念が生じる。そのため，何とか，関係を維持・継続しようとするポジティブ関係コーピングの使用頻度が高くなると思われる。②ネガティブ関係コーピングに関しては，対人葛藤状況で，最もよく用いられた。対人葛藤は不快な思いをさせられた状況であり，そのような不快な思いが，関係を断ち切るようなネガティブ関係コーピングを選択させたと考えられる。③解決先送りコーピングに関しては，対人葛藤および対人摩耗より，対人過失に遭遇した時の方が，使用頻度が低かった。そもそも，解決先送りコーピングは，ストレスフルな人間関係を，時間を置くことによって，自然

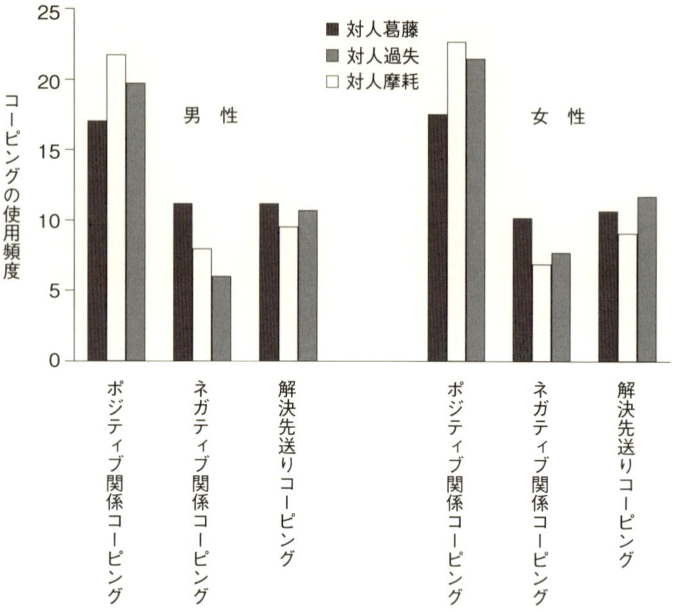

図 2-3　対人ストレッサーが対人ストレスコーピングの選択に及ぼす影響

と問題が解決したり，問題を解決する時間的な猶予を作ったりするような方略である。自分に非があるような対人劣等では，即座に，何とかしなければならないという気持ちになり，時間が解決するのを待つような解決先送りコーピングを選択しにくくなるのかもしれない。

■ 2　性　　差

性によって，対人ストレスコーピングの使用頻度が異なることが知られている。加藤（2003b）は，大学生 2,574 名を対象に，加藤（2000, 2007a）の対人ストレスコーピング尺度を用いて，コーピングの使用頻度の性差を調査した。図 2-4 は，性別の対人ストレスコーピング得点を示したものである。女性は男性より，ポジティブ関係コーピングの使用頻度が高く，男性は女性より，ネガティブ関係コーピングの使用頻度が高い。すなわち，女性は，ストレスフルな人間関係であっても，その関係を積極的に維持・改善しようとする傾向が高

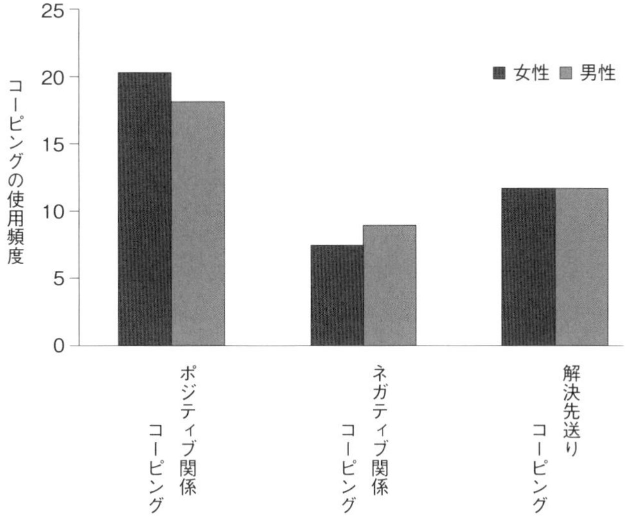

図 2-4　対人ストレスコーピングの性差

く，男性は，そのような関係を放棄・崩壊する傾向が高い。加藤（2000），加藤（2007e），谷口・加藤（2007）でも，同様な結果が得られている。女性は男性と比較して，できる限り，人間関係を継続させようと努力するといえる。

3　目　　標

コーピングを行使する目標によって，選択するコーピング方略が異なることが知られている（加藤, 2006b; 大渕・小嶋, 1999; Ohbuchi & Tedeschi, 1997）。たとえば，大渕らの研究グループ（Fukushima & Ohbuchi, 1993; 大渕・福島, 1997; Ohbuchi & Tedeschi, 1997）では，葛藤方略の多目的理論（multiple goals theory）を提唱し，葛藤方略目標と対人葛藤方略との関連性について検証している。まず，大渕らは，葛藤目標（goals of conflict resolution）を「関係目標」「パワー・敵意目標」「公正目標」「同一性目標」「個人的資源目標」「経済的目標」に分類している。「関係目標」は，葛藤相手と良好な関係を維持することを目標としている。「パワー・敵意目標」は，葛藤相手を支配したり，罰したりすることを目標としている。「公正目標」は，社会的公正さを回復することを目標としている。「同一性目標」は，社会的体面や評判を守ることを目標としている。「個人的資源目標」は，自由やプライバシーを守ることを目標としている。「経済的目標」は，経済的利害を守ることを目標としている。そして，大渕らは，この目標と対人葛藤方略との関連性を検証した。その結果,「関係目標」が高いほど協調スタイル（お互いに利害関係を調整する方略）を用いること,「パワー・敵意目標」が高いほど対立スタイル（自己を主張したり，相手を攻撃したりする方略）を用いること,「パワー・敵意目標」や「公正目標」が高いほどサポート希求（他者に援助を求める方略）を用いることなどを報告している。すなわち，①良好な関係を維持するためには，葛藤相手と協調する方略を用い，②相手を従わせたいならば，自分の意見を押し通そうとする方略を用い，③良好な関係を維持したり，社会的公正さを回復しようとしたりすることを目標とした場合には，第三者の力を借りる方略を用いるのである。

加藤（2006b）は，大学生を対象に，どのような友人関係を形成したいかという目標と，対人ストレスコーピングの選択との関連性を検証している。まず，加藤（2006b）は，深い人間関係を望むのか浅い人間関係を望むのか（深－浅次元），広い人間関係を望むのか狭い人間関係を望むのか（広－狭次元），という2つの次元によって，4つの付き合い方に分類した（図2-5）。そして，それぞれの付き合い方の目標に対応するように，調査参加者を4群に分けた。調査参加者間のコーピングの使用頻度を比較した（図2-6）。その結果，以下の

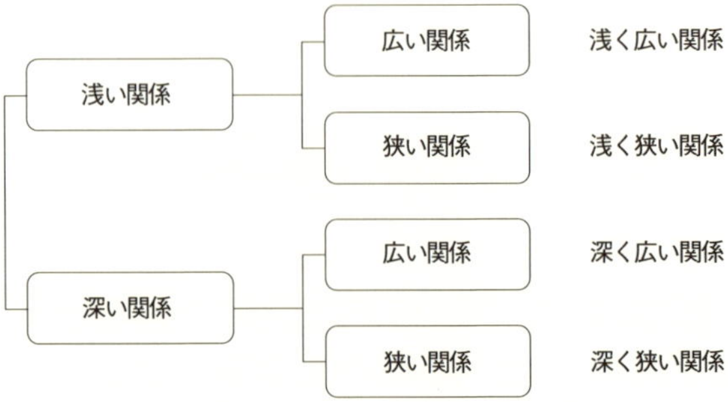

図2-5　付き合い方の分類

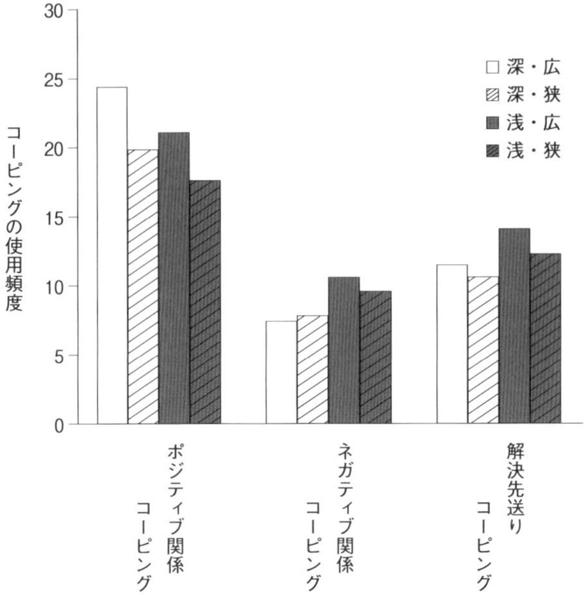

図 2-6　友人関係の目標と対人ストレスコーピングの使用頻度

ようなことが明らかになった。①深い友人関係を目標とすると，ポジティブ関係コーピングの使用頻度が高くなる。②浅い友人関係を目標にすると，ネガティブ関係コーピングの使用頻度が高くなる。③広い友人関係を目標とすると，ポジティブ関係コーピングの使用頻度が高くなる。④浅く広い友人関係を目標とすると，解決先送りコーピングの使用頻度が高くなる。

さらに，加藤（2006b）は，友人関係目標によって，対人ストレスコーピングが精神的健康に及ぼす影響が異なるかどうか検証している。その結果，ポジティブ関係コーピングとネガティブ関係コーピングに関しては，どのような友人関係目標であろうとも，対人ストレスコーピングが精神的健康に及ぼす影響に大きな異なりはみられなかった。しかし，解決先送りコーピングに関しては，友人関係目標によって，精神的健康に及ぼす影響が異なっていた。浅く広い関係を目標としている群では，解決先送りコーピングを用いるほど，否定的感情，孤独感やストレス反応が低く，肯定的感情が高かった。同様の傾向は，深く広い関係においてもみられたが，浅く広い関係を目標としている群では，その傾向がより強かった。一方，浅く狭い関係および深く狭い関係では，このような解決先送りコーピングと精神的健康との関連性はみられなかった。すなわち，解決先送りコーピングを用いることで，精神的健康を維持するためには，少なくとも，幅広い友人関係を形成したいという目標（できるならば，幅広く浅い関係）を持った関係でなければ効果的ではないことを意味している。

■ 4　当事者間の関係性

当事者間の関係によって，選択するコーピングが異なることが知られている（加藤, 2007h; Laursen, 1993; Laursen et al., 2001）。たとえば，ローソンら（Laursen et al., 2001）は，メタ分析という技法によって，児童や青年を対象とした31の研究結果をまとめ，当事者間の関係（知人，親友，恋人，兄弟・姉妹）によって，対人葛藤方略（交渉スタイル，威圧スタイル，非交戦スタイル）が異なることを報告している。ローソンらは，知人（クラスメートなど），親友，恋人との間で生じたストレッサーに対しては，交渉スタイル（お互いが譲歩するような妥協スタイル）がよく用いられ，兄弟・姉妹関係では，威圧スタイル（要求に従わせる支配スタイル）がよく使用される，と報告している。また，交渉スタイルは，知人関係＜親友関係＜恋人関係の順で，より頻繁に使用される，とも報告している（表2-8）。

加藤（2007h）は，大学生を対象に，友人関係の親密性と友人ストレッサーに対するコーピングとの関連性を調査している。加藤（2007h）は，自己開示，類似性，役割期待（友人に対する期待），親密性の程度などによって，友人との関係性を「関係がほとんどない」「顔見知り」「友人」「親友」の4つのグル

表2-8　当事者間の関係および発達段階がコーピングの選択に及ぼす影響

	コーピング行使者の発達段階		
当事者間の関係	児童	生徒	学生
知人	非交戦＜交渉＜威圧	非交戦≒威圧＜交渉	威圧＜非交戦＜交渉
親友	非交戦＜交渉≒威圧	非交戦＜威圧＜交渉	威圧＜非交戦＜交渉
恋人	—	非交戦＜威圧＜交渉	威圧≒非交戦＜交渉
兄弟・姉妹	—	交渉＜非交戦	非交戦＜威圧＜交渉

ープに分類した。そして，4つのグループ間の対人ストレスコーピングの使用頻度を比較したところ，以下のようなことが明らかになった（図2-7）。①友人関係が進展するほど，その関係で生じた対人ストレッサーに対して，ポジティブ関係コーピングの使用頻度が増加する。②友人関係が進展するほど，その関係で生じた対人ストレッサーに対して，ネガティブ関係コーピングの使用頻度が減少する。③友人関係が進展するほど，その関係で生じた対人ストレッサーに対して，解決先送りコーピングの使用頻度が減少する。

さらに，加藤（2007h）は，ストレス反応に及ぼす対人ストレスコーピングの影響が，友人関係の進展度によって異なるかどうか検証している。その結果，以下のようなことが明らかになった。①関係が進展した最も親しい友人関係では，ポジティブ関係コーピングを用いるほど，ストレス反応が増加する。②ネガティブ関係コーピングは，どのような関係であろうとも，使用頻度が高

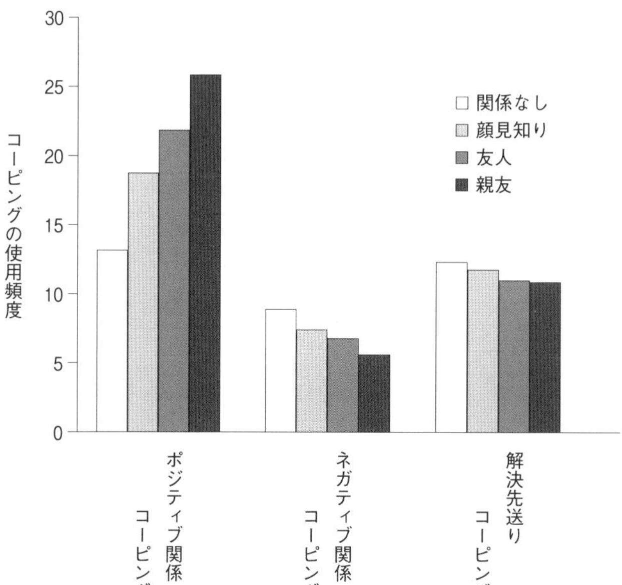

図2-7　ストレス相手との関係性による対人ストレスコーピングの使用頻度の異なり

いほどストレス反応が増大する。特に，顔見知り程度の友人関係で，ネガティブ関係コーピングの使用がストレス反応を増大させる。③解決先送りコーピングは，顔見知りあるいは友人程度の関係において，使用頻度が高い場合に，ストレス反応が低下する。しかし，関係がほとんどない友人や，親友においては，解決先送りコーピングの使用とストレス反応との間には関連性がみられない。

■ 5　コーピング行使者の発達段階

コーピング行使者の発達段階によって，選択するコーピングが異なることが知られている（加藤, 2007a; Laursen et al., 2001）。たとえば，ローソンら（2001）は，メタ分析によって，対人葛藤方略に関する31の研究結果をまとめ，当事者間の発達段階（児童，生徒，学生）によって，対人葛藤方略（交渉スタイル，威圧スタイル，非交戦スタイル）の選択が異なることを報告している（表2-8)。児童（小学生までの子ども）では，威圧スタイル（要求に従わせる支配スタイル）を用いる頻度が高く，生徒（中学生と高校生）では，非交戦スタイル（問題を解決することなく葛藤から逃れる回避スタイル）＜威圧スタイル＜交渉スタイル（お互いが譲歩するような妥協スタイル）の順で使用頻度が高かった。学生（大学生）では，威圧スタイル＜非交戦スタイル＜交渉スタイルの順で使用頻度が高かった。加えて，当事者間の関係（知人，親友，恋人，兄弟・姉妹）によって，さらに詳細な報告をしている（表2-8)。その結果を簡単にまとめると，兄弟・姉妹関係を除き，発達段階を経るにつれ，交渉スタイルは増加し，威圧スタイルは減少する傾向にある。

一方，対人ストレスコーピング尺度（加藤, 2000, 2003b, 2007a）を用いた研究では，小学生から大学生までの，コーピングの使用頻度についての報告がなされている。福田ら（2006, 2007）は小学生用対人ストレスコーピング尺度を用い，小学生，中学生，高校生を対象に，対人ストレスコーピングの使用頻度を調査している。図2-8（女子）および図2-9（男子）は，福田ら（2006, 2007）の２つの研究データを筆者がまとめたものである。この結果から，以下のようなことが読み取れる。①ポジティブ関係コーピングの使用頻度は，小学生のうちは学年があがるほど，使用頻度が減少傾向にある。その後，使用頻度

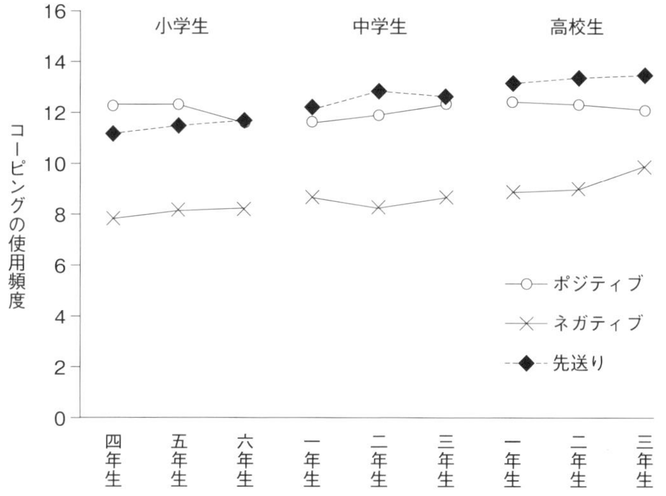

注）福田ら（2006, 2007）のデータをまとめた。

図 2-8　女子の対人ストレスコーピング使用頻度の推移

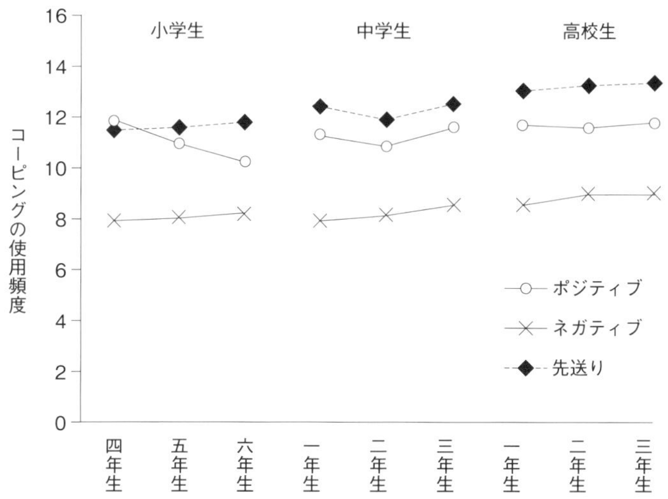

注）福田ら（2006, 2007）のデータをまとめた。

図 2-9　男子の対人ストレスコーピング使用頻度の推移

は徐々に回復する。すなわち，小学高学年から中学生にかけて使用頻度が低くなる。②ネガティブ関係コーピングの使用頻度は，男女ともに，小学生から高校生まで，徐々に増加する。③解決先送りコーピングの使用頻度は，男女ともに，小学生から高校生まで，徐々に増加する。福田らの研究に対して，加藤（2008b）は高校生と大学生の対人ストレスコーピングの使用頻度を調査している（図2-10）。加藤（2008b）の報告をまとめると，①ポジティブ関係コーピングの使用頻度に大きな推移はみられない。②ネガティブ関係コーピングの使用頻度は，男女ともに，高校生より，大学生でよく用いられる。③解決先送りコーピングの使用頻度は，高校生から大学生にかけて徐々に増加する。福田ら（2006, 2007）の報告と加藤（2008b）の報告から，以下のようにまとめることができる。①ポジティブ関係コーピングは，小学高学年から中学生にかけ

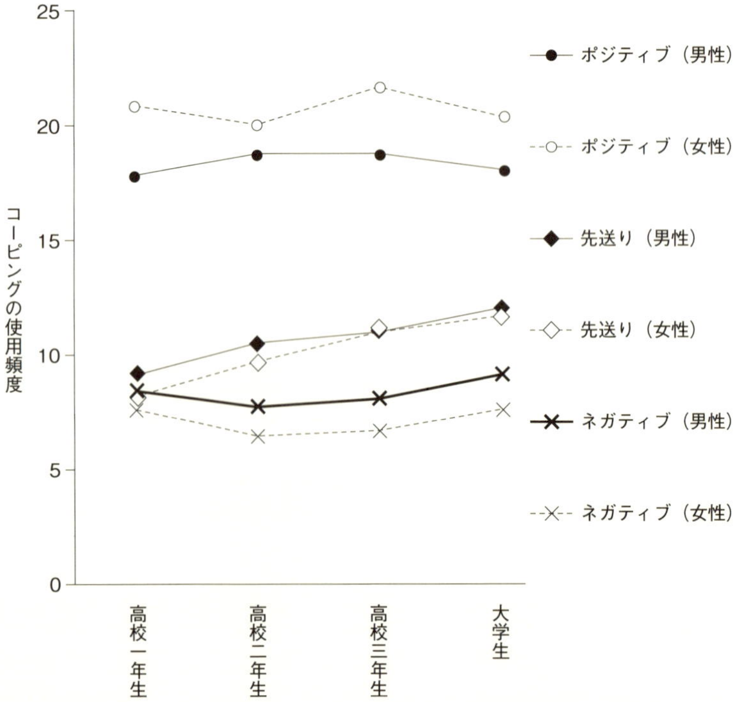

図2-10　対人ストレスコーピングの使用頻度の変化

て一時的に使用頻度が低下するが，ほぼ安定して使用する。②ネガティブ関係コーピングの使用頻度は，小学生から高校生まで増加傾向を示すが，高校生ではその傾向は落ち着きをみせ，大学生になると，さらに増加する。③解決先送りコーピングの使用頻度は，小学生から大学生にかけて増加する。

■ 6　認知的評価

ラザルスらのストレス発生モデルでは，コーピングの選択はストレスフルな状況に対する認知的評価の影響を受けると仮定されている（5 頁参照）。対人ストレスコーピングの選択も同様に，認知的評価の影響を受ける，と考えられる。

たとえば，加藤（2001c）は，対人ストレッサーの原因を何に帰属させるか，という原因帰属（causal attribution）が，対人ストレスコーピングの選択に及ぼす影響を調査している。原因帰属の次元として，対人ストレッサーの原因を自分自身に帰属する内在性次元（internality），その原因が将来も起こりうると帰属する安定性次元（stability），原因がどのような状況でも起こりうると帰属する全般性次元（globality）を仮定した。その結果，以下のことが明らかになった（図 2-11）。①対人ストレッサーが将来も起こりうると考えるほど，ネガティブ関係コーピングを用い，将来は起こりえないと考えるほど，ポジティブ関係コーピングを用いる。対人ストレッサーが将来も繰り返し起こるならば，そのような関係には我慢できないために，関係を断ち切ろうとするのであろう。一方，将来も同じような対人ストレッサーに遭遇しないとするならば，何とか関係を維持したり，改善したりすることができるだろう。②どのような状況でも対人ストレッサーが起こりうると考えるほど，ネガティブ関係コーピ

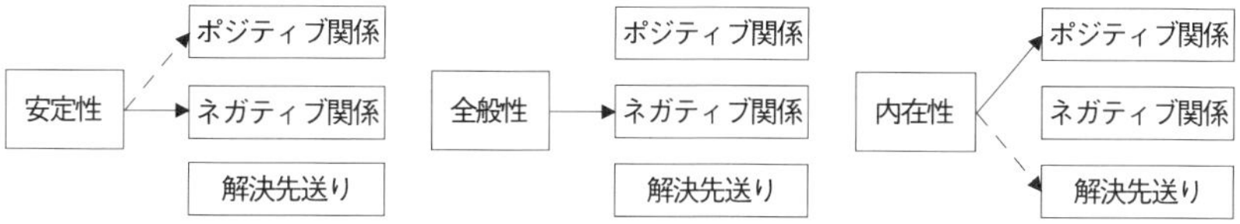

注）　実線は正の影響，破線は負の影響を意味する。

図 2-11　帰属スタイルが対人ストレスコーピングの選択に及ぼす影響

ングを用いる。どのような状況でも，対人ストレス状況に遭遇するならば，そのような関係を維持することはできないと判断し，関係を断ち切ると考えられる。③対人ストレッサーの原因が自分にあると考えるほど，ポジティブ関係コーピングを用い，その原因が他者にあると考えるほど，解決先送りコーピングを用いる。対人ストレスの原因が自分にあると判断した場合，相手に対して負い目を感じ，その結果，何とか関係を維持したり，改善しようとしたりすると考えられる。一方，自分には非がないと判断すると，とりあえず，何もしないような解決先送りコーピングを用いやすくなるのであろう。

また，加藤（2001d）は，重要性，脅威，対処効力感といった認知的評価が対人ストレスコーピングの選択に及ぼす影響を調査している。「重要性」は遭遇した対人ストレッサーを重要だと認知する程度である。「脅威」は対人ストレッサーが自分にとって脅威的であると感じる程度である。「対処効力感」は対人ストレッサーをうまく対処する自信があることを意味する。その結果，以下のようなことが明らかになった（図 2-12）。①対人ストレッサーを重要だと認知するほど，ポジティブ関係コーピングを用い，重要でないと認知するほど，解決先送りコーピングを用いる。重要な対人関係では関係を維持・改善しようと努力し，そうでない関係では，特に何か対策を立てたりすることなく，棚上げするのである。②対人ストレッサーを脅威であると認知するほど，ネガティブ関係コーピングおよび解決先送りコーピングを用いる。自分にとって脅威である人間関係は，関係を断ち切るか，その関係を棚上げするのである。③対人ストレッサーに対して，対処することができると認知するほど，ポジティブ関係コーピングおよび解決先送りコーピングを用いる。何とか解決することができる自信のある人間関係では，積極的に関係を維持・改善しようとした

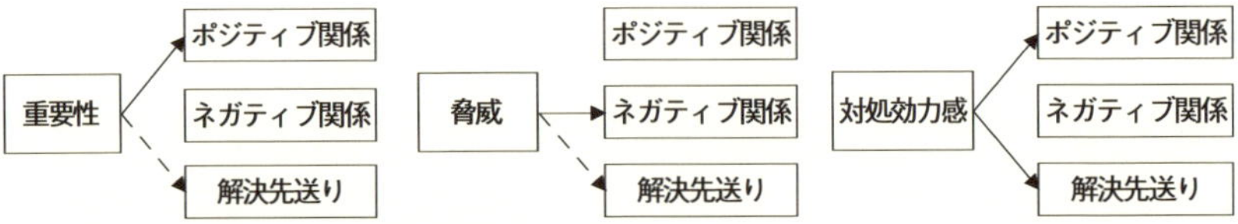

注）　実線は正の影響，破線は負の影響を意味する。

図 2-12　認知的評価が対人ストレスコーピングの選択に及ぼす影響

り，後に，問題を解決するために，積極的に問題を先送りしたりするのであろう。

同様の結果が，大学生を対象にした加藤（2007i）の研究，小学生および中学生を対象にした福田ら（2007）の研究でも報告されている。

第５節　なぜ，解決先送りコーピングが効果的なのか

全般的なストレッサーに対して効果的なコーピング方略は，積極的に問題を解決する問題焦点型対処であり，問題を解決することから逃れるようなコーピング方略は否定的な結果をもたらすことを説明した（表2-1参照）。対人ストレス研究では，問題焦点型対処の有効性を否定する研究報告がなされていること，問題解決から逃れるようなコーピング方略が効果的ではないことなどを紹介した（表2-2および表2-3参照）。さらに，対人ストレス研究のために開発された加藤（2000, 2007a）の対人ストレスコーピング尺度を用いた研究では，問題解決を一時的に先送りする解決先送りコーピングの使用が効果的であることを紹介した（表2-4および表2-6参照）。これらのことから，どうやら，対人ストレスでは，コーピングが精神的健康に及ぼす影響には，対人ストレス特有の作用が存在するようである。そして，そのカギは，どうやら解決先送りコーピングが握っているようである。解決先送りコーピングは，単に，問題から逃れるような回避的なコーピング方略ではなく，ストレス反応を低下させ，適応的な状態を維持する特別な機能を有する方略のようである。本節では，まず，対人ストレスコーピングの３つの方略の性質について説明し，なぜ，解決先送りコーピングの選択が効果的であるのか，時間的猶予仮説，社会的相互作用モデル，アクセプタンス理論などから，詳細に検討する。

■ 1　対人ストレスコーピングの性質

表2-9は，対人ストレスコーピングを行使した結果（本章で紹介したもの）をまとめたものである。そして，表2-10は，対人ストレスコーピングが選択されやすい状況（本章で紹介したもの）をまとめたものである。これらの結果に加え，これまでの研究から，対人ストレスコーピングの３つの方略には，さ

表 2-9　対人ストレスコーピングがもたらす結果

コーピング受動者への影響	コーピング行使者への影響
ポジティブ関係コーピング	
＊肯定的感情を抱く ＊受動者からの援助を得やすくなる	＊孤独感が低下する ＊進展した関係（親友）ではストレス反応が増加する ＊人間関係に対する満足感が高い
ネガティブ関係コーピング	
＊否定的感情を抱く ＊受動者からの援助を得るのが困難になる	＊ストレス反応が増加する ＊孤独感が増加する ＊特に，顔見知り関係で，ストレス反応が増加する ＊人間関係に対する満足感が低い ＊人生に対する満足感が低い
解決先送りコーピング	
＊肯定的感情を抱く ＊受動者からの援助を得やすくなる	＊ストレス反応が低下する （小・中学生ではストレス低減効果はみられない） ＊孤独感が低下する ＊広い関係で効果的である ＊顔見知り，友人関係で，ストレス反応が低下する ＊人間関係に対する満足感が高い ＊人生に対する満足感が高い

まざまな性質が明らかにされている。本項では，それぞれの対人ストレスコーピングの性質を明らかにすることによって，対人ストレスコーピングが精神的健康に及ぼす影響を説明する。

(1)　ポジティブ関係コーピング

ポジティブ関係コーピングは，ストレスフルな人間関係を維持あるいは改善しようと，積極的に努力するようなコーピング方略群である。関係を持続するために，自分の言動をコントロールする「自己制御」，他者に相談したり援助を求めたりする「サポート希求」，ストレッサー源である相手に合わせるような「協調」，ストレス源である相手とはまったく関係のない第三者との関係を形成したり強めたりする「他者への接近」，ストレスフルな人間関係を肯定的にとらえようとする「肯定的解釈」，自分の言動を反省したりする「内省」，自分の趣味に没頭したりする「気晴らし」，自分の考えや意見などを理解させるように努力する「自己主張」などのコーピング方略がポジティブ関係コーピングに含まれる。

表 2-10　それぞれの対人ストレスコーピングを選択しやすい状況

ポジティブ関係コーピング
②重要だと認知するほど使用頻度が高い
③対人過失に対する使用頻度が高い
③自分に原因があると判断すると使用頻度が高い
④深い関係を形成したい場合に使用頻度が高い
④関係が進展するほど，使用頻度が高い
⑤ストレッサーが続かないと判断すると使用頻度が高い
＊広い関係を形成したい場合に使用頻度が高い
＊解決する自信があるほど使用頻度が高い
ネガティブ関係コーピング
②浅い関係を維持したい場合に使用頻度が高い
②関係が進展するほど（親密さを増すほど），使用頻度が低い
＊対人葛藤に対する使用頻度が高い
＊将来もストレッサーが続くと判断すると使用頻度が高い
＊多様な状況でストレッサーに遭遇すると判断すると使用頻度が高い
＊脅威であると認知するほど使用頻度が高い
解決先送りコーピング
②解決する自信があるほど使用頻度が高い
③対人過失に対する使用頻度が低い
③他者に原因があると判断すると使用頻度が高い
③重要でないと認知するほど使用頻度が高い
⑤浅く，広い関係を形成したい場合に使用頻度が高く，
⑤関係が進展するほど，使用頻度が低い
＊脅威であると認知するほど使用頻度が高い

注）○印の番号は，それぞれのコーピングの性質に対応している。

ポジティブ関係コーピングの第一の性質は，円滑な対人関係にある。これまでの研究から，社会的スキル（円滑な人間関係を営む能力）が高いほど，ポジティブ関係コーピングの使用頻度が高いことが知られている。また，人間関係において，自分自身の言動が適切かどうか判断し，言動をコントロールできるほど，ポジティブ関係コーピングの使用頻度が高いことも知られている（加藤, 2007a など）。これらのことから，ポジティブ関係コーピングは，円滑な人間関係を営む能力を反映したコーピングであると考えられる。このような円滑な人間関係を営む性質によって，コーピング受動者が行使者に対して肯定的な感情を抱き，受動者からさまざまな援助を得ることができるようになる。良好な人間関係や他者からのサポートは，孤独感を低下させたり，人間関係に関する満足感を高めたりする。また，他者との良好な関係や他者からのサポートは，精神的な負担の低減に結びつき，ストレス反応の低減へとつながる（図2-13）。

第二の性質は，人間関係を重視し，人間関係に対する関心が高いことである。対人ストレッサーに遭遇し，ストレスフルな人間関係が自分にとって重要であると認知するほど，ポジティブ関係コーピングを用いる頻度が高くなることは先に説明したとおりである。加えて，人間関係を重視し，人間関係に関心が強い対人志向的性格であるほど，ポジティブ関係コーピングを用いること，また，外向的であるほど，調和性が高いほど，ポジティブ関係コーピングの使用頻度が高いことが実証されている（加藤，2007a など）。人間関係を重要視するということは，ストレスフルな人間関係であっても，関係を維持しようと積極的に努力するような行動を選択することにつながる。このように，ポジティ

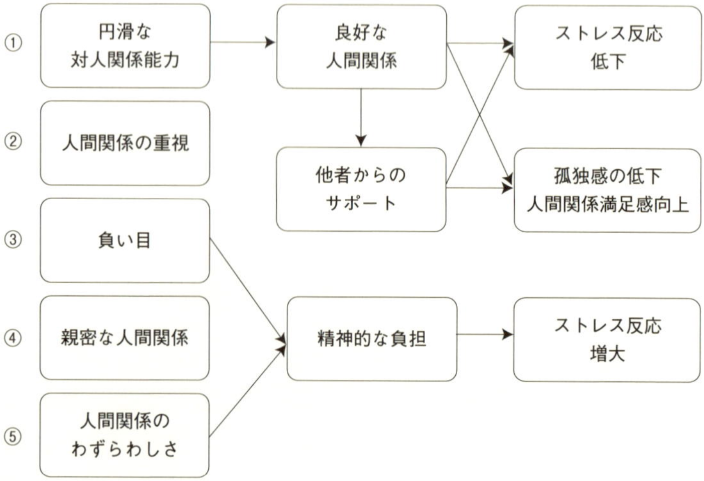

図 2-13　ポジティブ関係コーピングの性質と精神的健康

ブ関係コーピングには，「人間関係を重要視する」という性質がある。

第三の性質が，負い目を感じる傾向が高いということである。対人過失（自分に誤りがあり，迷惑や不快な思いをさせてしまう状況）に遭遇した場合や，自分に原因があると認知した場合など，ポジティブ関係コーピングは，負い目を感じるような状況でよく用いられるコーピングである。加えて，罪悪感が高いほど，ポジティブ関係コーピングの使用頻度が高いことが実証されている（加藤, 2007g など）。ストレスフルな人間関係において，負い目を感じるような場合，自分の言動を反省したり，自分の考えなどを理解してもらうように努力したり，関係を継続させるように積極的に努力するような行動を選択することは，自然な行動として理解することができるだろう。ポジティブ関係コーピングには，他者に対する「負い目」という特徴があると考えられる。このような負い目は多少なりとも，精神的な負担となり，ストレス反応を増大させる方向に向かわせると推測される（図 2-13）。

第四の性質は，親密な人間関係である。ポジティブ関係コーピングは，深い人間関係を形成しようとしている場合や，親友など進展した関係（親密な関係）でよく用いられる。親密な関係は，個人にとって重要な人間関係であり，その関係から多くの利益を得ている。たとえば，親密な友人は，自分が落ち込んでいる時に，愚痴を聞き，相談に乗り，温かい言葉をかけてくれる。自分を支えている親密な関係において，ストレスフルな状況が生じた場合，その関係をすぐにでも修復し，関係を維持しようと積極的に努力するであろう。ポジティブ関係コーピングには，「親密な関係」という特徴がある。

第五の性質は，人間関係のわずらわしさである。ストレスフルな人間関係を維持し，さらに改善しようとするためには，時には自分の気持ちを抑え，相手に合わせたり，誤解を解くために，さまざまな努力をしたり，自分に問題がなくとも，相手に歩み寄ったりしなければならない場合もある。関係を断ち切るネガティブ関係コーピングや，問題を先送りする解決先送りコーピングでは，このようなある種のわずらわしさを抱える必要性はない。ポジティブ関係コーピングを用いるためには，人間関係のわずらわしさを甘受（かんじゅ）しなければならない，という側面がある。ポジティブ関係コーピングの使用には人間関係のわずらわしさが伴うからこそ，そのような人間関係が続かない場合に，使用頻度が高くなるのである。このような人間関係のわずらわしさは，精神的な負担となり，ストレス反応が増大することになる（図2-13）。

ポジティブ関係コーピングの特性と，精神的健康との関連性をまとめると，図2-13のようになる。この図2-13と，ポジティブ関係コーピングが精神的健康に及ぼす影響についてまとめた表2-9（84頁）とを比べてみよう。表2-9には，ポジティブ関係コーピングを用いることが，孤独感の低下や人間関係満足感の向上に結びつくという報告がなされている。また，不安や抑うつといったストレス反応の増大に結びつくという報告もある。しかし，ポジティブ関係コーピングを用いることが，ストレス反応の低減に結びつくという報告はなされていない。図2-13には，ポジティブ関係コーピングがストレス反応を増大させる性質と，低下させる性質が示されている。なぜ，このような矛盾が生じるのであろうか。この現象を説明することができる理論が加藤（2007a）によって提唱されている。その理論が次項で紹介する対人ストレス過程における社会的相互作用理論である。

(2) ネガティブ関係コーピング

ネガティブ関係コーピングとは，対人ストレッサーを喚起させた関係を放棄・崩壊するコーピング方略群である。関係を断ち切ったり，付き合いをしないようにしたり，表面的な付き合いだけをしたり，相手を恨んだり呪ったりするようなコーピングである。ネガティブ関係コーピングには，以下のような性質があると考えられる。

第一に，人間関係が不得手である傾向が高い。社会的スキルが低いほど，ネガティブ関係コーピングを用いること，対人抑制傾向が高いほど，ネガティブ関係コーピングを用いることなどが知られている。また，調和性が低いほど，ネガティブ関係コーピングを用いることも知られている（加藤，2007a）。このように，ネガティブ関係コーピングには，人間関係を円滑に営む能力が低いという特徴がある。このような特徴は，ネガティブ関係コーピングが他者に否定的な感情を抱かせ，関係を悪化させ，他者からのサポートを得にくくすることと結びついている。関係の悪化やサポートの低下は，孤独感を強めたり，人間関係に対する満足感を低下させたりする。良好な人間関係を形成する

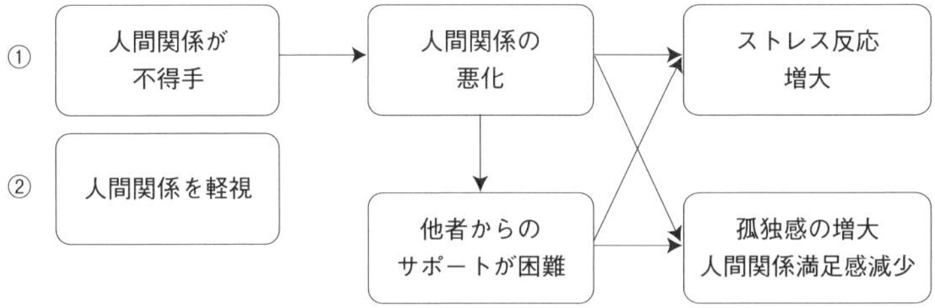

図 2-14　ネガティブ関係コーピングの性質と精神的健康

ことができないということは，さらにストレス反応の増大にも影響を及ぼす（図 2-14）。ネガティブ関係コーピングを用いるほど，ストレス反応が増大したり，関係満足感が低下したりする理由のひとつは，ネガティブ関係コーピングの対人関係能力の低さに起因したものである。

第二に，人間関係を軽視する傾向が高い。ネガティブ関係コーピングは，人間関係を軽視する傾向のある者の使用頻度が高いことが知られている（加藤，2007a）。このようなネガティブ関係コーピングの人間関係軽視の傾向は，浅い関係を形成したい場合に使用頻度が高いこと，進展した関係では使用頻度が低くなることなどに反映されている。このように，ネガティブ関係コーピングは「人間関係の軽視」という特徴を持つ。

(3) 解決先送りコーピング

解決先送りコーピングとは，ストレスフルな関係を問題視することなく，時間が解決するのを待つようなコーピング方略群である。解決先送りコーピングは，従来のコーピング方略にはみられなかった新たなコーピング方略である。そのため，これまでにない特質や，精神的健康との特有の関連性が報告されている。

第一の性質は，円滑な対人関係である。解決先送りコーピングは，ポジティブ関係コーピングと同様に，円滑な対人関係を営む能力を有する。これまでの研究から，社会的スキルが高い者ほど，解決先送りコーピングの使用頻度が高いことが知られている（加藤，2007a）。このような対人関係を円滑に営む能力は，解決先送りコーピングを用いることによって，他者に肯定的な感情を抱かせ，他者からの援助を引き出すことになる。そして，良好な関係が形成された結果，孤独感が低下したり，人間関係に対する満足感が増加したりするのである。このような傾向は，ストレス反応の低下にも役立つことになる（図2-15）。解決先送りコーピングがストレス反応を低下させたり，人間関係の満足感を高めたりする理由のひとつは，解決先送りコーピングの「円滑な対人関係を営む能力」に起因したものである。

第二の性質は，解決への自信である。解決先送りコーピングは，直面しているストレスフルな関係に対して，対処することができるという自信のある状況でよく用いられる。さらに，柔軟で想像性に優れている者ほど，解決先送りコーピングを用いるということも明らかになっている（加藤，2007a）。これらの性質は，ストレスフルな問題に直面しても，さまざまな視点から問題を柔軟にとらえ，その問題を「処理することができる自信」があることを意味している。

第三の性質は，緊急性が低いことである。自分に過失のあるようなストレス状況（対人過失）では，解決先送りコーピングの使用頻度は低く，相手に原因

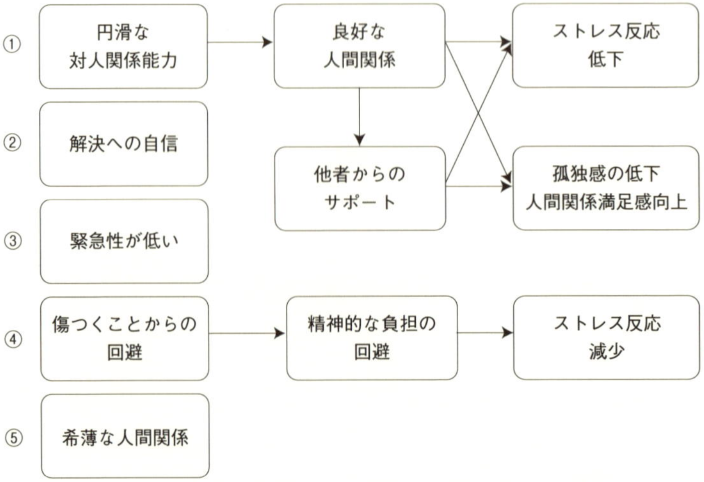

図2-15　解決先送りコーピングの性質と精神的健康

があると判断した場面では使用頻度が高い。自分に非がない場合，ストレスフルな関係に対して緊急に対処する必然性は低い。自分に非がない場合には，われわれは，まず，相手の出方を待ってから対応しようと考えるだろう。また，ストレスフルな関係を重要視していないことも，ストレスフルな状況を今すぐに解決する必要性が低いことを意味している。このように，解決先送りコーピングは，「緊急性が低い」状況で用いられるのである。

第四の性質は，傷つくことからの回避である。ポジティブ関係コーピングやネガティブ関係コーピングが，他者に対して何らかの働きかけをするコーピングであるに対し，解決先送りコーピングは，他者に対して何の働きかけもしないコーピングである。何の働きかけもしないということは，自らが傷つくことも，他者を傷つけることもない。たとえば，誤解を解くために，相手に積極的に話しかけたが（ポジティブ関係コーピング），さらに誤解が深まり，相手からひどくけなされるかもしれない。相手を無視し，人間関係を切ると（ネガティブ関係コーピング），その相手が自分の親友に自分の信用を落とすようなことを言い，自分と親友との関係が悪化するかもしれない。解決先送りコーピングは，他者に対して何の働きかけもしないために，自分が傷つく危険性も，他者を傷つけてしまう危険性もないのである。そのため，解決先送りコーピングの選択は，「自らが傷ついてしまうのではないか，あるいは，他者を傷つけてしまうのではないか」という精神的負担から解放されることになる。すなわち，解決先送りコーピングの「傷つくことからの回避」という性質によって，解決先送りコーピングを用いるほどストレス反応が低下することになる。

第五の性質は，希薄な人間関係である。解決先送りコーピングは，浅く広い関係を形成したい場合や，関係が進展していない状況での使用頻度が高い。このことは，希薄な人間関係において，解決先送りコーピングがよく用いられることを意味している。

また，解決先送りコーピングは，広い関係（特に浅く広い関係）を望んでいる場合には効果的であるが，狭い関係を望んでいる場合には効果的ではない。なぜ，このような現象が生じるのであろうか（図 2-16）。まず，多くの人々と付き合っている広い関係と，わずかな人としか付き合いのない狭い関係について，比較してみよう。困った時に優しい声をかけてくれる，不安な時はそばに

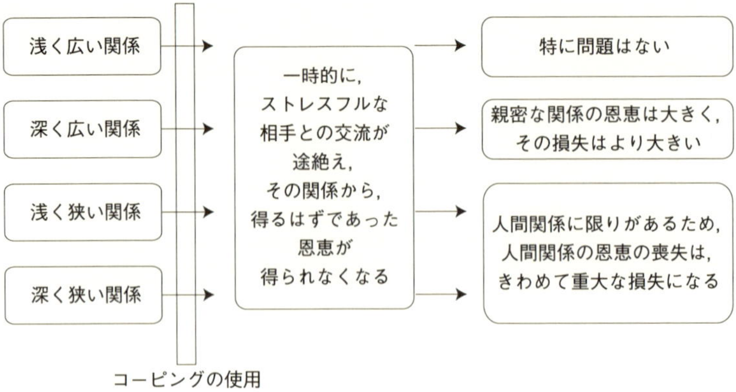

図 2-16　さまざまな関係性で，解決先送りコーピングを選択した結果

いるだけで気分がほぐれるなど，われわれは，関係のある人々から多くの恩恵を受けており，そのような人との交流が失われることは損失（ストレス）となる。ある友人との交流が途絶えた場合，わずかな人としか付き合いのない者にとって（狭い関係），多くの仲間と付き合いがある者より（広い関係），その損失は深刻である。このことは，二人しかいない友人の一人との交流が途絶えた状況と，50 人もの友人のうち一人の友人とだけ交流が途絶えた状況とを思い浮かべれば，容易に理解できるだろう。そもそも，解決先送りコーピングは，ストレスフルな関係を一時的に棚上げし，問題化しないコーピングである。そのため，ストレスフルな人間関係は依然として残されたままである。時間が経ち，やがてその問題は解決することになるかもしれないが，その間は問題が解決されずに残され，ストレスフルな相手とのやり取りは行われない。広い人間関係では，解決先送りコーピングを用いることによって，人間関係から得られる恩恵の喪失は小さく，狭い人間関係では，人間関係の喪失は大きい。そのため，狭い人間関係で，解決先送りコーピングを用いると，孤独感やストレス反応の増大に結びつく可能性がある。すなわち，狭い関係で，解決先送りコーピングを用いることは効果的ではないのである。

さらに，浅く広い関係と深く広い関係とについて，比較してみよう。浅い関係と深い関係では，そもそも，そこから得られる人間関係の恩恵の質と量が異なる。もちろん，深い関係の方がそこから得られる恩恵は大きい。そのため，その関係が途絶えると，失う恩恵も大きくなる。すなわち，同人数の人間関係を有していたとしても，ある個人との交流が途絶えると，浅く広い関係より，深く広い関係の方が，その損失は大きくなる。加えて，親密で深い関係を修復するためには，表面的で浅い関係を修復するより，時間と労力がかかる。以上のことをまとめる，浅く広い関係が，最も効率的に解決先送りコーピングを使用することができるのである。

近年，若者の人間関係の希薄さが原因とみられる残虐な事件が数多く報道されているが，加藤（2006b）は，この希薄な人間関係こそが，現在青年の適応的な友人関係を反映していると考えている。希薄な人間関係の代名詞のひとつとなっているものが携帯電話である。現代青年は，携帯電話に何件ものメールアドレスや電話番号を登録し，多くの友人たちと常に連絡を取り合っている。実際に経験した対人ストレッサーを学生に自由に書かせると，多くの学生が「携帯メールを出したのに，すぐに返事がこない」と記述する。しかも，そのような問題が生じたとしても，慌（あわ）てることはない。しばらく静観する。携帯電話には何百件というメールアドレスと電話番号が登録されており，いつでも誰とでも連絡を取ることができる。わざわざ，もめている友人との関係を修復する必要性は極めて低い。面倒ならば，かかわらなければいいのである。時間が解決し，何事もなかったように関係が修復する場合もあれば，メモリから消去することもある。どちらの結果に至ろうが問題はない。次々と，新しいメールアドレスと電話番号が登録されるからである。まさに，現代青年は，解決先送りコーピングを十分に活用した，効果的な友人関係を営んでいるのである。古い時代を生きてきた者には，理解することはできないかもしれないが，実際，大規模ないずれの調査においても，友人関係に関する現在青年の満足感が極めて高く，親友がいる割合は99.9％と高い。このような傾向は，国際比較においても，極めて高い水準にある。すなわち，現代青年は，解決先送りコーピングを利用し，満足できる友人関係を形成しているのである。

■ 2　時間的猶予仮説

解決先送りコーピングを選択することが，不安や抑うつなどのストレス反応を低減させ，個人の精神的健康にとって効果的に作用する。この現象を説明する理論のひとつに，時間的猶予仮説（enough time theory）がある。谷口（2007）は，ストレスフルな状況に直面した直後に決断・行動することなく，熟慮するための十分な時間を確保することができることこそが，解決先送りコーピングの利点である，と説明している。ストレスフルな状況に直面した直後より，時間が経つほど，適切な判断を下すことができるならば，時間が経ったのちに，どのような言動を選択するか決定したほう望ましい。たとえば，愛し合っている恋人同士でも，ささいなことが原因でケンカをすることがある。感情的になっている時，「もう別れてやる」と，ネガティブ関係コーピングを用いるより，しばらく待って，冷静になってから，別れるか，関係を継続させるか判断したほうが，後悔しないだろう。すなわち，時間的猶予仮説では，解決先送りコーピングは，単に，問題を棚上げするようなコーピングではなく，その問題に取り組むことができる状況に置かれるまで，積極的に待つコーピングであり，まさに，解決を先に遅らせるコーピングである，ととらえている。

しかし，ストレスフルな状況に対する決断を先送りすることは，必ずしも効果的であるとは限らない。谷口（2007）は，解決先送りコーピングが対人ストレッサーに対するコーピングであるからこそ，解決先送りコーピングは効果的であると述べている。たとえば，試験ストレッサーに直面した時，ストレス状況を先送りしたとしても，その個人にとっての利点はほとんどない。試験に合格する必要性があるならば，先送りすることなく，できるだけ早い時期から勉強を始めることが効果的であろう。試験に合格しない道を選択するのならば，問題を先送りし，その間，くよくよと試験のことを考えるのではなく，試験を放棄し，旅行にでも出かけた方が気は楽であろう。対人ストレス以外の通常のストレス状況では，積極的に問題を解決することで，直面しているストレス状況がなくなり，ストレス反応が低下する。問題を解決することがストレス反応の低減に結びつくならば，できるだけ，素早く，直面している問題に対処し，少しでも早く，問題を解決することがストレス反応の低下に結びつく。直面している問題を先送りするメリットは小さく，そのデメリットは大きいのである。

時間的猶予仮説を間接的に証明するデータがいくつかある。たとえば，情緒的に安定したパーソナリティを有する者ほど，解決先送りコーピングを用いることが知られている（加藤, 2007a）。情動的に安定しているということは，精神的に余裕があるということであり，ストレスフルな状況に直面したとしても，その状況に直ちに対処したいとする衝動を抑え，ストレスフルな関係を先送りすることができる。

■ 3　社会的相互作用モデル

ストレッサーに遭遇した個人は，コーピング資源や認知的評価などによって，個人が選択するコーピングが決定され，その結果として，個人の精神的健康が影響を受ける（4 頁参照）。コーピング資源としてのソーシャル・サポートは例外として，ストレス発生過程において，他者の存在は重要視されず，ストレス発生過程は個人内で帰結すると仮定されている。このようなストレス発生モデルは，ラザルスをはじめ，多くの研究者たちの支持を得てきた。他者の存在を軽視するこのようなストレス理論に対して，一部の研究者から，批判されることもあったが，その問題を解決する提案はなされなかった。そのような状況において，加藤（2002b, 2007a）は，ストレス過程に他者との相互作用を組み込んだ「対人ストレス過程における社会的相互作用モデル」（the interactional model in the interpersonal stress process）を提唱した（図 2-17）。加藤（2007a）の社会的相互作用モデルでは，対人ストレスコーピング

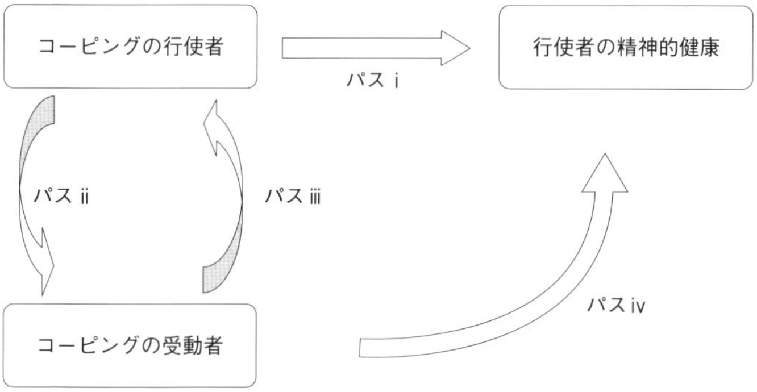

図 2-17　対人ストレス過程における社会的相互作用モデル

が精神的健康に影響を及ぼす２つの過程を仮定している。

第一過程は，コーピングを使用することによって，コーピング行使者自身の精神的健康に，直接影響を及ぼす過程である（図2-17パスⅰ）。たとえば，コーピングを行うことによって，問題を解決したり，不快な情動を静めたりし，その結果，ストレス反応が増減する場合である。この過程では他者との相互作用は仮定されておらず，ストレス発生過程は個人内で帰結する。この過程は，従来のストレス発生過程と同様の過程である。従来のコーピング研究では，この過程にのみ注目した研究が行われていた。

第二過程は，社会的相互作用を考慮に入れた過程である（図2-17パスⅱ，パスⅲ，パスⅳ）。第二過程では，コーピング行使者に加え，コーピング受動者が登場する。コーピング受動者にはコーピングの対象となる個人や集団だけでなく，コーピング行使者が所属する社会も含まれる。たとえば，「無視された」という対人ストレッサーに遭遇し，コーピング行使者が「あいさつをするようにした」というポジティブ関係コーピングを使用したとする。「あいさつをする」というコーピング方略の直接的対象は「無視をした」個人あるいは集団であり，受動者はコーピングの対象となるこの個人や集団であると同時に，「無視をする」という対人ストレッサーには関与していないが，「あいさつをする」という行動を観察している第三者も含まれる。

第二過程のパスⅱはコーピングの行使に伴い，受動者に対して何らかの影響を及ぼす過程である。コーピングの行使が及ぼす影響には，受動者の精神的健康，行使者に対する受動者の感情や行動，受動者との関係など，さまざまな影響が推測される。たとえば，ストレスフルな関係でも，ストレス相手に対して真摯に対応し，積極的に関係改善に取り組むことによって，受動者の感情は好意的になり，さまざまな援助をするようになるかもしれない。この過程がパスⅱである。

パスⅲの過程は，受動者の感情や行動，受動者との関係などが，行使者のコーピングの選択に影響を及ぼす過程である。たとえば，受動者から好意的に受け止められている場合，行使者がストレスフルな状況に直面した時，受動者に助けを求めるようなコーピング方略を使用することができる。一方，受動者との関係が不良であるとするならば，受動者へ援助を求めるようなコーピング方略を選択することは難しくなる。

パスⅳの過程は，行使者に対する受動者の感情や行動，両者の関係などが，行使者の精神的健康や適応に影響を及ぼす過程である。たとえば，行使者を取り巻く人々が，行使者に対して不快な感情を抱いていたならば，その行使者は孤立してしまい，精神的に不健康になると推測できる。

この対人ストレス過程における社会的相互作用モデルでは，当事者のみならず，受動者の存在を考慮に入れたモデルであり，これまでのストレス研究にはみられなかった新たなモデルであるといえる。以下に，この社会的相互作用モデルに基づき，それぞれの対人ストレスコーピングが精神的健康に及ぼす影響について検討する。

(1) ポジティブ関係コーピング

ポジティブ関係コーピングを用いるほど，孤独感は低下し，人間関係に対する満足感は高い。不安や抑うつに関しては，ポジティブ関係コーピングを用いるほど増加する，という報告，あるいは，両変数間には関連性はみられない，という報告がなされており，一貫した結果は得られていない（表2-9参照84頁）。

社会的相互作用モデルの第一過程では，図2-13（86頁）の③「負い目」および⑤「人間関係のわずらわしさ」のポジティブ関係コーピングの性質が作用する。すなわち，ポジティブ関係コーピングを用いなければならない「負い目」から精神的な負担が生じ，それが，ストレス反応の増加につながる。そして，関係を維持するために負担を強いるような言動をしなければならず，そのような「わずらわしさ」が精神的負担につながり，ストレス反応が増加する。

一方，第二過程では，図2-13（86頁）のポジティブ関係コーピングの①の性質「円滑な対人関係能力」が作用する。コーピング受動者から好意的な評価が得られ，良好な対人関係が形成される（パスⅱ）。その結果，コーピング行使者自身の孤独感が低下したり，対人関係に対する満足感が増加したりする（パスⅳ）。また，社会的な援助が得やすくなったりする。その結果として，不安や抑うつなどのストレス反応が低下する（パスⅳ）。

この第二過程の影響によって，ポジティブ関係コーピングを使用するほど，孤独感が低下し，人間関係に関する満足感が高くなるのである。ストレス反応に関しては，第一過程では増加，第二過程では低減するように作用する。この2つの作用によって，ストレス反応の増減が決定することになる。ポジティブ関係コーピングとストレス反応との間に関連性がみられない研究報告では，第一過程の影響と第二過程の影響がほぼ釣り合っているためだと考えられる。ポジティブ関係コーピングを用いるほどストレス反応が高いという研究報告では，第一過程の影響より第二過程の影響の方が強いため，そのような結果が得られたのである。このような2つのストレス過程が存在し，2つの過程による精神的健康への影響の異なりが，加藤（2007a）によって実証されている。

(2) ネガティブ関係コーピング

ネガティブ関係コーピングを用いるほど，ストレス反応，孤独感は増大し，人間関係に関する満足感は低下する（表2-9参照84頁）。

第一過程では，以下のような作用が働いている。ネガティブ関係コーピングは，ストレスフルな対人関係に終止符を打とうとする方略である。このような方略は，問題となるストレスフルな関係を断ち切るという意味では問題を解決する方略であると考えられる。しかし，日常生活で経験するすべてのストレスフルな関係を断ち切ることは，再び，新たなストレスフルな関係を生み出すことになり，長期的視点から考えれば問題を解決しているとは限らない。次々とストレスフルな関係が生じることで，ストレスフルな状況にさらされ続け，精神的に不健康に至る。また，ネガティブ関係コーピングを選択した結果，罪悪感が生じることが報告されている。その結果，ネガティブ関係コーピングを行使することにより，精神的に負担がかかり，不安や抑うつ，ストレス反応が増大する。

第二過程では，ネガティブ関係コーピングの①「人間関係が不得手」の性質が作用している（図2-14参照89頁）。コーピング受動者に対して不快感を与え，対人関係は悪化し，他者からの援助も得られにくくなる（パスⅱ）。その結果，対人関係に対する満足感も低下する（パスⅳ）。こうした社会的孤立や対人関係の悪化は，不安や抑うつをはじめ，さまざまなストレス反応として表出される。この第二過程において，ネガティブ関係コーピングが精神的健康や適応に及ぼす影響は，第一過程のそれより強いことが明らかになっている（加藤, 2007a)。

(3) 解決先送りコーピング

解決先送りコーピングを用いるほど，ストレス反応や孤独感は低下し，人間関係や人生に対する満足感は高くなる（表 2-9 参照 84 頁)。

第一過程では，解決先送りコーピング④「傷つくことからの回避」の性質が作用している（図 2-15 参照 90 頁)。お互いに傷つけ合う可能性を回避することができ，精神的負担を経験する必要がなく，ストレス反応が低下する。第二過程では，解決先送りコーピング①「円滑な対人関係能力」の性質が作用している（図 2-15 参照 90 頁)。コーピング受動者に肯定的な感情を抱かせ，他者からの援助を得やすくする（パス ii)。その結果，ストレス反応，抑うつ，不安が低減し，関係に満足することができる。解決先送りコーピングでは，第一過程，第二過程ともに，コーピング行使者の精神的健康に肯定的な影響を及ぼすのである。この過程は加藤（2007a）によって実証されている。

■ 4　アクセプタンス・コミットメント・セラピー

2000 年頃より，新しい世代の行動療法（behavior therapy）が生み出されようとしている。この新しい世代の行動療法は第三世代の行動療法とよばれ，多くの研究者たちの関心を集めている。結論からいうと，第三世代の行動療法で用いられている技法が，解決先送りコーピングに近似しているのである。奇しくも，対人ストレスコーピングの概念が加藤（2000）によって提唱され，解決先送りコーピングのストレス低減効果が実証された時期と，第三世代の行動療法が広がりをみせた時期が重なっている。

行動療法とは，「実験的に確立された原理や手続きに基づいて，不適応な習慣的行動をよい方向に変化させる一群の治療技法およびその背景をなす学問体系」をいう（久野, 1993)。行動療法は，1960 年代より実証的な介入が本格的に始められた。その後，1970 年代，行動的な標的に，認知的な標的を付加し，認知行動療法（cognitive behavioral therapy）とよばれる第二世代の行動療法が誕生した（行動と認知をめぐる議論については他紙に譲る)。第三世代とよばれる行動療法では，従来の実証的な原理中心のアプローチを変えることなく，従来の直接的で指示的な方略に加え，文脈的で体験的な変容の方略を強調している。その介入は，限定化された問題の消去だけでなく，広範で柔軟性に富む効果的な行動レパートリーの獲得を目標としている（Hayes, 2004）。第三世代の行動療法の詳細は他紙に譲るが，第三世代の行動療法のひとつの技法体系であるアクセプタンス・コミットメント・セラピーについて，簡単に説明する。

アクセプタンス・コミットメント・セラピー（acceptance and commitment therapy）の臨床的有効性について，多くの研究報告がなされている。その哲学は行動分析（behavior analysis）に基づいており，6つの中核となる臨床的プロセスから構成されている（Hayes et al., 2006）。そのひとつがアクセプタンス（acceptance）である。アクセプタンス（受容）とは，否定的な私的事象（不安などの感情，非合理的な信念，身体感覚，記憶など）を変えようとすることなく，私的事象を積極的・意図的に受け止めようとすることである。アクセプタンスは，我慢や耐えることでもなければ，決して問題を回避することでもない。問題の回避は，不快な感情を喚起させる私的事象を忘れようとしたり，そこから注意をそらそうとしたり，そのような感情が喚起しそうな状況をあらかじめ避けるような行動を意味する。アクセプタンス・コミットメント・セラピーでは，これを経験の回避（experiential avoidance）とよぶ。この経験の回避は有害であるという報告が，さまざまな臨床研究からなされている（Hayes et al., 1996）。アクセプタンス・コミットメント・セラピーでは，このような「経験の回避」を行わない代わりに，アクセプタンスを行うように介入する。

対人ストレス状況に置き換えるならば，経験の回避は，対人ストレス状況から逃れる回避的コーピングに相当する。対人ストレス研究でも，回避的コーピングは，否定的な結果に至る報告が数多くなされており（表2-2および表2-3），それらの報告は臨床研究と一致している。対人ストレス状況では，アクセプタンスは，ストレスフルな人間関係を変化させるのではなく，ストレスフルな関係が存在することを積極的に受け入れることを意味する。解決先送りコーピングがアクセプタンスの概念を反映している。解決先送りコーピングは，直面している対人ストレス状況を変化させようとすることなく，積極的に受け入れようとする。対人ストレス状況に耐えるわけでも，逃げだそうとするわけでもない，積極的に自然の成り行きに身を任せる。また，決して，その状況をコントロールしようとはしないが，高いコントロール感を有している（加藤，2001d, 2007i)。その意味では，多くの臨床的有効性が実証されているアクセプタンスと，解決先送りコーピングの概念は類似しているのである。

■ 5　解決先送りコーピングのトレーニング

現在，対人関係を良好にするための訓練法の開発や，ストレスマネジメントの開発が盛んに行われている。ストレスマネジメント（stress management）とは，これまでに蓄積されてきた実証データに基づき，ストレス反応の減少や，ストレス反応の生起に対する抵抗力の増強を目的とした介入技法である。ストレスマネジメントでは，対症療法としてではなく，予防的効果に力点が置かれている。ストレスマネジメントは，教育現場，職場など，さまざまな領域で成果をあげている。しかし，対人関係に特化した，実証科学に基づくストレスマネジメントの開発は遅れている。

最近，加藤（2005b）は，解決先送りコーピングの使用頻度を増加させることで，ストレス反応を低下させるという対人ストレスコーピング訓練（coping training for interpersonal stress）について報告している。加藤（2005b）は，看護学生を対象に，セルフ・モニタリング（自分自身の行動を観察し，記録・評価することで，自身の行動をコントロールしようとするオペラントの技法のひとつ）に基づき，対人ストレスコーピング訓練を行った。被験者の看護学生は，対人ストレスコーピングに関する基本的な講習を受け，解決先送りコーピングを積極的に用いるように教示されたのち，コーピング日誌による訓練を 21 日間行った。訓練内容は，指定されたコーピング日誌（daily diary measure of coping）に，毎晩，その日に遭遇した対人ストレッサーと，実際に行ったコーピング方略を記述し，そのコーピング方略に対する自己評価を行う，というものであった。なお，統制群では訓練を行わなかった。

その結果が図 2-18（解決先送りコーピングの使用頻度の変化）と図 2-19（ストレス反応の変化）である。両図とも，訓練前，訓練終了 7 日後，訓練終了 126 日後に測定したものである。解決先送りコーピングの使用頻度は，統制群

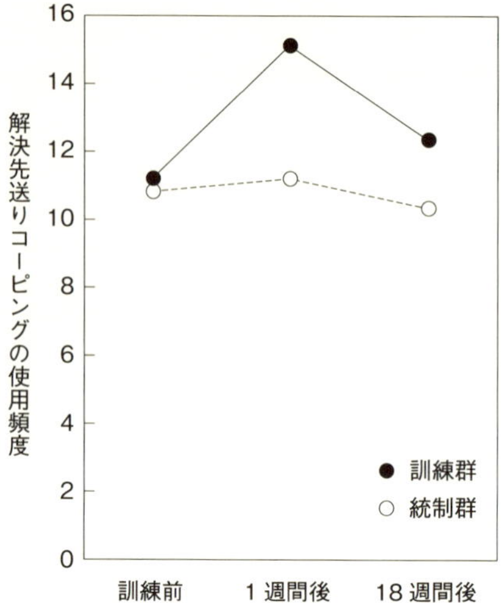

図 2-18　訓練による解決先送りコーピングの推移

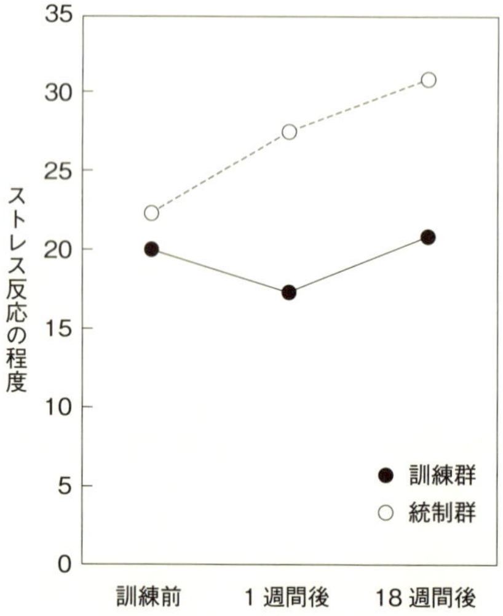

図 2-19　訓練によるストレス反応の推移

(○) では訓練前，訓練1週間後，訓練18週間後と，ほとんど変化していないのに対し，訓練群（●）では，訓練1週間後には大幅に増加し，18週間後も，統制群（○）より多く用いられていた（図2-18)。一方，ストレス反応は，統制群（○）では訓練前，訓練1週間後，訓練18週間後と増加していたが，訓練群（●）では，訓練1週間後にわずかではあるが低下し，訓練18週間後には訓練前とほぼ同じ値となった。訓練群（●）のストレス反応の変化だけに注目すると，訓練の効果があらわれていないように思える。しかし，統制群(○)ではストレス反応が上昇していることから，訓練群（●）は，本来上昇するはずであったストレス反応を抑制していることが読み取れる。実際，看護学生は入学時からさまざまな対人ストレッサーを経験し，統制群（○）のようにストレス反応が増加することが知られている（加藤, 2005b)。

なお，この対人ストレスコーピング訓練は，プラセボ効果によるものであるとも考えられる。しかし，対人ストレスコーピングとストレス反応との相関係数から，プラセボ効果によって，ストレス反応が抑制されたとは考えにくい。プラセボ効果とは，本来薬としての特定の効果を持たない偽薬によって，症状が改善されることであり，うつ病患者のおおよそ30%～40%が偽薬によって症状の緩和がみられ，術後痛や狭心症による痛み，船酔い，高血圧，喘息に関してもほぼ同様の割合で，症状が改善されたという報告がなされている。

第３章　さまざまな領域における対人ストレスコーピング研究

対人ストレス研究では，対人関係全般を対象とした研究よりむしろ，親密な関係，職場の関係など，特定の関係を対象とした研究報告が圧倒的に多い。対人ストレスコーピングに関する研究は，おおむね，ストレス研究に基づく研究と，対人葛藤研究およびコミュニケーション研究によって，知見が積み重ねられている。ストレス研究では，対人関係全般に対するコーピングの研究にはほとんど関心が向けられず，その多くの研究が，ケアーギバー（介護者）が選択するコーピングに焦点があてられている。対人葛藤研究においても，対人関係全般を対象にした研究ではなく，職場や小集団，あるいは，夫婦や恋人関係などの親密な関係で用いられる対人葛藤方略に焦点があてられている。コミュニケーション研究においても，対人関係全般を対象とした研究ではなく，パートナー間，特に夫婦関係に焦点があてられている。そこで，本章では，親密な関係，職場での関係，親子関係など，さまざまな人間関係に起因して生じる対人ストレッサー，および，離婚や失恋，セクハラ，虐待など，特定の対人ストレッサーに対するコーピングの研究について紹介する。

第１節　親密な関係で生じるストレス

親密な関係は，対人ストレス研究において，最も多くの知見が蓄積されている領域である。特に，夫婦関係に関する研究が多い。親密な関係に関する研究では，対人葛藤研究（32 頁参照），コミュニケーション研究（38 頁参照）など，ストレス研究とは異なる領域からのアプローチを独自に展開しているものも多いが，なかには，ラザルスらのストレス理論（4 頁参照）を中核とした研究もみられる。

■ 1　夫婦・恋愛関係

夫婦関係における対人ストレスコーピング研究では，第1章で紹介したクリステンセンらのコミュニケーション・パターンの研究（38頁参照）を展開させた報告が多くみられる。夫婦関係を扱う研究領域では，研究対象をカップル（couple）とし，結婚しているかどうか不明確である報告や，同性間の恋愛関係を含めた報告もある。本項では，夫婦関係だけでなく恋人関係も含めたカップル間で生じたストレッサーに対するコーピング研究について紹介する。

(1) カップルのコーピング分類

まず，カップル間で生じたストレッサーに対するコーピング方略を分類する試みについて，いくつかの研究を紹介する。

1) ダイアディック・コーピング

ボーデンマン（Bodenmann, 1995, 2000, 2005）は，パートナー間のやり取りに注目し，スイスで，ダイアディック・コーピングという概念を提唱した。ダイアディック・コーピング（dyadic coping）とは，それぞれのパートナーに関連するストレッサーに対するコーピングであり，パートナーが遭遇したストレッサーに対処する要素が含まれている点において，この概念の独自性がある。ダイアディック・コーピングは「肯定的ダイアディック・コーピング」と「否定的ダイアディック・コーピング」に大別することができる（図3-1参照）。

肯定的ダイアディック・コーピング（positive form of dyadic coping）は，「肯定的支援ダイアディック・コーピング」「共同ダイアディック・コーピング」「分担ダイアディック・コーピング」に分類することができる。肯定的支援ダイアディック・コーピング（positive supportive dyadic coping）は，ストレスフルな状況に遭遇したパートナーのコーピングを，もう一方のパートナーが手助けするような方略である。日常の仕事を手伝ったり，実用的なアドバイスをしたり，共感的な理解を示したり，パートナーの能力を信じていることを伝えたり，パートナーとの絆を示したりするような方略である。共同ダイアディック・コーピング（common dyadic coping）は，さまざまなコーピング

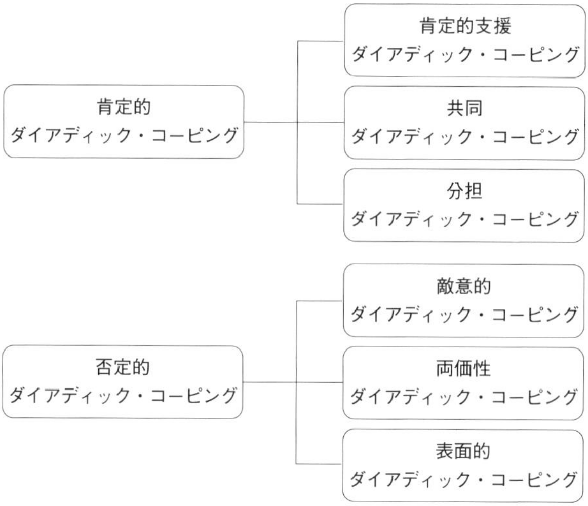

図 3-1　ダイアディック・コーピングの分類

方略を実施するために，相補的に，カップルがともに行うコーピングである。ともに問題を解決したり，ともに情報を収集したり，感情を共有したり，ともにリラックスしたりするようなコーピングである。分担ダイアディック・コーピング（delegated dyadic coping）は，パートナーのストレスを低減させるために，もう一方のパートナーが負担を請け負うような方略である。たとえば，妻のストレスを低減させるために，妻の代わりに家事を引き受けるような方略である。

否定的ダイアディック・コーピング（negative form of dyadic coping）は，「敵意的ダイアディック・コーピング」「両価性ダイアディック・コーピング」「表面的ダイアディック・コーピング」に分類することができる。敵意的ダイアディック・コーピング（hostile dyadic coping）とは，パートナーが抱えているストレスに対して，あざけり，皮肉ったり，関心を示さず，自分には関係のないことだと思ったり，軽視したりするような方略である。両価性ダイアディック・コーピング（ambivalent dyadic coping）は，不本意ながら，あるいは，自分には関係のないような態度で，パートナーを支援する方略である。表面的ダイアディック・コーピング（superficial dyadic coping）は，共感することなくパートナーを支援したり，耳を傾けることなくパートナーの気持ちを聞いたりするような方略である。

このダイアディック・コーピング理論に基づき，ボーデンマン（Bodenmann, 2000）は55項目からなるダイアディック・コーピング尺度（Dyadic Coping Questionnaire）を作成し，ダイアディック・コーピング尺度を用いたいくつかの研究を行っている。たとえば，ボーデンマンら（Bodenmann et al., 2006）は，90組のスイス人夫婦を対象にした調査を報告している。そこでは，ダイアディック・コーピングは2年後の結婚生活満足度を予測し，肯定的ダイアディック・コーピングを用いるほど，2年後の結婚生活の満足感が高く，否定的ダイアディック・コーピングを用いるほど，2年後の結婚生活の満足感が低い，ことなどを報告している。また，ダイアディック・コーピングに関する独自の理論体系に基づきコーピングを高める訓練（couples coping enhancement training）の開発が進んでいる（Bodenmann & Shantinath, 2004）。

ダイアディック・コーピングでは，コーピング行使者やパートナーが経験するストレッサーは，必ずしも対人ストレッサーとは限らない。しかし，コーピング行使者は，パートナーがストレスフルな状況に遭遇しているという直接的あるいは間接的なサインを知覚し，そのサインに対してコーピングを実施する。パートナーが直面したストレス状況を，コーピング行使者にとっての対人ストレッサーとみなすと，ダイアディック・コーピングは対人ストレスコーピングであると考えることができる。このような視点で，コーピングをとらえた研究は独創的である。ダイアディック・コーピングという概念が提唱されたのは1990年代であったが，ダイアディック・コーピングが英語圏で報告されたのは2000年代に入ってからであり，まだ，研究は始まったばかりである。今後の展開が期待できる研究テーマである。

2）ボウマンの研究

ボウマン（Bowman, 1990）は，パートナー間で繰り返し起こる深刻な問題に対して，どのようなコーピングを行ったのか，50名の夫婦の自由記述から131項目のコーピング方略を収集した。さらに，184組の夫婦を対象に，コーピング方略の使用頻度を調査した。そして，結婚生活で生じる問題に

表 3-1　ボウマンの夫婦コーピング尺度

コーピング方略	コーピング方略の内容（＊項目例）
葛藤	パートナーへの皮肉・批判・文句，仕返しなどの方略 ＊パートナーに嫌みを言う，など 15 項目
内省・自責	反省や自責，困惑，自分の睡眠・健康の障害などの方略 ＊気がめいり，ふさぎこむ，など 15 項目
肯定的接近	愛情を身体的な表現で示したり，楽しい思い出などを共有したりする方略 ＊過去に過ごした楽しい時間を，パートナーと思いだす，など 14 項目
利己的行動	意図的に，夫婦関係以外の活動を増加させる方略 ＊友人と楽しい時間を過ごす，など 9 項目
回避	感情を否認したり，抑制したりするような方略 ＊問題が改善するのを待つ，など 11 項目

対するコーピングの個人差を測定する夫婦コーピング尺度（Marital Coping Inventory）を作成した。夫婦コーピング尺度は，「葛藤」「内省・自責」「肯定的接近」「利己的行動」「回避」の 6 つの下位尺度を有する（表 3-1）。葛藤（conflict）は，パートナーへの皮肉・批判・文句，仕返しなどを意味する。内省・自責（introspective self-blame）は，反省や自責，困惑などのほか，自分の睡眠・健康に関する障害などのコーピングである。肯定的接近（positive approach）は，愛情を身体的な表現で示したり，楽しい思い出などを共有したりする方略である。利己的行動（self-interest）は友人と時間を過ごしたり，レジャーを楽しんだり，意図的に，夫婦関係以外の活動を増やす方略である。回避（avoidance）は，問題が改善するまで待つ，問題について考えないようにするなど，感情を否認したり，抑制したりするような方略である。

ボウマン（1990）の研究は，夫婦に関する研究領域に，ストレス研究におけるコーピングの知見を取り入れた代表的な研究のひとつであり，コーピングの概念を夫婦研究に導入する原動力となった研究である。

3）カーデックの研究

カーデック（Kurdek, 1994）は，カップルの間で生じた意見の不一致や口論に対する葛藤方略を測定する葛藤方略尺度（Conflict Resolution Styles Inventory）16 項目と非効果的葛藤方略尺度（Ineffective Arguing Inventory）8 項目を作成している。カーデック（1994）の葛藤方略尺度は，「葛藤交戦」「肯定的問題解決」「引き下がり」「追従」の 4 つの下位尺度から構成されている。葛藤交戦（conflict engagement）は，パートナーに非難を浴びせたり，侮辱したり，言いがかりをつけたり，自制を失ったりするような方略である。肯定的問題解決（positive problem solving）は，建設的に話し合いをしたり，お互いに受け入れることのできる提案をしたり，問題を肯定的に解決する方略である。引き下がり（withdraw）は，時間が過ぎ去るのを待ったり，話し合いを避けたりする方略である。追従（compliance）は，パートナーの要求に従ったり，弁解することを拒んだりするような方略である。一方，非効果的葛藤方略は，問題を解決することができない不適切な方略とされている。

さらに，カーデック（1995）は，155組の新婚夫婦を対象に，夫婦間で生じた口論に対するコーピングと結婚生活満足感を調査している。調査は2年間の間隔をあけ，2度実施された。その結果，2年後の夫の結婚生活の満足感に関して，以下に示すようなことが明らかになった。①第1回目の調査時点での夫の満足感の程度とは関係なく，妻が夫を批判したり，自制を失ったりするほど(葛藤交戦)，2年後の夫の結婚生活満足感は低下する。②第1回目の調査時点での夫の満足感の程度とは関係なく，妻が話し合いを避ける頻度が低く（引き下がり)，かつ，夫が妻を批判したり，自制を失ったりする頻度が高い場合(葛藤交戦)，2年後の夫の結婚生活満足感は増加する。③第1回目の調査時点での夫の満足感の程度とは関係なく，妻が話し合いを避け(引き下がり)，かつ，夫が妻に従う場合（追従)，2年後の夫の結婚生活満足感は増加する。④夫の結婚生活満足感が妻のコーピングに左右される一方，2年後の妻の結婚生活満足感は，妻自身のコーピングおよび夫のコーピングの使用頻度と，ほとんど関係がみられない。新婚夫婦では，夫の結婚生活満足感は，口論が起こった時の妻が選択するコーピングの選択に左右されるかもしれない。

カーデック（1994, 1995）の研究は貴重な報告ではあったが，カーデック(1994）の葛藤方略尺度は，従来の対人葛藤方略研究や夫婦関係におけるコミュニケーション研究の枠組みを超えるものではなかったため，現在では，あまり用いられない傾向にある。

4）ルスブルトの研究

ルスブルト（Rusbult, C. E.）は，恋人関係における恋愛投資（romantic involvement）研究を行っていた。その中で，恋人関係で生じた不満に対する問題解決方略の分類を試みている。ルスブルトら（Rusbult et al., 1982, 1986a, 1986b）は，「積極性－消極性」と「建設的－非建設的」の2つの次元によって，「退出」「発言」「無視」「忠実」の4つの方略に分類している。退出（exit）は，別れようとしたり，別れることについて話をしたり，関係を断ち切ろうとする方略である。発言（voice）は，自分が狼狽している気持ちを伝えたり，問題について話し合ったり，問題を解決するために，関係を変えようとしたり，誰かのアドバイスを受けたり，積極的に状況を改善しようとする方略である。忠実（loyalty）は，問題が解決することを待ったり，パートナーの失敗を受け入れたり，気持ちを落ち着かせたり，状況が改善するのを消極的に待つような方略である。無視（neglect）は，問題に直面することなくすねたり，問題とは関係のないことでパートナーを批判したり，無視したり，避けたり，関係が悪化することを消極的に認めるような方略である。

ルスブルトの研究は，対人葛藤研究における二重関心モデル（34頁参照）の影響を強く受けたものであり，対人葛藤研究の知見を夫婦関係に早期に導入した研究である。しかし，ルスブルトらの一連の研究は夫婦関係における研究領域では注目されることなく，現在に至っている。

5）ポリナとスネルの研究

ポリナとスネル（Pollina & Snell, 1999）は，親密な関係で生じたストレッサーに対するコーピング尺度（Multidimensional Intimate Coping Questionnaire）25項目を作成している。そして，親密な関係で生じたストレッサーに対するコーピングを6つの方略に分類している。6つの方略とは，「問題解決に関する方略」「問題を回避する方略」「情動に焦点をあてた方略」「問題となる関係に焦点をあてた方略」「サポートを求める方略」「ユーモアに関する方略」である。問題解決に関する方略（problem-solving orientation）とは，否定的な感情を低減させるために，積極的に問題を解決するような方略である。問題を回避する方略（escape from problems）とは，問題に直面することなく，問題から逃れるような方略である。情動に焦点をあてた方略（emotional orientation）とは，感情を発散させたり，願望的な思考をしたり，感情を低下させることを目的とした方略である。問題となる関係に焦点をあてた方略（focus on relationship issues）とは，親密な相手との関係を良好なものにするような方略である。サポートを求める方略（social support coping tendencies）とは，他者に援助を求めるような方略である。ユーモアに関する方略（humor coping）とは，ユーモアによって，問題を改善しようとする方略である。6つの方略のうち，対人ストレッサー特有のコーピングは「問題となる関係に焦点をあてた方略」のみである。また，この「問題となる関係に焦点をあてた方略」のうち，対人ストレス特有の項目は「パートナーとの関係のために，より時間を割く」と「パートナーに，より愛情を向ける」の2項目のみである。

ポリナとスネル（1999）の研究は，ストレス領域において展開させた研究であった。しかし，ストレス研究においても，親密な関係における研究領域においても，顧みられることはほとんどない。

(2) 観察によるコーピングの分類

コーピングを測定する方法は，質問紙によるものばかりではない。夫婦の間で生じた特定の問題について話し合い，その状況を観察したり，面接を行ったりすることでデータを収集する方法もある。実際の研究では，このような観察によって，コーピングをコード化した報告が比較的多い。以下に，比較的よく用いられている3つのコード化のシステムについて紹介する。

1) カップル相互作用得点化システム

ゴットマンら（Gottman, J. M.）は，カップル相互作用得点化システム（CISS：Couple Interaction Scoring System：Gottman, 1979）をもとに，高速カップル相互作用得点化システム（RCISS：Rapid Couple Interaction Scoring System）を作成している（Krokoff et al., 1989）。高速カップル相互作用得点化システムでは，夫婦間で生じる意見の不一致や口論に対する夫婦間のやり取りを記録するシステムである。高速カップル相互作用得点化システムには，合計22の観察項目があり，話し手の行動観察項目が13項目，聞き手の観察項目が9項目ある（表3-2)。そして，話し手の観察項目，聞き手の観察項目ともに，否定的な言動と肯定的な言動とに分類されている。

高速カップル相互作用得点化システムは，ゴットマンら（Gottman & Krokoff, 1989）が作成した特定感情得点化システム（SPAFF：Specific Affect

表 3-2　高速カップル相互作用得点化システム

否定的指標	肯定的指標
話し手の言動	
不平 批判 否定的関係に焦点をあてた話をする 賛成だけれども…… 自己防衛	中性あるいは肯定的な問題の記述 課題志向的関係情報 同意
話し手の言動	
パートナーをへこませる 否定的感情の増長 それ以外の否定的言動	ユーモア・笑い それ以外の肯定的言動
聞き手の言動	
相槌を打たない 表情を変えない 否定的な表情 視線をそらす，視線を落とす	相槌を打つ 表情を変える 肯定的な表情をする 話し手に注目する 敏感に表情を変える

Coding System）とともに，夫婦間の相互作用を観察記録する際によく用いられるシステムである。特定感情得点化システムは夫婦間で生じる意見の不一致や口論に対する夫婦間の感情に焦点をあてた記号化システムである。

2）夫婦相互作用記号化システム

ウァイス（Weiss, R. L.）らは，長年にわたり，夫婦間でのやり取りを記録するシステムを開発してきた。これらのシステムは，夫婦相互作用記号化システム（MICS：Marital Interaction Coding System）とよばれている。現在，夫婦相互作用記号化システムは，第四版（MICS-Ⅳ）まで作成されているが，最も使用頻度が高いシステムは，ウァイスとサマーズ（Weiss & Summers, 1983）によって作成された第三版（MICS-Ⅲ）である。夫婦相互作用記号化システム第四版は，ヘイマンら（Heyman et al., 1995a, 1995b）によって作成されている。第四版には，36 の観察コードと 9 つのカテゴリーが存在する。9 のカテゴリーとは，「責任」「叙述」「精神不安」「促進」「無効化」「的外れ」「提案の変化」「同意」「引き下がり」である。責任（blame）は，批判，けなす，否定的にパートナーの心を推測する，などの観察コードから構成されている。叙述（description）は，内的，外的な問題について話をするようなカテゴリーである。精神不安（dysphoric affect）は，情動的に不安定な言動に関するカテゴリーである。促進（facilitation）は，ユーモア，肯定的な接触，微笑み，わかりやすい説明などの観察コードから構成されている。無効化（invalidation）は，異議，不賛成，責任の否認，応じない，などの観察コードから構成されている。的外れ（irrelevant）は，聞き取れないような，不完全な話をするようなカテゴリーである。提案の変化（propose change）は，妥協，肯定的，否定的な解決などのカテゴリーである。同意（validation）は，責任受容，同意，承認，応諾などの観察コードから構成されている。引き下がり（withdrawal）は，話し合いを避けるようなカテゴリーである。

3）相互作用次元コード化システム

マークマンら（Markman, H. J.）は，夫婦間でのやり取りをデータ化する方法を開発していた。そこで得られた知見をもとに，相互作用次元コード化システム（IDCS：Interaction Dimensions Coding System）を開発している（Julien et al., 1989）。相互作用次元コード化システムは，それぞれのパートナーの肯定的行動と否定的行動，および，相互作用行動を測定する。パートナーの肯定的行動には，「コミュニケーションスキル」「問題解決」「サポートと認証」「肯定的感情」の4つの側面がある（図3-2）。コミュニケーションスキル（communication skills）は，良好な夫婦間で通常みられる自己開示や説明の要求，コミュニケーションを超えた伝達を意味する。問題解決（problem-solving）は，問題解決にかかわるものであり，問題を見つけ出し，問題の解決方法を思案し，積極的に行動するような言動である。サポートと認証（support-validation）は，パートナーを助け，パートナーの自尊心を高めたり，尊敬したりするような言動である。肯定的感情（positive affect）は，パートナーに愛情などの肯定的な感情を伝えるような言動である。パートナーの否定的行動には，「葛藤」「撤退」「否認」「支配」「否定的感情」の5つの側面がある。葛藤（conflict）は，パートナーを責めたり，へこませたりするような言動である。撤退（withdraw）は，言い争いを避けるような言動である。否認（denial）は，問題解決を避けるような行動である。支配（dominance）は，パートナーを支配しようとする言動である。否定的感情（negative affect）は，パートナーに否定的感情を示すことである。一方，相互作用行動には，肯定的

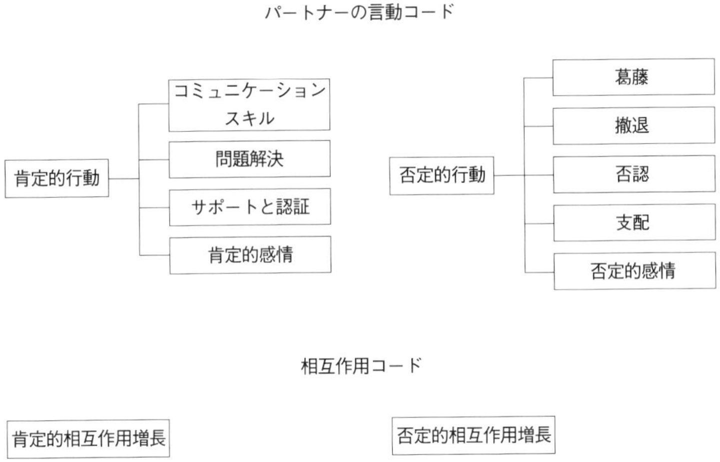

図 3-2　マークマンの相互作用次元コード化システム

な相互作用を増長するコードと，否定的な相互作用を増長するコードがある。

この相互作用次元コード化システムを用いて，ジュリアンら（Julien et al., 1989）は，結婚直前の夫婦 59 組を対象に縦断的研究を行っている。ジュリアンら（1989）は，カップル間の問題について話し合いを行わせ，そこで行われた言動を記録した。その 3 年から 4 年後，カップル関係の満足感を測定したところ，否定的な相互作用の程度が高いほど，その後の満足感が低く，肯定的な相互作用が高いほど，その後の満足感が高いことがわかった。

このようなパートナー間の話し合いを観察，記録し，データ化するシステムは，上記の 3 つのシステムのほか，第 1 章で紹介したヘヴィら（1996）のカップル相互作用評定システム（Couples Interaction Rating System），ハーウェッグら（Hahlweg et al., 1984）の Kategoriensystem fuer Partnerschaftliche Interaktion，ビューマンら（Buehlman et al., 1992）の Oral History Interview Question など，数多くのシステムが開発されている。

(3) パートナー間でのコーピングの異なり

たとえ，パートナー同士であっても，同一のコーピング方略を選択するわけではない。どのように，パートナー間で選択するコーピング異なるのか，クリステンセンが提唱した「要求－撤退」（38頁参照）に関する研究を紹介する。「要求－撤退」とは，カップル間で交わされるコミュニケーション(話し合い)において，一方のパートナーが話し合いを求め，一方がそれを拒むことを意味する。「妻の要求－夫の撤退」は，妻が話し合いを求め，夫がそれを拒む傾向を意味し，「夫の要求－妻の撤退」はその逆の関係を意味している。この「要求－撤退」関係において，「妻の要求－夫の撤退」は「夫の要求－妻の撤退」より，高頻度で観察されることが知られている（Christensen & Shenk, 1991; Heavey et al., 1993; Eldridge et al., 2007など）。つまり，夫婦間の口論では，妻は夫より話し合いを求め，夫は妻より話を避けるのである。

このような結果に対し，話し合いの話題（issue）に注目した研究者たちがいる。ヘヴィら（Christensen & Heavey, 1990; Heavey et al., 1993）は，話し合いの話題が，夫が妻の行動を変えようとする話題であるのか，妻が夫の行動を変えようとする話題であるのかによって，「妻の要求－夫の撤退」と「夫の要求－妻の撤退」の頻度を観察した。その結果，夫が妻の行動を変えようとする話題では，「妻の要求－夫の撤退」と「夫の要求－妻の撤退」との間に異なりはみられなかった。しかし，妻が夫の行動を変えようとする話題では，「妻の要求－夫の撤退」は「夫の要求－妻の撤退」より，高頻度で観察された(図3-3)。すなわち，妻が夫に変わってほしいという話し合いがなされる場合には，妻は話し合いを求め，夫はそれを避けるのである。この結果は，次のように考えられている。夫の話題は以前の葛藤の内容を持ち出さないのに対して，妻の話題は以前に話した未解決の話題を引き続き話そうとする傾向がある。そのため，妻の話題では，「妻は話し合いを求め，夫はそれを避ける」という形式が，結婚生活を重ねるにつれ，固定化されるのである（Eldridge & Christensen, 2002）。実際に，結婚生活が浅い夫婦を対象とした調査では，妻の話題では「妻の要求－夫の撤退」が高く，夫の話題では「夫の要求－妻の撤退」が高いことが報告されている（Klinetob & Smith, 1996）。

(4) 夫婦間葛藤に対するコーピングとパートナーの暴力

夫婦間葛藤に対するコーピングと家庭内暴力との間に何らかの関連性があ

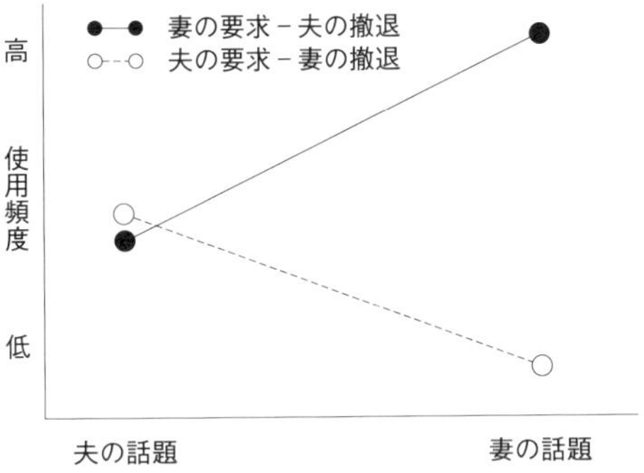

注）Christensen & Heavey（1990）と Heavey et al.（1993）の結果を参考に作図した。

図 3-3　会話の内容による「要求－撤退」の使用頻度の相違

ることが報告されている（家庭内暴力に対するコーピングについては163頁参照）。たとえば，スノウら（Snow et al., 2006）の147名の男性を対象とした研究では，夫婦間で生じたトラブルに対して夫が使用したコーピング，妻に対する暴力などに関する調査を行っている。その結果，スノウら（2006）は，問題から逃れるような回避的なコーピングの使用頻度が高いほど，暴飲をしたり，妻に対して，言語的な暴力，身体的な暴力を振るったりする頻度が高くなると報告している。

また，フェルドマンとリドリー（Feldman & Ridley, 2000）は，251名の男性を対象に，クリステンセンのコミュニケーション・パターン尺度（38頁）を用いて，家庭内暴力の頻度と夫婦間葛藤に対するコーピングとの関連性について調査している。その結果，暴力を振るったことのない夫は，建設的コミュニケーション（お互いの意見を理解し，問題を解決しようとする方略）の使用頻度が高く，「要求－撤退」（一方のパートナーが話し合いを求め，一方がそれを拒む方略）や相互回避的コミュニケーション（お互いが話し合いを回避する方略）の使用頻度が低かった。夫婦間で生じたストレッサーに対するコーピングが，家庭内暴力の発生や頻度に影響を及ぼしているのか，家庭内暴力の有無がコーピングの選択に影響を及ぼしているのか，その因果関係は明確ではないが，積極的に夫婦で問題を解決するようなコーピングを使用している夫婦間では，家庭内暴力が発生する可能性が小さく，「要求－撤退」のようなコーピングの使用頻度が高い夫婦間では，家庭内暴力の発生率が高いのである。

(5) 結婚生活の満足感への影響

1) さまざまな研究報告をまとめると

お互いの意見が相容れない時，あるいは，言い合いなどのもめ事に遭遇した時に選択したコーピングが，その後の結婚生活の満足感にどのような影響を及ぼすのかについて，多くの関心が寄せられてきた。表3-3は，パートナー間で生じたストレッサーに対して選択されたコーピングと結婚生活満足感との関連性を報告した研究をまとめたものである。夫婦間で生じた問題に対して積極的に解決したり，あるいは，お互いに協力し合ったりすると，結婚生活に関する満足感が高くなる，という報告が圧倒的に多いようである。その一方，問題から逃れたり，配偶者と対立したり，自分の意見を強制したりすると，そのようなコーピングを行った行使者自身の結婚生活満足感が低下する，といった報告が圧倒的に多い。

2)「要求－撤退」研究から

多くの研究によって，「要求－撤退」はカップル間の満足感を低下させることが知られている（Eldridge et al., 2007; Eldridge & Christensen, 2002）。そもそも，「要求」には関係を改善(変化)させたい，という思いが含まれている。「撤退」にはその変化を望まない，という思いが含まれている。変化を望まないパートナーにとって，パートナーの「要求」は精神的な負担となる。変化させようとするパートナーにとっては，変化を求めて，話し合いをしようと，より「要求」が募る。「要求」を繰り返すと，それから逃れるために，パートナーはよりいっそう「撤退」を用いることになる。それは，さらに「要求」を強めることになる。お互いに過ごした期間が長くなると，このような関係が慢性化しやすくなる。すなわち，一方のパートナーが「要求」，もう一方のパートナーが「撤退」，という役割が固定化する。その結果，「要求－撤退」の頻度が高いほど，夫婦関係の満足感は低下するのである。

このような仮説を示唆するような研究が，クライントフとスミス（Klinetob & Smith, 1996）によって報告されている。クライントフとスミス（1996）は，

表 3-3　夫婦間葛藤に対するコーピングと結婚生活満足感との関係

コーピング方略	結果	出典
問題焦点型対処と相互協力		
問題解決	↗	Bouchard et al.（1998）
建設的相互コミュニケーション	↗	Christensen（1987）
建設的相互コミュニケーション	↗	Rogge & Bradbury（1999）
建設的相互コミュニケーション	↗	Givertz & Segrin（2005）
パートナーを理解しようとする	↘	Knee et al.（2005）
肯定的な問題解決	↗	Kurdek（1994）
肯定的な問題解決	↗	Kurdek（1995）
批判することなく，問題について話し合う	↗	Pasch & Bradbury（1998）
問題の重要性を認識する	↗	Buehlman et al.（1992）
発言（話し合う，自分の気持ちを伝える）	↗	Kammrath & Dweck（2006）
発言（話し合う，自分の気持ちを伝える）	↗	Rusbult et al.（1982）
発言（話し合う，自分の気持ちを伝える）	↗	Rusbult et al.（1986）
協調（話し合う，感情や考えを伝える）	↗	Kerig（1996）
統合（問題を記述する，理解を示す）	↗	Cohan & Bradbury（1997）
向反社会的対処(お互い協力する)	↗	Monnier et al.（2000）
肯定的なやり取り（ユーモア，同意，笑顔）	↗	Gottman & Krokoff（1989）
肯定的接近（楽しい時間の共有，愛情表現）	↗	Bowman（1990）
回避		
話し合いをすることなく，問題から逃げる	↘	Cramer（2002）
撤退（話し合いを避ける）	↘	Kurdek（2004）
撤退（話し合いを避ける）	↘	Kurdek（2005）
撤退（話し合いを避ける）	↘	Gottman & Krokoff（1989）
回避・降服（問題解決を避ける）	↘	Kerig（1996）
隔離・回避(自分には関係がないと思う・問題を避ける)	↘	Bouchard et al.（1998）
否認（問題の存在を否定する）	↘	Bouchard et al.（1998）
防衛（責任の否定，言い訳）	↘	Gottman & Krokoff（1989）
防衛（同意したふりをする，相手から離れる）	↗	Knee et al.（2005）
回避（問題が解決するまで待つ）	↘	Bowman（1990）
忠実（改善するまで待つ，相手を受け入れる）	↗	Rusbult et al.（1982）
対応不可能		
行き詰まり	↘	Kerig（1996）
困惑（予期していない問題に対応できない）	↘	Buehlman et al.（1992）
困惑(予期していない問題に対応できない，干渉しない)	↘	Carrère et al.（2000）
自責		
内省・自責	↘	Bowman（1990）
関係の終了		
退出（関係を終わらせようとする）	↘	Kammrath & Dweck（2006）
退出（関係を終わらせようとする）	↘	Rusbult et al.（1982）
退出（関係を終わらせようとする）	↘	Rusbult et al.（1986b）

コーピング方略	結果	出典
支配・対立・暴力		
否定的積極性 (威圧，小細工，悪口，攻撃)	↘	Hojjat（2000）
相手の責任にする，批判する	↘	Pasch & Bradbury（1998）
葛藤（相手を責める，へこませる）	↘	Julien et al.（1989）
否定的方略（あらさがし，拒否，敵意）	↘	Cohan & Bradbury（1997）
無視（すねる，不平をいう，無視する）	↘	Rusbult et al.（1982）
無視（すねる，不平をいう，無視する）	↘	Rusbult et al.（1986b）
葛藤（皮肉・批判・文句，仕返し）	↘	Cohan & Bradbury（1994）
葛藤（皮肉・批判・文句，仕返し）	↘	Rogge & Bradbury（1999）
葛藤交戦（パートナーを批判する）	↘	Gottman & Krokoff（1989）
強情（応諾しない，支配，やりこめる）	↘	Gottman & Krokoff（1989）
反社会的対処（支配スタイルとほぼ同様）	↘	Monnier et al.（2000）
葛藤交戦（自制を失う，怒りをあらわす）	↘	Kurdek（1994）
葛藤交戦（自制を失う，怒りをあらわす）	↘	Kurdek（1995）
否定的コミュニケーション（批判，不平，怒り）	↘	Caughlin et al.（2000）
言語的攻撃	↘	Kerig（1996）
身体的攻撃	↘	Kerig（1996）
身体的攻撃	↘	Schumacher & Leonard（2005）
暴力	↘	Rogge & Bradbury（1999）
服従		
追従	↘	Kurdek（1994）
追従	↘	Kurdek（1995）
気晴らし		
利己的行動（友人と時間を過ごす，余暇を楽しむ）	↘	Bowman（1990）
利己的行動（友人と時間を過ごす，余暇を楽しむ）	↘	Cohan & Bradbury（1994）
その他		
子どもを巻き込む	↘	Kerig（1996）
否定的消極性（屈服，回避，感情表出，気晴らし）	↘	Hojjat（2000）

注）報告には夫婦関係だけでなく恋人関係も含む。　　　　（表 3-3 の続き）

50 組の夫婦を対象に，夫婦問題の話し合いで観察された行動と，夫婦関係の満足感を調査した。クライントフとスミスは，夫婦間の「要求－撤退」の時間的変化を分析し，「要求－撤退」の役割が固定化している夫婦では，結婚生活の満足感が低い，と報告している。すなわち，一方のパートナーが「要求」，もう一方のパートナーが「撤退」という役割が固定化してしまっている夫婦では，結婚生活の満足感が低かったのである。このことは，常に「要求－撤退」役割を交代することができる柔軟なコミュニケーション・パターンが重要性であることを示唆している。

「要求－撤退」と夫婦関係の満足感に，夫婦の愛情表現の程度が関連して

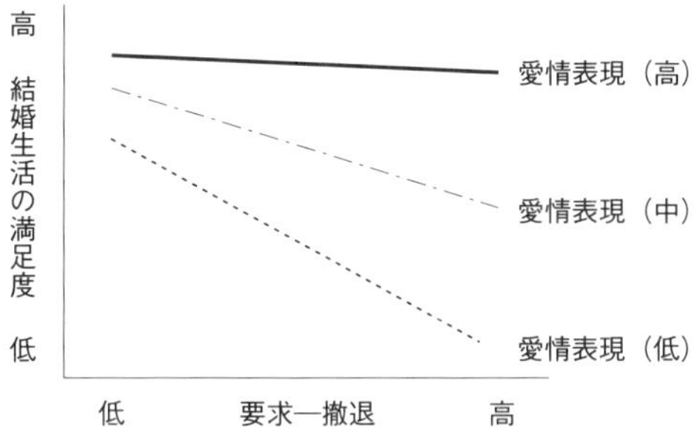

注）Caughlin & Huston（2002）の研究結果を簡単にまとめた。

図 3-4　愛情表現と，「要求 - 撤退」行動が結婚生活満足感に及ぼす影響

いるという研究も報告されている。コーリンとヒューストン（Caughlin & Huston, 2002）は，ペンシルベニア州の 90 組の夫婦を対象に調査を行ったところ，愛情表現の頻度が中程度あるいは低い夫婦では，「要求 - 撤退」の頻度が高いほど，結婚生活に対する満足感が低かった。しかし，愛情表現の頻度が高いカップルでは，「要求 - 撤退」の頻度の高低にかかわらず，結婚生活の満足感は一応に高かった（図 3-4）。どちらのパートナーが話し合いを強く要求しようが，話し合いを避けようが，愛情を表現し合う夫婦にとっては，関係なく幸せなのかもしれない。

3）コーピング方略の組み合わせから

コーピング研究では，通常，あるストレッサーに対して，複数のコーピング方略を用いることが知られている。たとえば，対人ストレッサーに遭遇し，友人に助けを求めつつ，問題を解決するために情報を収集したりするようなことである。このようなことから，コーピング方略の組み合わせ（どの方略とどの方略を用いるか）が精神的健康に及ぼす影響の検討が進められている。夫婦関係における研究でも，同様の方法論によって，夫婦関係で生じた問題に対するコーピングと結婚生活満足感との関連性を検証しようとする試みが報告されている。

リドリーら（Ridley et al., 2001）は，173 組の夫婦を対象に，夫婦間葛藤に対する行動と，夫婦生活の満足感との関連性について調査している。リドリーら（2001）は，まず，葛藤行動によって，173 組の夫婦を 4 つの群に分けた。

表 3-4　それぞれの夫婦の特徴と，愛情表現・結婚生活満足感の順位

夫婦	夫婦の特徴	愛情表現	満足感
回避カップル	話し合いを避ける行動が多い 相手を侮辱したり，責めたり，攻撃的な行動が多い	3位	3位
接近カップル	互いに話を聞き，問題を解決しようとする行動が多い 話し合いを避ける行動は少ない 相手を攻撃するような行動は少ない	1位	1位
夫回避・妻接近	話し合いを避ける行動が，夫にみられる 問題を解決しようとする行動が，妻にみられる	2位	2位
妻回避・夫接近	話し合いを避ける行動が，妻にみられる 相手を攻撃するような行動が，妻にみられる 問題を解決しようとする行動が，夫にみられる	2位	2位

それぞれの群は表 3-4 のような特徴を持っている。回避カップルでは，他の群と比較して，相対的に，妻と夫ともに，話し合いを避けるような行動が頻繁にみられたり，パートナーを攻撃するような行動がみられたりした。接近カップルでは，妻と夫ともに，そのような行動は相対的に少なく，問題を解決しようとするような行動が多くみられた。夫回避・妻接近カップルでは，夫と妻との行動に開きがあり，夫は話し合いを避けるような行動が多く，妻は問題を解決しようとする行動が多かった。妻回避・夫接近カップルでは，妻には話し合いを避けるような行動や夫を攻撃するような行動が多く，夫には問題を解決するような行動が多くみられた。次に，この 4 つの夫婦間の，愛情表現と結婚生活満足感の程度を比較した。その結果，最も，愛情表現および結婚満足感が高かった夫婦は接近カップルであり，最も結婚満足感が低かった夫婦は回避カップルであった。夫回避・妻接近カップルと妻回避・夫接近カップルとの間には，大きな異なりはみられなかった。

(6) ストレス反応への影響

夫婦関係に関する研究では，コーピングがストレス反応に及ぼす影響よりも，結婚生活満足感に及ぼす影響に関する研究報告が圧倒的に多い。表 3-5 は，パートナー間で生じたストレッサーに対するコーピングとストレス反応との関連性を検証した報告をまとめたものである。パートナー間で生じた問題を積極的に解決しようとしたり，協力しようとしたりするほど，ストレス反応が

表 3-5　夫婦間葛藤に対するコーピングとストレス反応との関連性

コーピング方略	結果	出典
問題焦点型対処と相互協力		
統合（問題を記述する，理解を示す）	↘	Cohan & Bradbury（1997）
妥協する，過失をかばう	↘	Feldman & Gowen（1998）
回避		
回避	↗	Feldman & Gowen（1998）
問題についての話を避ける，その場から去る	↗	Torquati & Vazsonyi（1999）
支配・対立・暴力		
反社会的対処（支配スタイル）	↗	Monnier et al.（2000）
葛藤（皮肉・批判・文句，仕返し）	↗	Cohan & Bradbury（1994）
攻撃的行動	↗	Kaiser & Powers（2006）
相手の心を傷つける，わめく，ののしる	↗	Feldman & Gowen（1998）
たたく，殴る	↗	Feldman & Gowen（1998）
サポート希求		
サポート希求	↗	Feldman & Gowen（1998）
サポート希求	↗	Torquati & Vazsonyi（1999）
その他		
利己的行動（友人と時間を過ごす，余暇を楽しむ）	↗	Cohan & Bradbury（1994）
TV をみる，そんなに重要なことではないと思う	↗	Feldman & Gowen（1998）
自責	↗	Cohan & Bradbury（1994）

低下するようである。一方，問題から逃れたり，パートナーと対立したり，暴力を振るったりすると，そのようなコーピングを選択したコーピング行使者自身のストレス反応が増大する結果が多く報告されている。

(7) 関係の継続への影響

夫婦関係や恋愛関係に関する研究領域では，関係を継続させる要因，あるいは離婚や別れに至る原因について，数多くの研究が報告されている。本項では，夫婦関係や恋愛関係で生じたストレッサーに対するコーピングの選択が，その後の関係継続に及ぼす影響について，いくつかの研究を紹介する。

クリステンセンとシェンク（Christensen & Shenk, 1991）は，3つの夫婦の状態（通常の夫婦，夫婦セラピーを求める夫婦，離婚して1年以内の夫婦）を対象に，コミュニケーションにおけるコーピング方略を調査した。その結果，通常の夫婦より，夫婦セラピーを求める夫婦および離婚して1年以内の夫婦では，コミュニケーションにおける「要求－撤退」の頻度が高かった。「要求－

撤退」の使用頻度が高いほど，結婚生活の満足感が低いことは先に説明したとおりである。「要求－撤退」を使用→結婚生活満足感が低下→離婚に至る，という図式が成り立っているのかもしれない。

シャルマンら（Shulman et al., 2006）は，恋人関係にある40組のカップル（イスラエルの高校生）を対象に，意見の相違や口論に対するコーピングと，その後の関係継続状態について調査を実施している。その結果，問題を低く見積もり，軽視するような方略を用いるカップルでは，2年後に，約半数のカップルが関係を維持し続けていた。意見の相違を明らかにし，相手の考えを理解し，お互いの意見を考えた解決策を探る方略を用いるカップルでは，2年後も，ほとんどのカップルが関係を維持し続けていた。一方，パートナーと対立したり，緊張を高めたりするような方略を用いるカップルでは，多くのカップルが3ヶ月で別れており，2年間関係が継続したカップルは10組中1組であった。

カーデック（Kurdek, 1994）は，207名の夫婦を対象に，口論に対して自分自身が用いたコーピングと，パートナーが用いたコーピングを調査した。その1年後，夫婦が離婚したかどうか手紙で尋ねた。その結果，1年後に離婚した夫婦では，夫婦ともに，パートナーを批判するような方略をより多く用いていた。また，1年後に離婚した夫婦では，妻が夫に従うような方略の使用頻度は低かった。加えて，夫が回答した夫自身のコーピング方略がその後の離婚をほとんど予測しなかったのに対して，妻が回答した夫のコーピング方略は，1年後の離婚を予測していた。一方，妻が用いたコーピング方略は，妻自身が回答しようが，夫が回答しようが，1年後の離婚状況との関連性にほとんど変化はみられなかった。離婚するかどうかは，夫が用いたコーピング方略を妻がどのように知覚しているのか，妻の判断に左右されるということなのだろうか。

(8) パートナーへの影響

コーピングを行使することが，パートナーの結婚生活満足感やストレス反応，そして，パートナーのコーピングの選択，これらに影響を及ぼすことは，容易に想像できる。対人ストレス過程における社会的相互作用モデル（95頁）など，多くの研究に関して，このような相互作用が仮定され，実証されている。

1）パートナーの精神的健康への影響

表3-6は，妻の用いたコーピングが夫の結婚生活満足感に及ぼす影響をまとめたものである。逆に，表3-7は，夫の用いたコーピングが妻の結婚生活満足感に及ぼす影響をまとめたものである。どちらも，同じような傾向がみられている。すなわち，積極的に問題を解決するようなコーピングを用いると，その配偶者の結婚生活満足感は上昇するが，問題解決を避けたり，配偶者を支配したり，配偶者に暴力を振ったりすると，配偶者の結婚生活満足感が低下するようである。

今一度，コーピングの選択と行使者自身の結婚生活満足感との関連性に関する報告をまとめた表3-3（119頁）をみてみよう。そして，本項で紹介したコーピングとパートナーの結婚生活満足感との関連性をまとめた表3-6および表

表3-6　妻のコーピングと夫の結婚生活満足感

コーピング方略	結果	出典
問題焦点型対処と相互協力		
課題焦点型対処	↗	Lussier et al.（1997）
肯定的問題解決	↗	Kurdek（1994）
肯定的問題解決	↗	Kurdek（1995）
批判することなく，問題について話し合う	↗	Pasch & Bradbury（1998）
統合スタイル	↗	林ら（2003）
回避		
離隔・回避（自分には関係がないと思うなど）	↘	Bouchard et al.（1998）
引き下がり	↘	Kurdek（1994）
引き下がり	↘	Kurdek（1995）
支配・対立・暴力		
葛藤交戦	↘	Kurdek（1994）
葛藤交戦	↘	Kurdek（1995）
相手の責任にする，批判する	↘	Pasch & Bradbury（1998）
支配・暴力	↘	林ら（2003）
皮肉・批判・文句，仕返し	↘	Cohan & Bradbury（1994）
言葉による暴力	↘	Schumacher & Leonard（2005）
身体的暴力	↘	Schumacher & Leonard（2005）
その他		
追従スタイル	↘	Kurdek（1995）
自責	↘	Cohan & Bradbury（1994）
友人と時間を過ごす，余暇を楽しむ	↘	Cohan & Bradbury（1994）
情動焦点型対処	↘	Lussier et al.（1997）

表 3-7　夫のコーピングと妻の結婚生活満足感

コーピング方略	結果	出典
問題焦点型対処と相互協力		
肯定的問題解決	↗	Kurdek（1994）
肯定的問題解決	↗	Kurdek（1995）
問題焦点型対処	↗	Bouchard et al.（1998）
統合スタイル	↗	林ら（2003）
楽しい時間の共有，愛情表現	↘	Cohan & Bradbury（1994）
回避		
引き下がり	↘	Kurdek（1994）
引き下がり	↘	Kurdek（1995）
支配・対立・暴力		
葛藤交戦	↘	Kurdek（1994）
葛藤交戦	↘	Kurdek（1995）
相手の責任にする，批判する	↘	Pasch & Bradbury（1998）
皮肉・批判・文句，仕返し	↘	Cohan & Bradbury（1994）
言葉による暴力	↘	Schumacher & Leonard（2005）
身体的暴力	↘	Schumacher & Leonard（2005）
その他		
情動焦点型対処	↘	Lussier et al.（1997）
否認	↘	Bouchard et al.（1998）
友人と時間を過ごす，余暇を楽しむ	↘	Cohan & Bradbury（1994）
回避・同調	↗	林ら（2003）
追従スタイル	↘	Kurdek（1995）

3-7と比べてみよう。どちらの結果も，問題焦点型対処や相互協力は結婚生活満足感を向上させ，回避や支配・対立・暴力は結婚生活満足感を低下させていることがわかる。この結果は，問題から逃れたり，配偶者を従わせたりするようなコーピングは，配偶者だけでなく，その行為を行っている本人の満足感をも低下させることを示している。お互いの満足感を高めるためには，問題について話し合ったり，協力し合ったりすることが必要なのである。

2）コーピング方略の選択への影響

コーピングの行使がパートナーの精神的健康に影響を及ぼすならば，パートナーのコーピングの選択にも影響を及ぼすだろうと推測される。ルスブルトら（Rusbult et al., 1986a）は，恋人関係にある68組の大学生カップルを対象に，恋人関係で不満感を抱いた時のパートナー間のコーピング方略の使用頻度について調査をしている。その結果を図3-5にまとめた（127頁）。①パートナーが

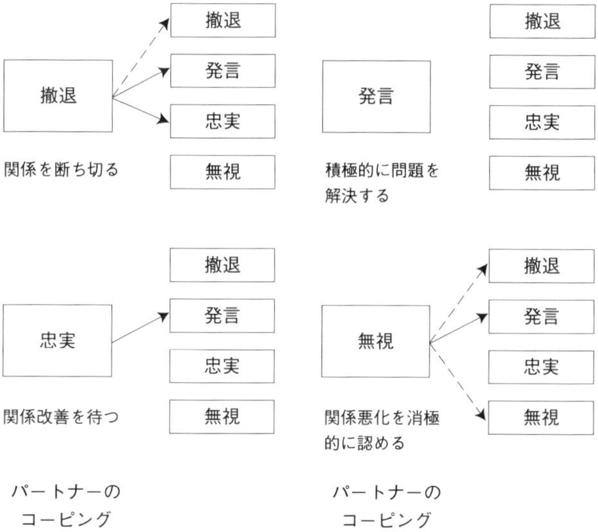

注） 実線は正の影響，波線は負の影響を意味する。

図3-5 パートナーのコーピングがもう一方のパートナーのコーピング選択に及ぼす影響

恋愛関係を断ち切ろうとする（撤退）と，もう一方のパートナーは，積極的に問題を解決しようとしたり（発言），状況が改善するのを消極的に待ったりするが（忠実），関係を断ち切ろうとはしない（撤退）。②パートナーが状況の改善を消極的に待つと（忠実），もう一方のパートナーは積極的に問題を解決しようとする（発言）。③パートナーが関係悪化を消極的に認める（無視）と，もう一方のパートナーは，積極的に問題を解決しようとするが（発言），関係を断ち切ろうとせず（撤退），関係が悪化するのを消極的に認めたりしない（無視）。すなわち，恋愛関係にあるカップルは，パートナーが関係を断ち切ろうとしたり，関係悪化を認めようとしたりすると，関係を継続させるために，もう一方のパートナーはそれを避けるようなコーピング選択する。一方，問題を解決するようなコーピングを用いると，もう一方のパートナーは，コーピングを選択する必要がなくなる。このルスブルトら（1986a）の研究が示しているように，カップル間のコーピングは，お互いに関連し合っていると考えられる。

■ 2 離　婚

離婚は夫婦間にとって重要な問題であり，離婚に関する研究は多い。しかし，離婚に対するコーピングに関しては，十分な報告がなされていない。たとえば，"*Journal of Divorce and Remarriage*"（Haworth Press）という学術専門雑誌が刊行されているが，離婚に対するコーピング研究が掲載されることはほとんどない。むしろ，離婚による子どもへの影響に関する論文が数多く掲載されている。

(1) 離婚に対するコーピングの分類

1) マゾーの研究

マゾー（Mazor et al., 1998）は，離婚に伴い生じる問題に対するコーピングについて聞き取り方法を標準化し，離婚コーピング・インタビュー（Coping with Divorce Interview）を開発している。離婚コーピング・インタビューでは，離婚後のコーピングは「不統合的コーピング」「準統合的コーピング」「統合的コーピング」に分類されている。不統合的コーピング（non-integrative coping patterns）は，離婚に伴う困難な状態を否認し，問題を忘れようとしたり，受け入れないようにしたりする方略である。元配偶者に対する憎しみ，怒り，拒絶など，否定的感情ばかりが喚起する。準統合的コーピング（semi-integrative coping patterns）は，元配偶者への怒りの感情は収まらないが，複雑な心境であり，離婚後の関係や悲哀反応について理解しようとする方略である。関係の変化が避けられないことだと理解し，さまざまな対応方法を産出しようと奮闘する。統合的コーピング（integrative coping patterns）は，離婚後，新たな社会的役割を得て，社会的な活動にチャレンジするような方略である。離婚が避けられなかったことを受け入れ，元配偶者に対して肯定的な感情を抱き，元配偶者との結婚生活での肯定的な側面と否定的な側面を再認識しようとする。

2) 元配偶者に対する許し

離婚後もなお，多くの人々が元配偶者に対して否定的な感情を抱いていることが知られている。たとえば，ウォラースタイン（Wallerstein, 1986）が行ったカリフォルニア州での研究では，離婚後，約4割の女性，約3割の男性が，元配偶者に対して否定的な感情を抱いていると報告している。このような否定的な感情は，個人の精神衛生にとっては不適切であることが知られている。そのため，離婚に関する心理学的研究では，このような否定的な感情を鎮める許し（forgiveness）という概念が注目を集めている。

許しに関する研究では，許しをコーピング方略の一種であるとするとらえ方がある。離婚に関していえば，それは，離婚後，元配偶者を許すというコーピング方略である。ライら（Rye et al., 2004）は，離婚経験のある199名を対象に，元配偶者に対する許しと，その後の精神的健康との関連性を検討している。その結果，元配偶者を許すほど，その後の抑うつ傾向，怒りなど否定的な情動が低かった。さらに，離婚から調査時点までの時間的な長さを統制した後も，許しの傾向が高いほど，精神的に健康であった。ライら（2004）の報告のように，通常，他者を許す傾向が高いほど，精神的に健康であることが知られている。

(2) 夫と妻のコーピングの異なり

グレイとシルバー（Gray & Silver, 1990）は，カナダのオンタリオ州で，離婚した45組の夫婦を対象に，離婚に対する反応を，自分自身と元配偶者について評定させている。その結果，元夫，元妻とも，自分より元配偶者の方が，離婚に対して責任があり，和解したいと思っており，自分の方が犠牲者であると回答している。また，離婚に対する責任，和解への希望など，夫の自己評価と妻の自己評価は一致しておらず，また，元配偶者に対するお互いの評価も一致していない。自分自身の離婚に対する反応と元配偶者の離婚に対する反応の評価との間には，大きな隔たりがあるようである。

(3) 離婚に対するコーピングと精神的健康

離婚に対するコーピング研究が進んでいないため，コーピングと精神的健康との関係を検証した研究がほとんどみられない。数少ない研究のうち，いくつかの研究を紹介する。ブラウンとライマー（Brown & Reimer, 1984）は，元配偶者に対する離婚後の愛情を測定する離婚反応尺度（Divorce Reaction Inventory）を作成し，ミネソタ州で，愛情と離婚後の適応との関係について調査している。そして，元配偶者に対する愛情が高いほど，生活満足感が低く，抑うつの程度が高いことを報告している。

ビルンバウムら（Birnbaum et al., 1997）は，イスラエルの120名の離婚した夫婦を対象に，離婚に対するコーピングなどを調査している。そして，社会的な引きこもり，願望的思考，自己破滅的思考などのコーピングを用いるほど，心理的なストレス反応が増加し，そのようなコーピング方略は，離婚を脅威に感じるほど使用頻度が高いと報告している。

グレイとシルバー（1990）は，離婚した45組の夫婦を対象に，離婚後の反応と精神的健康状態との関連性について調査を行っている。そして，自分は離婚の犠牲者だと思うほど，また，和解をしたいと思っているほど，離婚に対する後悔の念が強く，結婚生活や元配偶者を思い出し，ストレス反応が高いことを報告している。また，元配偶者が別の異性に好意を持ったことが離婚の原因であると思っているほど，また，元配偶者を悪玉視しているほど，離婚に対する後悔の念が強く，結婚生活や元配偶者を思い出し，ストレス反応が高いことを報告している。

■ 3　失　恋

多くの学生が恋愛に関心を持っているだろう。そして，そのうち多くの学生が，失恋をテーマとした卒業論文の作成に挑むことであろう。しかし，学術専門雑誌に掲載されている失恋に対する実証的報告は少ない。

(1) 失恋の分類

失恋といってもさまざまな形態がある。加藤（2006g）は失恋を離愛（dating relationship dissolution）と片思い（unrequited love）に分類している（図3-6）。離愛は，付き合ったけれど別れたことを意味し，片思いは，付き合うことなく，思いが実らなかったことを意味する。離愛と片思いでは，失恋によるショックの程度や回復期間に異なりがみられないことが知られている（加藤, 2005a, 2006g）。

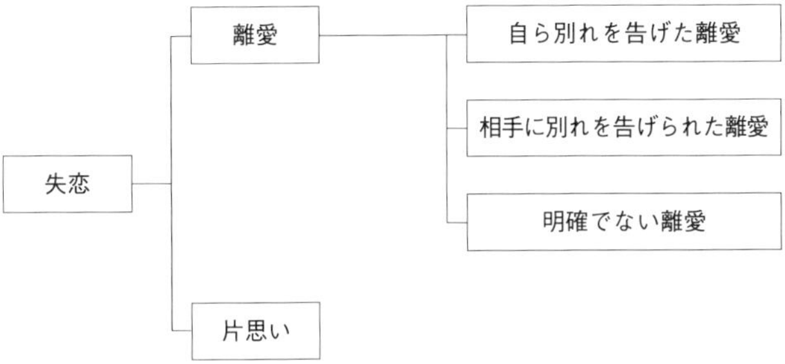

図 3-6　失恋形態の分類

(2) 失恋ストレスコーピングの分類

失恋に対するコーピングの分類もまた，研究が進んでいない領域である。加藤（2005a）は，失恋に対するコーピングを失恋ストレスコーピング（coping with romantic break-ups）と名付け，自由記述によって得られた離愛および片思いに対するコーピング項目を，因子分析によって，図 3-7 のように分類している。離愛も片思いも，失恋に対するコーピングは，まず，「未練」「拒絶」「回避」に分類される。「拒絶」は失恋相手を恨んだり，幻滅したり，悪口を言ったりする「敵意」と，失恋相手のことを考えないようにしたり，避けようとしたりする「関係解消」に分類することができる。「回避」は，失恋したことを肯定的にとらえる「肯定的解釈」，別の異性に接近する「置き換え」，趣味に没頭するなどの「気晴らし」に分類することができる。

失恋に対するコーピングの中で，特殊な方略がストーキング（stalking, unwanted pursuit behavior）である。ストーキングに関する実証的な心理学的研究は，1990 年代の後半から始まった。ストーキングに関する研究は，性的暴力などに関する研究が報告されている学術雑誌で，主に報告されているようである。

(3) コーピングの選択

1) 性　　差

俗世間や小規模調査では，男性の方が未練がましいだとか，女性の方が別れた相手に恨みを持つだとか，さまざまなことが言われているが，本当だろ

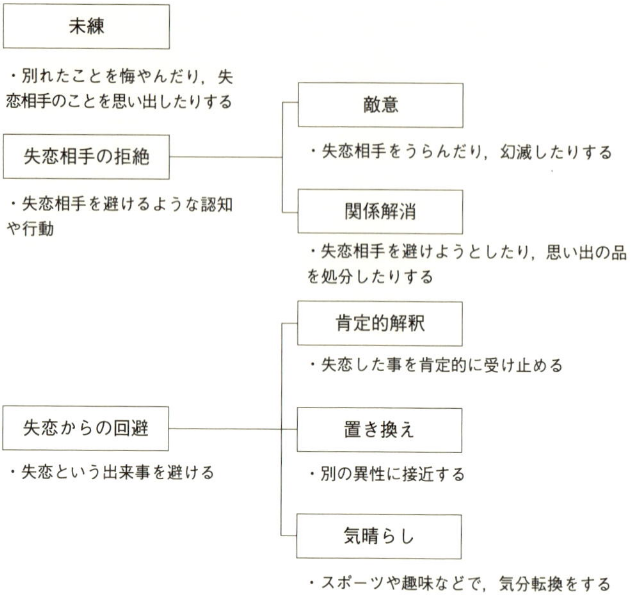
未練
・別れたことを悔やんだり，失恋相手のことを思い出したりする
失恋相手の拒絶
・失恋相手を避けるような認知や行動
敵意
・失恋相手をうらんだり，幻滅したりする
関係解消
・失恋相手を避けようとしたり，思い出の品を処分したりする
肯定的解釈
・失恋した事を肯定的に受け止める
失恋からの回避
・失恋という出来事を避ける
置き換え
・別の異性に接近する
気晴らし
・スポーツや趣味などで，気分転換をする

図3-7　失恋ストレスコーピングの分類

うか。表3-8は，失恋に対するコーピングの性差に関する研究報告をまとめたものである。どうやら，失恋相手に対する未練には性差がみられないようである。一方，失恋の自責，酒におぼれたり，別の異性と付き合ったりするようなコーピングでは，男性の使用頻度が多いようである。なお，失恋によるショックや落ち込みの程度には性差はみられないことが知られている（加藤，2006g）。

2）失恋形態

離愛と片思いでは，選択するコーピング方略に異なりがあるのだろうか。失恋経験のある大学生425名を対象とした加藤（2005a）の研究では，片思いより離愛の方が，「未練」「回避」「拒絶」，いずれのコーピング方略も使用頻度が高かった。離愛の方が片思いよりショックであるから，コーピング方略の使用頻度が高いという説明を思いつくかもしれない。しかし，離愛と片思いとの間には，失恋によるショックの程度や失恋からの回復期間に差がみられないこと

表3-8　失恋に対するコーピングの性差

コーピング方略	結果	出典
未練		
よりを戻したい・戻そうとする	性差なし	Davis et al.（2003）
未練	性差なし	Frazier & Cook（1993）
未練	性差なし	加藤（2005a）
後悔・悲痛	性差なし	和田（2000）
失恋相手への幻滅・拒絶		
怒り・敵意・復讐	女性（多）	Davis et al.（2003）
拒絶（敵意，関係解消）	性差なし	加藤（2005）
苦悩（敵意や関係解消）	性差なし	和田（2000）
自責		
自責・罪悪感	男性（多）	Davis et al.（2003）
自責	男性（多）	Sprecher et al.（1998）
失恋からの回避		
酒や薬物におぼれる	男性（多）	Davis et al.（2003）
置き換え，肯定的解釈，気晴らし	男性（多）	加藤（2005）
新しい異性を見つける	男性（多）	Davis et al.（2003）
別の異性とデートする	男性（多）	Sorenson et al.（1993）
サポート希求		
友人や家族に話す	女性（多）	Davis et al.（2003）
友人に相談する	女性（多）	Sorenson et al.（1993）
自分で解決しようとする	男性（多）	Davis et al.（2003）

から，その説明は成り立たない。片思いによる失恋をした者は，コーピング方略を用いにくい状況に置かれているのかもしれない。

(4) 失恋に対するコーピングとストレス反応

表3-9は，失恋に対するコーピングと悲しみや抑うつなどのストレス反応との関連性を検証した報告をまとめたものである。この領域での研究数が少ないため，明確なことはいえないが，ストレス反応の低減という点では，多くのコーピング方略は効果的でないと思われる。このような研究報告の中で，失恋からの回復期間を短縮させるようなコーピング方略の提唱が加藤（2007j）によってなされている。

加藤（2007j）は，失恋経験のある大学生678名を対象に，失恋に対するコーピングと孤独感や失恋からの回復期間などを調査している。その結果，性や失恋形態（離愛か片思いか）や失恋によるショックの程度に関係なく，ネガテ

表 3-9　失恋に対するコーピングとストレス反応

コーピング方略	結果	出典
回避		
回避型コーピング	➚	Means（1991）
回避（失恋の思い出から遠ざかる）	➚	Smith & Cohen（1993）
逃避・回避	➚	Chung et al.（2003）
回避（肯定的解釈・気晴らし・置き換え）	➘	加藤（2005a）
その他		
問題解決型対処	➘	Chung et al.（2003）
自責	➚	Sbarra & Emery（2005）
他の異性と付き合う	➚	Sorensen et al.（1993）
自分と関係がないと思う	➚	Chung et al.（2003）
サポート希求	➚	Chung et al.（2003）
拒絶	➚	加藤（2005a）
未練	➚	加藤（2005a）

ィブ関係コーピング（失恋相手との関係を悪化させる）を用いるほど孤独であり，心理的ストレス反応が高かった。また，ポジティブ関係コーピング（失恋した相手との関係を維持しようとする）やネガティブ関係コーピングを用いるほど，失恋からの回復に時間を要していた。一方，解決先送りコーピング（失恋した相手との関係を一時的に棚上げするような方略）の使用頻度が高いほど，失恋からの回復期間が短かった。失恋状況においても，解決先送りコーピングは効果的であった。

■ 4　配偶者の病

特定の対人関係に注目したコーピング研究において，最も，研究が進んでいる分野が看護・介護に関する研究である。関係焦点型対処（24頁参照），クエイヘイゲンらの研究（27頁参照）もまた，疾患に罹患（りかん）している配偶者との関係において展開したコーピング研究である。この点において，ケアギバーのコーピング研究は，対人ストレスコーピング研究の原点であるともいえる。

そこで焦点があてられている関係が，ケアギバー（caregiver：生活支援者・介護者）と生活援助が必要な者との関係である。研究対象としてのケアギバーは，生活援助が必要な者の配偶者である場合が多い。この2者関係で生じるストレッサーが対人ストレッサーであり，そのストレッサーに対するコーピングが対人ストレスコーピングに相当する。本項では，患者と親密な関係にあるケアギバーが，ケア場面あるいは患者との関係で生じたストレッサーに対するコーピング研究に焦点をあて説明する。このような研究は，社会福祉学の領域より，主に，医学や看護学，あるいは心理学や老年学の分野でなされている。

(1) ケアギバーのコーピングの測定

配偶者の病に対するコーピング尺度では，配偶者が罹患している病名によって，さまざまな尺度が開発されている。そのうち，いくつかのコーピング尺度について紹介する。

1) 多発性硬化症ケアギバー・コーピング尺度

パケナム（Pakenham, 2001a, 2002）は，多発性硬化症（MS：multiple sclerosis）患者のケアギバーが用いるコーピングを測定するために，多発性硬化症ケアギバー・コーピング尺度（Coping with MS Caregiving Inventory）を作成している。多発性硬化症とは中枢神経系の脱髄疾患のひとつであり，多くは再発・寛解を繰り返しながら慢性に経過する疾患である。どこに病変ができるかによって，視覚の障害，顔の感覚や運動の麻痺，歩行の障害，胸や腹の帯状のしびれ，運動麻痺，尿失禁など症状は多様である。多発性硬化症ケアギバー・コーピング尺度は，多発性硬化症患者のケアギバーによる自由記述から項目を収集し，「問題の回避」「現実的援助の要請」「協力的な従事」「非難・強制」「肯定的解釈」の 5 つのカテゴリーを有する。問題の回避（avoidance）は，問題を一人で抱え込もうとしたり，逆に，問題にかかわらないようにしたりする方略である。現実的援助の要請（practical assistance）は他者に援助を求めようとする方略である。協力的な従事（supportive engagement）は，患者に情動的なサポートをしたり，一緒に問題解決のために話し合ったりする方略である。非難・強制（criticism and coercion）は相手を非難したり，従わせようとしたりする方略である。肯定的解釈（positive reframing）は，状況を肯定的にとらえようとする方略である。パケナム（2002）は，オーストラリアの 247 名の多発性硬化症患者のケアギバーを対象とした研究で，「問題の回避」や「非難・強制」が，患者とケアギバーとの葛藤を増加させ，ケアギバーのストレス反応を増大させると報告している。

2) エイズ・ケアギバー・コーピング尺度

ランドとロング（Land & Long, 2000）は，エイズ患者のケアギバー642名との面接調査から，エイズ患者のケアギバーが用いるコーピングを測定するためのエイズ・ケアギバー・コーピング尺度（Coping in AIDS Caregivers）を作成している。エイズ・ケアギバー・コーピング尺度では，コーピングを「直接的問題解決」「肯定的見通し」「現実的対処」に分類している。直接的問題解決（direct problem management）とは，ストレス状況を直接変容しようとする方略である。肯定的見通し（positive outlook）とは，ストレス状況を肯定的に解釈しようとする方略である。現実的対処（reality-based coping）とは，ストレス状況の意味を現実的に認識しようとする方略である。

3) ケア・マネジメント尺度

患者の家族が用いるコーピングに注目し，ノーランら（Nolan et al., 1995）はケア・マネジメント尺度（Carers' Assessment of Management Index）38項目を作成している。ケア・マネジメント尺度では，問題解決（problem solving and coping），ストレス状況のとらえ方を変えようとする方略（alternative perception of events），気晴らしなどによってストレスフルな情動を鎮める方略（dealing with stress symptoms）に分類している。ケア・マネジメント尺度は，看護領域の学術論文で発表されたことから，看護領域で用いられることが多い。

4) 家族介護者対処スタイル

わが国では，翠川（1993）の家族介護者対処スタイル尺度がよく用いられる。家族介護者対処スタイル尺度は，在宅障害老人の家族が用いるコーピングを，「問題解決型」「接近・認知型」「回避・情動型」に分類している。和気ら（1995）の在宅障害老人のケアギバーを対象とした研究では，「接近・認知型」はケアギバーのバーンアウトを低下させ，「回避・情動型」はケアギバーのバーンアウトを増大させると報告している。家族介護者対処スタイル尺度は，在宅障害老人の家族が用いるコーピングを測定するものであり，どのような状況に対するコーピングを測定するのかは明白ではない。すなわち，家族介護者対処スタイル尺度では，在宅障害老人の家族がケア以外の場面で遭遇したストレッサー（たとえば，仕事が忙しい，将来が不安であるなど）に対するコーピングも測定している。測定の対象が在宅障害老人の家族であるに過ぎない。この点において，家族介護者対処スタイル尺度は，対人ストレスコーピングを測定しているとはいえない。そのためだろうか，対人ストレス特有のコーピングの分類がなされていない。

5）家族コーピング尺度

コシチューレク（Kosciulek, 1994）は，家族が負った頭部の外傷に対するコーピングを測定する家族コーピング尺度（Family Coping Behavior）を作成している。家族コーピング尺度は，「肯定的解釈」（positive appraisal）「知識の獲得」「緊張緩和」「頭部外傷の疑問減少」「サポート希求」の５つの下位尺度を有する。知識の獲得（resource acquisition）は，医師などの専門家の意見を聞くなど，頭部外傷に関する知識を身につける方略である。緊張緩和（family tension management）は，教会やコミュニティの活動に参加したり，話し合ったり，家族の緊張を和らげるような方略である。頭部外傷の疑問減少（head injury demand reduction）は，同じ頭部外傷家族から助言を得たり，頭部外傷に関する予防，教育，法的処置などに積極的に関心を持ったりするような方略である。サポート希求（acquiring social support）とは，親しい友人に相談するなどの方略である。

6）認知症対処方略尺度

認知症対処方略尺度（Dementia Management Strategies Scale）は，1980年代後半に，テキサス精神科学研究所（Texas Research Institute of Mental Sciences）によって作成され，その項目は，ヒインリッヒセンら（Hinrichsen & Niederehe, 1994）によって公表されている。認知症対処方略尺度は，老年性認知症の問題に対して，認知症患者のケアギバー（家族）が用いたコーピングを測定するもので，特に，認知症患者とケアギバーとの相互作用に焦点をあてている。152名の老年性認知症のケアギバーを対象としたヒインリッヒセンら（1994）の研究では，ケアギバーのコーピング方略を「批判」「励(はげ)まし」「積極的管理」の３つの方略に分類している。批判（criticism）は，強制，批判，脅しなどのよって，認知症患者に接する方略である。励まし（encouragement）は，患者を称賛したり，感情について話し合う機会を与えたり，物事の良い側面をみつめたりするようなコーピングである。積極的管理（active management）は，保護したり，手助けしたり，監視したり，日課や環境を改善するようなコーピングである。

(2) 患者とケアギバーとの比較

一般的に，患者より，患者のケアギバーが用いるコーピングの使用頻度が低いことが報告されている。たとえば，ミヤスコフスキーら（Myaskovsky et al., 2005）は，肺移植を待つ患者とそのケアギバーが用いたコーピング方略の使用頻度を比較した（図3-8）。その結果，5つのコーピング方略のうち4つのコーピング方略（積極的対処，サポート希求，受容，自責）において，ケアギバーは，患者よりコーピング方略の使用頻度が低かった。ケアギバーは，患者の介護生活で，コーピングを使用しにくい環境に置かれているのかもしれない。

(3) ケアギバーの性差

プルーノら（Pruchno et al., 1997）は，フィラデルフィアの3世帯家族を対象に，介護を要する老年者に対する家族(老年者の息子・娘夫婦とその子ども)

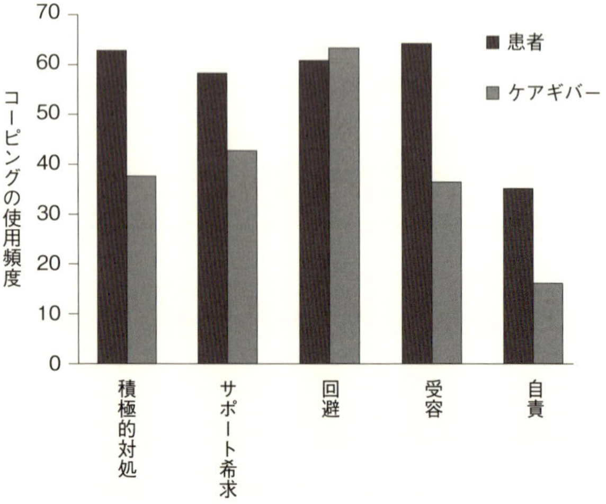

注） Myaskovsky et al.（2005）の結果を作図した。

図3-8　患者とケアギバーとのコーピング頻度の異なり

が用いたコーピングや精神的健康などについて調査を行っている。妻の抑うつの程度は，夫が用いたコーピングや，子どもが用いたコーピングからの影響を受けず，妻自身が用いたコーピングの影響を受けていた。子どもの抑うつの程度も同様に，両親が用いたコーピングの影響を受けず，子ども自身が選択したコーピングの影響を受けていた。一方，夫の抑うつの程度は，夫自身が用いたコーピングの影響を受けていたが，妻が選択したコーピングの影響も受けていた。夫婦・恋愛関係の節でも紹介したが，妻より夫の方が，配偶者の影響を受けやすいようである。

(4) ケアギバーのコーピングとストレス反応

表3-10は，主に患者の配偶者であるケアギバーがケア場面あるいは患者との関係で用いたコーピングとストレス反応の関連性を検証した結果をまとめたものである。問題焦点型対処，情動焦点型対処，回避，自責など，いずれのコーピングも，ストレス反応を増大させるという報告が多い。受容（ストレスフルな状況を受け入れるコーピング）のみが，ストレス反応を低減させるという報告がなされている。

ケア場面あるいは患者との人間関係に限ったストレッサーではないが（ケア場面以外でのストレッサーが含まれている可能性がある），ケアギバーが用いたコーピングに関する報告がなされている。ニーボンとマーティン（Kneebone & Martin, 2003）は，認知症患者のケアギバーが用いたコーピングと精神的健康との関連性を検証した16の研究結果を用いたメタ分析（いくつかの研究結果をまとめ，ある特定の結論を導き出す研究方法）を行っている。そして，一般的に，問題解決型のコーピングやストレスフルな状況を受け入れるようなコーピングは，ケアギバーにとって効果的であるとまとめている。表3-10をみると，問題焦点型対処に関しては，4つの研究のうちの1つの報告が効果的であるに過ぎず，今後，どのような問題焦点型対処が有効であるのかに関する分析が必要である。

一方，ケアギバーに関する研究では，神に祈ったり，教会に出かけたり，教会での活動に参加したり，宗教的な活動を行うことで，ストレッサーに対処しようとする宗教コーピング（religious coping）に注目した研究もみられ

表3-10　ケアギバーのコーピングとストレス反応

ケアギバーの対象	コーピング方略	結果	出典
	問題焦点型対処		
パーキンソン病	問題焦点型対処	↗	Sanders-Dewey et al. (2001)
多発性硬化症	問題焦点型対処	↗	Pakenham (2001b)
多発性硬化症	問題解決	↘	Pakenham (2001a)
心筋梗塞	積極的接近対処	↗	Coyne & Smitm (1991)
認知症	積極的対処	↘	Knight et al. (2000)
	情動焦点型対処		
認知症	情動焦点型対処	↗	Knight et al. (2000)
パーキンソン病	情動焦点型対処	↗	Sanders-Dewey et al. (2001)
認知症	情動焦点型対処	↗	Wright et al. (1991)
多発性硬化症	情動焦点型対処	↗	Pakenham (2001b)
介護を必要とする老年者	情動焦点型対処	↗	Pruchno et al. (1997)
	回避		
癌	回避	↗	Kelly et al. (1999)
肺移植を待つ患者	回避	↗	Myaskovsky et al. (2005)
多発性硬化症	回避	↗	Pakenham (2001a)
多発性硬化症	回避	↗	Pakenham (2002)
多発性硬化症	回避	↗	Pakenham (2005)
アルツハイマー	回避	↗	Powers et al. (2002)
血友病	回避	↗	Kotchick et al. (1996)
認知症	回避・逃避	↗	Wright et al. (1991)
HIV ゲイ	行動的回避	↗	Billings et al. (2000)
心筋梗塞	保身的緩和（口論の回避）	↗	Coyne & Smitm (1991)
	自責		
肺移植を待つ患者	自責	↗	Myaskovsky et al. (2005)
アルツハイマー	自責	↗	Quayhagen & Quayhagen (1988)
HIV ゲイ	自責	↗	Folkman et al. (1996)
癌	責任受容	↗	Kelly et al. (1999)
	パートナーへの批判		
多発性硬化症	批判と強制	↗	Pakenham (2002)
多発性硬化症	批判と強制	↗	Pakenham (2005)
認知症	批判	↗	Hinrichsen & Niederehe (1994)
	願望的思考		
アルツハイマー	願望的思考	↗	Darby & Schlenker (1982)
アルツハイマー	願望的思考	↗	Pruchno & Resch (1989)
	現実的援助		
多発性硬化症	現実的援助	↗	Pakenham (2002)
多発性硬化症	現実的援助	↗	Pakenham (2005)

ケアギバーの対象	コーピング方略	結果	出典
受容			
アルツハイマー	受容	↘	Pruchno & Resch（1989）
多発性硬化症	受容	↘	Pakenham（2001a）
介護を必要とする老年者	受容	↘	Pruchno et al.（1997）
その他			
アルツハイマー	肯定的解釈	↘	Darby & Schlenker（1982）
アルツハイマー	白昼夢・空想	↗	Pruchno & Resch（1989）
認知症	励まし	↘	Hinrichsen & Niederehe（1994）
認知症	管理	↗	Hinrichsen & Niederehe（1994）
HIV	自責・引きこもり	↗	Engler et al.（2006）
HIV	気晴らし	↗	Engler et al.（2006）
HIV	離隔（自分には関係ない）	↗	Folkman et al.（1996）
多発性硬化症	感情表出	↗	Pakenham（2001a）

（表 3-10 の続き）

る。テキサス州ヒューストンのアルツハイマー患者のケアギバーに関する研究では，ケアギバーの約 96%が宗教コーピングを使用していると報告している（Shah et al., 2001）。また，ピアース（Pearce, 2005）は，ケアギバーが用いた宗教コーピングは，通常，精神的健康を維持することに効果的であると述べている。しかし，宗教コーピングと精神的健康との間に関連性がみられない，あるいは，宗教コーピングを用いるほど精神的に不健康になる，という報告も数多くなされている。宗教コーピングを用いても，通常，ストレスフルな状況は変化することはなく，問題は解決されない。それでも，宗教コーピングが精神的健康の維持に効果的であるとの報告がなされるのはなぜだろうか。宗教的な活動を行うことで，仲間が増えたり，牧師やその仲間などからの精神的な援助が得られたりする可能性が増す。その結果，ストレスフルな状況に遭遇しても，それをストレスフルだと認知する傾向が低下したり，別のコーピングを用いることが可能になったりする。その結果として，ストレス反応が低減するという可能性も考えられる。

第２節　子どもの対人ストレス

子どもは，日常生活でさまざまな対人ストレスに遭遇している。子どもが遭遇する対人ストレス研究では，主に，友人関係と親子関係に関心が集中している。友人関係では，主に，社会的スキルに関する研究（42頁参照）において行われている。親子関係では，純粋な親子間葛藤のほか，癌などの身体疾患や抑うつなどの精神疾患を抱えた親との間で生じるストレッサー，両親間葛藤や両親の離婚によるストレッサー，里親との間で生じるストレッサー，などに対するコーピング研究がなされている。

■ 1　友人関係

本項では，主に小学生や中学生の友人関係で生じたストレスに対するコーピングについて説明する。小学生や中学生にとって友人関係は重要な社会との接点であり，将来における人間関係の基盤となる。そのため，友人ストレッサーに対して，どのようなコーピングを用いるのか，そして，コーピングを用いたことによって，自他にどのような影響を及ぼすのか，重要なテーマである。しかし，意外なことに，友人ストレッサーに対するコーピングの研究は進んでいない。

(1) 友人関係におけるコーピング方略

コーズィーとデュボウの研究

コーズィーとデュボウ（Causey & Dubow, 1992）は，小学生の児童を対象としたコーピング尺度（Self-Report Coping Measure）を開発している。コーズィーとデュボウ（1992）のコーピング尺度は，５つのコーピング方略から構成されている。５つのコーピング方略とは，「サポート希求」「自信および問題解決」「離隔」「内在化」「外在化」である。サポート希求（seeking social support）とは，家族や友だち，先生に助けを求めたり，相談したりするコーピングである。自信および問題解決（self-reliance/problem solving）とは，問題を解決するために，さまざまな方法を考え出そうとしたり，問題が生じた理由を考えようとしたりするコーピングである。離隔（りかく）（distancing）とは，すべてのことを忘れようとしたり，身に起きたことを信じようとしなかったりするコーピングである。内在化（internalizing）とは，泣き叫んだり，話すことができないほど狼狽（ろうばい）したりするようなコーピングである。外在化(externalizing)とは，大声で悪態をはいたり，腹を立て，人をたたいたりするようなコーピングである。コーズィーとデュボウ（1992）のコーピング尺度では，2つのストレッサーを仮定している。そのひとつは，友だちと言い争ったり，ケンカをしたりした対人ストレス状況（peer conflict）である。もうひとつのストレッサーは，いつもより悪い評価を受けた学業ストレス状況（poor grades）である。コーズィーとデュボウのコーピング尺度は，対人ストレスに限定したコーピング尺度ではないが，児童の対人ストレッサーに対するコーピングを測定する際に比較的よく用いられている。その際には，ストレッサーを友人ストレッサーに限定して用いられる。児童の対人ストレス研究において，コーズィーとデュボウ（1992）のコーピング尺度が果たした役割は大きい。

(2) コーピングとストレス反応

表3-11は，小学生や中学生を対象に，友人ストレッサーに対するコーピングとストレス反応との関連性を検証した報告をまとめたものである。ストレス

表3-11　友人ストレスコーピングとストレス反応

対象	コーピング方略	結果	出典
問題焦点型対処			
中学生	問題解決型コーピング	↘	水野・石原（2000）
中学生	積極的対処	↗	三浦・坂野（1996）
回避コーピング			
小学生	考えないようにする，気にしない	↗	Kochenderfer-Ladd & Skinner（2002）
中学生	考えないようにする，時間が経つのを待つ	↗	水野・石原（2000）
感情表出			
小学生	内面化（泣く，悲しむ，自分に腹をたてる）	↗	Causey & Dubow（1992）
小学生	内面化（泣く，悲しむ，自分に腹をたてる）	↗	Kochenderfer-Ladd & Skinner（2002）
中学生	情動的回避（泣く，ひとりになる）	↗	水野・石原（2000）
対決・攻撃			
小学生	攻撃的コーピング	↗	Sandstrom（2004）
小学生	外面化（ののしる，わめく）	↗	水野・石原（2000）
中学生	不満を言う	↗	Kochenderfer-Ladd & Skinner（2002）
サポート希求			
小学生	誰かに助けてもらう，慰めてもらう	↗	嘉数ら（2000）
中学生	サポート希求	↘	三浦・坂野（1996）
その他			
小学生	反芻（気にする，心配する）	↗	Sandstrom（2004）
小学生	自分で何とかする	↗	嘉数ら（2000）

表3-12　友人ストレスコーピングと学級での人気との関係

コーピング方略	人気の指標	結果	出典
感情表出			
くよくよする，悲しむ	友人からのいじめ	↗	Andreou (2001)
くよくよする，悲しむ	友人からのいじめ	↗	Bijttebier & Vertommen (1998)
くよくよする，悲しむ	友人からの無視	↗	Bijttebier & Vertommen (1998)
泣いたり，叫んだりする(女児)	学級での人気の高さ	↘	Fabes & Eisenberg (1992)
くよくよする，悲しむ	友人からのいじめ	↗	Kochenderfer-Ladd & Skinner (2002)
自己主張と攻撃			
嫌いであることを伝える(男児)	学級での人気の高さ	↗	Fabes & Eisenberg (1992)
嫌いであることを伝える(女児)	学級での人気の高さ	↗	Fabes & Eisenberg (1992)
自分の権利を守る（男児）	学級での人気の高さ	↗	Fabes & Eisenberg (1992)
わめく，ののしる	友人からのいじめ	↗	Kochenderfer-Ladd & Skinner (2002)
文句を言う，関係を断ち切る	好かれている程度	↘	Rose & Asher (1999)
攻撃的コーピング	好かれている程度	↘	Sandstrom (2004)
サポート希求			
サポート希求	友人からのいじめ	↘	Andreou (2001)
サポート希求	友人からのいじめ	↗	Bijttebier & Vertommen (1998)
大人に助けを求める（男児）	学級での人気の高さ	↘	Fabes & Eisenberg (1992)
その他			
考えないようにする	友人からのいじめ	↗	Kochenderfer-Ladd & Skinner (2002)

注）研究の対象はすべて小学生である。

フルな友人関係について考えないようにしたり，感情を表に出したり，相手を攻撃するようなコーピングを用いるほど，ストレス反応が増加する，という研究報告が多いようである。

ストレスフルな友人関係に対するコーピング研究では，コーピングがストレス反応に及ぼす影響だけでなく，コーピングが学級での人気に及ぼす影響の報告もなされている。表3-12は，小学生を対象に，友人関係で生じたストレッサーに対するコーピングと学級での人気の程度（いじめの程度も含む）との関連性を検証した報告をまとめたものである。友人関係でもめ事を抱えた時に，くよくよしたり，ふさぎ込んだりするようなコーピングを用いると，仲間から嫌われ，いじめられる危険性が高くなるようである。

■2　天才児

北米では，天才児（Gifted Children）に関する研究が盛んに行われている。

心理学的視点からは，天才児の発達や教育に関する研究領域に関心が集まっており，“*Gifted Child Quarterly*”(National Association for Gifted Children)，“*Journal of Secondary Gifted Education*”(Prufrock Press)，“*Journal for the Education of the Gifted*”(Wayne State University Press) などの学術専門雑誌が刊行されている。その中で，天才児の友人関係に注目した研究を行っている研究者がいる。天才児は，同年代の子どもと知的能力に異なりがあるため，同年代の子どもとの関係が問題視されている。天才児にとって，同年代の友人関係は，気を遣う関係であり，友人関係はストレッサーとなりうるのである。本項では，このような友人関係において，天才児が用いるコーピング方略について説明する。

スウィアディツ (Swiatek, 1995; Swiatek & Dorr, 1998) は，天才児が遭遇する社会的困難場面に対するコーピングを測定する社会的コーピング尺度 (Social Coping Questionnaire) を作成している。スウィアディツが想定している社会的困難場面とは，学校などで遭遇する同年代の友人との関係を意味している。社会的コーピング尺度は，「天才の否認」「大衆性・順応」「友人の受容」「失敗の恐怖」「活動水準」の５つの方略から構成されている。天才の否認 (denial of giftedness) は，自分が天才でないと思うなど，天才であることを否定しようとする方略である。大衆性・順応 (population/conformity) は，社会生活に順応するために，他の友人と同じようなことを行うなど，他の友人に自分を同化させる方略である。友人の受容 (peer acceptance) は，自分が天才であることによって，友人から疎外されていないかどうか，気にするような方略である。失敗の恐怖 (fear of failure) は，天才であるがゆえに，失敗を恐れる方略である。活動水準 (activity level) は，天才であることと関係の薄い学外での活動に力を注ぐ方略である。

■ 3　親子関係

親子関係で生じる葛藤を親子間葛藤 (parent-child conflict) という。親子間葛藤では，親にとっても，子どもにとってもストレッサーとなりうる。本項では，子ども側の視点から，親子間葛藤をとらえる。

（1）親子関係におけるコーピング方略

ギャンブル（Gamble, 1994）は，母親との葛藤，友人との葛藤，失敗の経験に対するコーピングの個人差を測定するために，30項目からなる児童・青年用のコーピング尺度（Children's and Adolescent's Problem Solving Inventory）を作成している。ギャンブルのコーピング尺度は，「感情表出・攻撃性」「問題回避・無視」「直接的問題解決」「間接的問題解決」「サポート希求」の5つの方略から構成されている（表3-13）。感情表出・攻撃性（emoting or aggressing）は，自分の感情を表に出したり，相手を攻撃したりするコーピングである。問題回避・無視（avoid problem or do nothing）は，葛藤相手に近づかない，問題を解決しようとしないなどのコーピングである。直接的問題解決（direct problem solve）は，葛藤の原因を話し合うことで，問題を解決するようなコーピングである。間接的問題解決（independent attempts to solve the problem）は，「感情を表に出さないようにする」「独力で問題を解決しようとする」など，間接的に問題解決に望むようなコーピング方略である。サポート希求（seeking social support）とは，他者に援助を求めるようなコーピングである。

ギャンブルの児童・青年用コーピング尺度は，対人ストレッサーである母親との葛藤，友人との葛藤のほか，失敗の経験に対するコーピングをも測定する。その意味では，対人ストレスに特化したイベント特定コーピング尺度とはいえない。

表3-13　ギャンブルの児童・青年用のコーピング尺度

コーピング方略	コーピング方略の内容
感情表出・攻撃性	自分の感情を表に出したり，相手を攻撃したりする ＊泣く，わめく，たたく，ける，など8項目
問題回避・無視	葛藤相手を無視したり，問題解決を避けたりする ＊問題解決のために特に何もしない，など5項目
直接的問題解決	葛藤の原因を話し合うことで問題を解決する ＊ケンカの原因について話し合う，など6項目
間接的問題解決	間接的に問題解決に望む ＊独力で問題を解決しようとする，など5項目
サポート希求	他者に援助をもとめる ＊友人に話をする，など6項目

(2) 親子間葛藤に対するコーピングとストレス反応

トーキアーティとバズソニー（Torquati & Vazsonyi, 1999）は女子青年を対象に，児童・青年用のコーピング尺度を用い，親子間葛藤に対するコーピングを調査している。その結果，母親との葛藤では，サポート希求，問題回避・無視を使用するほど，抑うつや否定的な感情が高く，父親との葛藤では，問題回避・無視を使用するほど，抑うつや否定的な感情が高いと報告している。

ルーベンシュタインとフェルドマン（Rubenstein & Feldman, 1993）は，サンフランシスコの高校生を対象に，両親間葛藤に対するコーピング，子どもの問題行動，学業成績などを調査している。その結果，腹を立てたり，皮肉を言ったり，物を投げたりするようなコーピングを選択した高校生は，不安や抑うつ，非行傾向が高く，自制心が低かった。加えて，学業成績や宿題への取り組みの程度も低かった。また，両親間葛藤について話をすることを避けたり，無口になったりするコーピングを選択した高校生は，抑うつやストレス反応が高く，宿題への取り組みが低かった。一方，両親の言うことを聞こうとしたり，理解しようとしたり，合理的に考えようとした高校生は，抑うつや不安傾向が低く，自制心は高かった。また，学業成績や宿題への取り組みも高かった。

さらに，ルーベンシュタインとフェルドマン（1993）は，その4年前，調査協力者である高校生が，小学6年生の時の家族機能なども調査している。その結果を分析すると，小学6年生時に，家族のサポート機能が高いほど，両親間葛藤に対して回避的行動（話を避けたり，無口になる）をとらず，譲歩的行動（両親の言うことに耳を向け，理解しようとする）を選択する頻度が高かった。ルーベンシュタインとフェルドマン（1993）の報告では，家族のサポートは，両親間葛藤に対するコーピングの選択に影響を及ぼし，その結果として，子どもの精神的健康や学業成績にまで関与していることを示唆している（図3-9）。

■ 4　両親の葛藤や離婚

両親間葛藤（interparental conflict）や両親の離婚は，子どもの感情や行動などに大きな影響を及ぼすことが知られており（Grych & Cardoza-Fernandes, 2001; Sarrazin & Cyr, 2007; Reifman et al., 2001），子どもにとって重要な対人ストレッサーとなる。両親間葛藤や両親の離婚を経験した子どもの研究では，

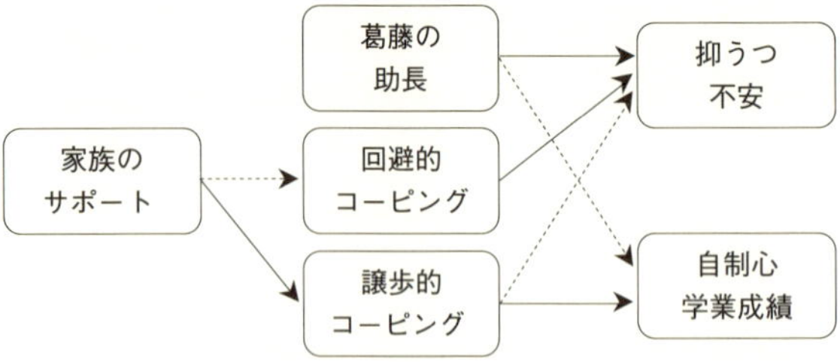

注）実線は正の影響，破線は負の影響を意味する。図は結果をわかりやすくまとめたもの。

図3-9　ルーベンシュタインとフェルドマン（1993）の報告

グライクら（Grych et al., 1990, 1992, 1993, 2001）によって，認知的評価やコーピングの重要性が紹介されているため，ストレス研究における理論体系や構成概念が浸透している。

(1) 両親間葛藤に対する子どもの認知

両親の葛藤や離婚が子どもに及ぼす影響に関する研究領域では，両親間葛藤や両親の離婚に対する子どものコーピングよりも，子どもがその出来事をどのように認知しているのか，という認知的評価に多くの関心が寄せられている。たとえば，グライクら（Grych et al., 1992）は両親間葛藤知覚尺度（Perception of Interparental Conflict Scale）を作成し，多くの研究者たちに用いられている。グライクら（1992）の両親間葛藤知覚尺度では，両親間葛藤の激しさ（intensity），両親間葛藤の頻度（frequency），両親間葛藤の解決の有無（resolution），両親間葛藤が自分にとって脅威であるかどうか（threat），両親間葛藤に対してうまく対処できるかどうか（coping efficacy），両親間葛藤の内容が自分に関係あるかどうか（content），両親間葛藤を自分のせいだと思うかどうか（self-blame），両親間葛藤の原因が変化しないものであるかどうか（stability），両親のどちらにも味方をしないかどうか（triangulation）が測定される。

(2) 両親間葛藤や離婚に対するコーピングの測定

1) 児童用離婚信念尺度

カーデックとバーク（Kurdek & Berg, 1983, 1987）は，両親の離婚に対する子どものとらえ方を測定する児童用離婚信念尺度（Children's Beliefs about Parental Divorce Scale）を作成している。カーデックとバーク（1983, 1987）の尺度では，両親の離婚に対する児童のとらえ方を，「仲間の嘲笑（ちょうしょう）と回避」「父親の責任」「見捨てられることへの脅威」「母親の責任」「再婚の希望」「自責」の6つに分類している。仲間の嘲笑と回避（peer ridicule and avoidance）では，両親の離婚が友人に否定的に受け止められると考え，友人が両親のことを聞いた時に，友人を避けたり，困惑したりする。父親の責任（paternal blame）は，父親が原因で離婚したと考える。見捨てられることへの脅威（fear of abandonment）は，引き取った親に見捨てられるのではないかと思う。母親の責任（maternal blame）は，母親が原因で離婚したと考える。再婚の希望（hope of reunification）は，離婚は一時的であり，再び元に戻ると信じる。自責（self-blame）は，自分が両親の離婚の原因であると考える。

2) 児童用夫婦間葛藤コーピング・インタビュー

オブライエンら（O'Brien et al., 1995）は，幼児や児童に対して，両親間葛藤に対するコーピングを測定する児童用夫婦間葛藤コーピング・インタビュー（Children's Marital Conflict Coping Strategies Interview）の標準化を試みている。オブライエンら（O'Brien et al., 1995）の面接では，幼児や児童の言動を10のコーピング方略にコード化・記録する。10のコーピングとは，葛藤から逃げようとする方略（avoid），自分を落ち着かせようとしたり，気を紛らわせようとしたりし，自分を頼りにする方略（self-rely），友人や兄弟に助けを求める方略（seek peer/siblings），大人に仲裁を求める方略（seek authority），ケンカを止めるように言う（verbal intervention），自分を責める（self-blame），体を張ってケンカを止める（physical intervention），ケンカの理由を両親に尋ねる方略（question parent），泣いたり，感情を表に出したりする方略（express feelings），何もしない（helpless）である。

(3) 子どもの問題行動やストレス反応

表3-14は，両親間葛藤や両親の離婚に対する子どものコーピング方略と不安，抑うつ，引きこもりなどのストレス反応との関連性を検証した研究報告の結果をまとめたものである。「自責」をはじめ，「積極的対処」「回避」など，すべての報告で，コーピングの使用頻度が高いほど，ストレス反応が高いと報告されている。両親間葛藤や離婚に関する研究では，特に，「自責」に関する関心が高いようである。両親の口論や離婚を自分のせいだと思い込む子どもたちの間に，将来問題行動が生じるであろう，という仮説のもと多くの研究が行われた。そして，「自責」の程度が高いほどストレス反応が高いという報告が多くなされた（表3-14）。しかし，両者に有意な関連性がみられなかったという報告や，男児あるいは女児だけに，このような関連性がみられた，という報告もなされている。子どもの性別に注目した研究のひとつに，ニコロッティら

表3-14　両親間葛藤や離婚に対する子どものコーピングとストレス反応

対象	コーピング方略	結果	出典
自責			
8歳から12歳（葛藤）	自責	➶	Fosco & Grych（2007）
8歳から12歳（葛藤）	自責	➶	Jouriles et al.（2000）
9歳から12歳（葛藤）	自責	➶	Grych et al.（1992）
9歳から12歳（葛藤）	自責	➶	Jenkins et al.（1989）
10歳から14歳男児（葛藤）	自責	➶	Grych et al.（2000）
7歳から11歳女児（葛藤）	自責	➶	Kerig（1998）
積極的対処			
8歳から11歳（葛藤）	積極的対処	➶	Nicolotti et al.（2003）
8歳から11歳（葛藤）	ケンカを止める・自責	➶	O'Brien et al.（1995）
8歳から12歳（葛藤）	ケンカを止める・自責	➶	O'Brien et al.（1997）
回避			
8歳から11歳（葛藤）	回避	➶	Nicolotti et al.（2003）
12歳から16歳（離婚）	考えないようにする	➶	Armistead et al.（1990）
8歳から11歳（葛藤）	距離を置く	➶	O'Brien et al.（1995）
8歳から12歳（葛藤）	ケンカからの回避	➶	O'Brien et al.（1997）
見捨てられた感			
8歳から12歳（葛藤）	見捨てられた感	➶	Jouriles et al.（2000）
6歳から17歳（離婚）	見捨てられた感	➶	Kurdek & Berg（1987）
その他			
7歳から11歳女児（葛藤）	冷静さを保つ	➶	Kerig（1998）
8歳から12歳（葛藤）	ケンカへの批判	➶	O'Brien et al.（1997）

(Nicolotti et al., 2003) の報告がある。

ニコロッティら (2003) は，8歳から11歳の子どもを対象に，両親間葛藤に対するコーピングと，子どもの問題行動などについて調査を行っている。そして，両親間葛藤が激しい場合のみ，葛藤に対する気晴らしの使用頻度が高いほど，抑うつの程度が低いと報告している。また，男児では，両親間葛藤が激しい場合，葛藤を回避するほど，健康状態が良好であったが，女児ではそのような傾向はみられなかった。両親間葛藤や両親の離婚に対するコーピングに関しては，性差や発達差が指摘されており，今後，この点を考慮した体系的な研究が必要である。

■ 5　児童虐待

欧米では，児童虐待が社会問題となっている。また，"*Journal of Child Sexual Abuse*" (Haworth Press), "*Child Abuse and Neglect*" (Pergmon), "*Child Maltreatment*" (Sage Periodicals Press) など，児童虐待に関する多くの専門誌が出版されており，心理学的なアプローチから，多くの研究が報告されている。児童虐待は長期・短期的に心理，行動に重篤な影響を及ぼすことが知られており (Browne & Finkelhor, 1986; Polusny & Follette, 1995)，児童虐待は人間関係で生じる対人ストレッサーであると言える。

虐待に関する初期の研究では，虐待によって生じる心理的，行動的，対人関係上の問題についての研究が進められ，虐待の犠牲者とそうでないものとの比較検証がなされていた。現在では，虐待が精神的健康に及ぼすプロセスに関する研究が進められている。たとえば，家庭環境の異なり，虐待に対する認知的評価やコーピングの選択の異なりなどによって，虐待による個人の精神的健康への影響の差異が検証されている (Cummings, 1997; Merrill et al., 2001)。

(1) 児童虐待と他のストレッサーとの比較

虐待に対するコーピングと，他のストレッサーに対するコーピングの使用頻度との比較を行った研究がいくつか報告されている。フータら (Futa et al., 2003) は，アメリカ中西部の女子大生を対象に幼少期の虐待経験について調査を実施している。196名の女子大生は，身体的虐待のあった群 (38名)，性的

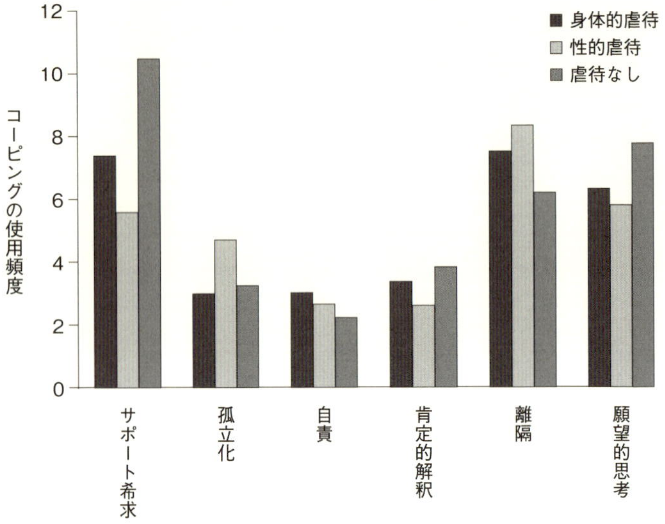

注）Futa et al.（2003）のデータをもとに作成した。

図 3-10　虐待の有無に対するコーピングの使用頻度の差異

虐待のあった群（26名），身体的および性的虐待のあった群（22名），虐待のなかった群（110名）に分けられた。そして，幼少期の虐待（虐待のない群では幼少期のトラウマ的な出来事）に対するコーピングの使用頻度を測定した。その結果をまとめたものが図3-10である（筆者によって選択された結果のみを表示）。これらの結果をまとめると，①虐待を経験していない女児は，誰かに援助を求めるような「サポート希求」や，望んでいる結果を想像するような「願望的思考」をより多く用いる。②性的虐待を経験した女児は，ひとりになるような「孤立化」や，自分には関係のないことだと思い込む「離隔」の使用頻度が高い。逆に，ストレッサーを肯定的にとらえるような「肯定的解釈」の仕様頻度が低い。③身体的虐待を経験した女児は，自分を責める「自責」の使用頻度が高い。

さらに，フータら（2003）は，幼少期に用いたコーピングと現在の大学適応状況との関連性についても検証している。その結果，虐待を経験したことのある女子大生も，虐待を受けたことのない女子大生も，いずれもの女子大生も，自分に責任があると感じていたほど，大学適応感が低かった。虐待経験の有無によって，大きな異なりをみせたコーピングが，ひとりになるという「孤立化」である。虐待経験のない女子大生では，孤立化の使用頻度が高いほど，大学適応感は低かったが，虐待経験のある女子大生では，逆に，孤立化の使用頻度が高いほど，大学適応感が高かった。加えて，虐待経験のある女子大生は，虐待に対してサポート希求を用いていたほど，大学への適応感は高く，願望的思考を用いたほど，大学適応感は低かった。

(2) 虐待に対するコーピングと精神的健康

虐待が個人の精神的健康に及ぼす過程において，最も多くの研究者たちの注目を集めている要因が帰属スタイル（attributional style），特に，「自責」である。帰属スタイルとは，虐待の原因をどのように帰属するかを意味している。ジェノフ・ブールマン（Janoff-Bulman, 1979）による性的暴力に対する古典的な自責の研究以降，自責は，児童虐待，セクハラ，家庭内暴力，性的暴力，死別など，トラウマ症状を誘発するような影響力の強いストレッサーに対する研究において注目されている。表 3-15 は児童虐待に対するコーピングとストレス反応との関連性を検証した研究をまとめたものである。「自責」や「回避」を含めて，ほとんどのコーピング方略がストレス反応を増大させる，という結果が報告されている。

メリルら（Merrill et al., 2003）の研究では，性的虐待に対して用いたコーピングと，現在の性的機能との関連性について調査している。メリルら(2003)は，女性海軍軍人 5,226 名のうち，幼少期に性的虐待を経験した 1,267 名（約24%が性的虐待経験者）に対して，性的虐待に対するコーピングおよび現在の性的機能に関する調査を行った。その結果，幼少期の性的虐待に対して，自分の身を危険にさらすような「自滅的コーピング」をよく用いたほど，現在の性交渉に関する問題の程度が高く，また，性交渉を行った男性の数も多かった。一方，そのような出来事を避けようとする「回避的なコーピング」を用いたほど，性交渉を行った男性の数は少なかった。

表 3-15　虐待に対するコーピングとストレス反応

コーピング方略	結果	出典
問題焦点型対処		
積極的対処	↗	Bal et al.（2003）
回避コーピング		
回避	↗	Bal et al.（2003）
回避	↗	Brand & Alexander（2003）
回避	↗	Chaffin et al.（1997）
回避	↗	Daigneault et al.（2006）
回避	↗	Leitenberg et al.（1992）
回避	↗	Sigmon et al.（1996）
回避（考えないようにしたなど）	↗	Merrill et al.（2001）
回避（考えないようにしたなど）	↗	Runtz & Schallow（1997）
自責		
自責	↗	Brand & Alexander（2003）
自責	↗	Daigneault et al.（2006）
自責	↗	Filipas & Ullman（2006）
自責	↗	Futa et al.（2003）
自責	↗	Mannarino et al.,（1994）
責任受容	↘	Steel et al.（2004）
サポート希求		
サポート希求	↘	Futa et al.（2003）
サポート希求	↘	Steel et al.（2004）
サポート希求	↗	Johnson & Kenkel（1991）
自滅的コーピング		
自滅的コーピング（自分の身を危険にさらす）	↗	Merrill et al.（2001）
自滅的コーピング（自分の身を危険にさらす）	↗	Runtz & Schallow（1997）
願望的思考		
願望的思考	↗	Johnson & Kenkel（1991）
願望的思考	↗	Futa et al.（2003）
その他		
情動焦点型対処	↗	Sigmon et al.（1996）
気晴らし	↗	Bal et al.（2003）
離隔（自分には関係ないと思う）	↗	Johnson & Kenkel（1991）
緊張低減	↗	Johnson & Kenkel（1991）
否認	↗	Leitenberg et al.（1992）
感情抑制	↗	Leitenberg et al.（1992）
反芻（そのことを繰り返し考える）	↗	Leitenberg et al.（1992）
怒りの表出	↗	Chaffin et al.（1997）
対決型コーピング	↗	Steel et al.（2004）
自己受容，サポート希求，肯定的解釈	↘	Merrill et al.（2001）

■ 6　子どもの報告

小学生や中学生を対象とした研究では，注意しなければならない問題がある。ここでは，現実場面のストレッサーに対するコーピングと，仮想場面のストレッサーに対するコーピングが異なること，小学生や中学生自身の自己報告と，両親や教師の他者報告が異なることについて説明する。

(1) 現実の葛藤と仮想的葛藤

小学生や中学生を対象とした友人葛藤研究では，仮想的な友人葛藤場面がよく用いられる。仮想的な友人葛藤場面では，小学生や中学生が実際に遭遇した場面ではなく，実際に遭遇しそうな具体的な場面が呈示される。この仮想的な友人間葛藤に対するコーピングと，現実場面で実際に用いているコーピングとの間に異なりがあることが知られている。たとえば，ローソンら（Laursen et al., 2001）は，小学生や中学生が用いた友人間葛藤に対するコーピング研究をメタ分析（数多くの研究結果をまとめて，結論を出す研究方法）している。そして，現実の葛藤に対しては，「回避的コーピング」＜「第三者の介入や妥協的なコーピング」＜「威圧的コーピング」の順で使用頻度が高かったが，仮想的葛藤に対しては，「威圧的コーピング」＜「回避的コーピング」＜「第三者の介入や妥協的なコーピング」の順で使用頻度が高かった，と報告している。

(2) 自己報告と他者報告

小学生や中学生を対象とした研究では，両親や教師による評定が用いられることも多い。しかし，小学生や中学生自身が評定した回答と，両親や教師が評定した回答が異なることが知られている。たとえば，ローソンら（Laursen et al., 2001）は，小学生や中学生が用いた友人間葛藤に対するコーピング研究をメタ分析している。そして，両親や親によって観察された報告では，「回避的コーピング」＜「第三者の介入や妥協的なコーピング」＜「威圧的コーピング」の順で，使用頻度が高かったが，小学生や中学生の報告では，「威圧的コーピング」＜「回避的コーピング」＜「第三者の介入や妥協的なコーピング」の順で，使用頻度が高かった，と報告している。

第３節　職場での人間関係

■ 1　職場での人間関係に対するコーピング

(1) コーピングの分類

ロングら（Long, 1990; Long et al., 1992 など）は，職場でのコーピング研究を重ねてきた。そして，ロングら（Portello & Long, 2001）は，職場ストレスに対するコーピング項目に，独自の予備調査から得た項目を加え，職場で経験する対人ストレッサーに対するコーピングの個人差を測定するための尺度開発を試みている。ロングら（2001）の職場での対人ストレスに対するコーピング尺度は，「交戦」と「非交戦」の２方略36項目から構成されている。交戦（engagement）は，積極的に問題に接近するような方略であり，対人ストレッサーに対するコーピング項目がすべて含まれている。非交戦（disengagement）は，ストレスフルな状況を避けるような方略である。「交戦」と「非交戦」は古典的な接近－回避コーピングによる分類方法であり，対人ストレスに特有のコーピング方略ではない。また，項目例が掲載されていないため，対人ストレスイベント特有のコーピング項目を測定しているのか，判断することができない。現在では，ロングらのコーピング尺度はほとんど使用されていない。

(2) 職場の関係とコーピング

リー（Lee, 1990）は，葛藤当事者間の関係によって，葛藤行使者が用いるコーピング方略に異なりがあるかどうか，90名の韓国の管理職者を対象とした実験を行っている。まず，実験参加者はいくつかの小集団グループにランダムに振り分けられた。その後，40分間，マネジメント訓練と称する小集団内討論が行われた。マネジメント訓練では，それぞれの部局に割りあてられる予算配分をめぐって，それぞれの実験参加者が部局の代表として，議論が行われた。その際，それぞれの参加者は，クジによって，その身分があらかじめ決定されていた。身分には，管理者，部長，取締役があり，管理者＜部長＜取締役の順に，身分が高い設定であった。実験参加者が引いたクジには部長の身分しかなく，実験参加者は必ず部長になるように仕組まれていた（実験参加者はそのことは知らない)。また，小集団内には，あらかじめ身分が決められているサクラ（訓練を受けた実験協力者）がメンバーとして加えられていた。サクラは，サクラの身分に応じて，マネジメント訓練中（議論中）に，葛藤が起きるように働きかけた。サクラが管理者である場合には，サクラは実験参加者より身分が下になるため，実験参加者の部下として振舞い，合理的な説得的方略を用いて，葛藤状態を作り出した。サクラが部長である場合には，実験参加者と同等の身分であり，同僚として振舞い，実験参加者の主張を阻止するような方略を用いて，葛藤状況を作り出した。サクラが取締役の場合，実験参加者より身分が上であり，上司として振舞い，自己主張的な方略によって，葛藤状態を作り出した。実験参加者は，この3種類のサクラのいずれかがメンバーに加わっている集団に配置された。そして，実験参加者がマネジメント訓練中に用いた葛藤方略を，観察および実験参加者の言語報告によって測定した。その結果が図3-11である。

この図3-11からもわかるように，回避スタイル（衝突を避けようとする方略）は目上の者との議論で頻繁にみられ，強制スタイル（自分の主張を押し通

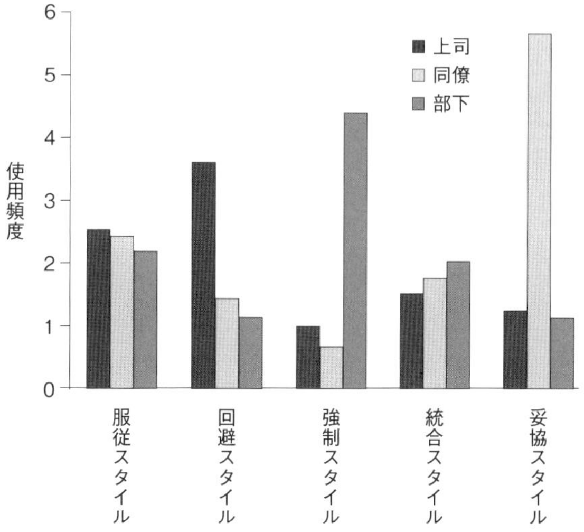

図3-11　リー（1990）の実験の結果

そうとする方略）は目下の者との議論で頻繁に観察され，妥協スタイル（お互いに歩み寄る方略）は同僚との議論で頻繁にみられた。当然のことではあるが，われわれは，相手によって用いるコーピング方略を変えるのである。

(3) 職場での対人ストレスに対するコーピングの効果

1）ストレス反応への影響

表3-16は，職場で生じた対人ストレッサーに対するコーピングと精神的健康との関連性を検証した報告をまとめたものである。統合スタイル（お互いが受け入れられるような方略）は適応的であり，回避スタイル（葛藤を避ける方略）や支配スタイル（自分の主張を押し通す方略）は否定的な結果に至ることがわかる。

表3-16　職場でのコーピングと精神的健康

対象	精神的健康の指標	結果	出典
統合スタイル・妥協スタイルと問題解決			
医師・看護師	否定的感情	↘	Desivilya & Yagil（2005）
アルバイト学生	抑うつ	↘	Hahn（2000）
情報スタッフ	結果の満足感	↗	Barki & Hartwick（2001）
勤労者	結果の満足感	↗	大西（2002）
アメリカの管理職者	関係の満足感	↗	Chen et al.（2005）
日本の管理職者	関係の満足感	↗	Chen et al.（2005）
看護師	関係の満足感	↗	Euwema et al.（2003）
勤労者	仕事の満足感	↗	Chan et al.（in press）
勤労者	仕事の満足感	↗	Chan et al.（in press）
回避スタイル			
医師・看護師	否定的感情	↗	Desivilya & Yagil（2005）
日本の管理職者	関係の満足感	↘	Chen et al.（2005）
情報タッフ	結果の満足感	↘	Barki & Hartwick（2001）
支配スタイル			
医師・看護師	否定的感情	↗	Desivilya & Yagil（2005）
情報スタッフ	結果の満足感	↘	Barki & Hartwick（2001）
看護師	関係の満足感	↘	Euwema et al.（2003）
日本の管理職者	関係の満足感	↘	Chen et al.（2005）
勤労者	仕事の満足感	↘	Chan et al.（2008）
看護師	仕事の満足感	↗	Kunaviktikul et al.（2000）
服従スタイル			
勤労者	仕事の満足感	↗	Chan et al.（2008）

職場における対人ストレス研究では，通常，上司，同僚，部下など社内での関係をストレッサーとした研究が主である。ディーレンドンクとメヴィッセン（van Dierendonck & Mevissen, 2002）は，顧客との関係で生じる対人ストレスに注目した研究を行っている。ディーレンドンクとメヴィッセン（2002）は，オランダの電車運転手96名を対象に，乗客との関係で生じたストレッサーに対するコーピングについて調査を実施した。その結果，乗客に譲歩するような方略を用いるほど，バーンアウト（仕事あるいは顧客に対して関心がなくなり，無視するような否定的な無関心な態度をとる傾向）が減少し，乗客に自分の主張を押し付けるような強制的な方略を用いるほど，バーンアウトが増加していた。

2）職場でのいじめへの影響

どのようなコーピングを選択するかによって，職場内でのいじめに遭遇するかどうかにも影響を及ぼすことが知られている。アキノ（Aquino, 2000）は，公益企業の従業員を対象に，上司や部下などに対するコーピングや，いじめによる被害の程度などを測定している。その結果，回避スタイル（葛藤を避ける方略）の使用頻度が高いほど，いじめの被害を多く受けていた。また，会社での地位が低い場合にのみ，服従スタイル（相手の主張を受け入れる方略）を用いるほど，いじめの被害を受けることが多かった。アキノ（2000）の報告はアメリカでの調査ではあるが，わが国においても，遭遇した対人葛藤に対するコーピングの選択によって，その後の職場での居心地が異なることが予測される。加えて，それは，コーピング方略を用いる社内での地位によっても異なると推測される。

■ 2　セクハラ

セクハラは必ずしも職場で生じるとは限らないが，セクハラに関する心理学的研究は，"*Journal of Applied Psychology*"（American Psychological Association）など，職業場面における学術専門誌を中心に報告され続けてきた。北米では，働く女性の約半数がセクハラを経験しているという報告がなされている（Knapp et al., 1997）。セクハラは個人の精神的健康に否定的な影響を及ぼす（Bowling & Beehr, 2006）と同時に，必ず相手が存在するという点において，対人ストレッサーのひとつであり，セクハラに対するコーピングは対人ストレスコーピングであると考えられる。フィッツジェラルドら（Fitzgerald et al., 1995, 1999）は，セクハラが精神的健康に影響を及ぼし，そのプロセスをラザルスらのストレス理論の枠組みから理解しようとしている。こうしたフィッツジェラルドらの努力によって，セクハラの研究領域では，認知的評価やコーピングといったストレス用語が比較的浸透している。

(1) セクハラ・コーピングの分類

1) グルーバーの分類

グルーバー（Gruber, 1989）は，セクハラに対するコーピングを図3-12のような分類を行っている。回避（avoidance）は，セクハラと関係がないことを装ったり，セクハラを無視する否認（non-recognition），時間的，空間的にセクハラ状況から回避する閉塞（へいそく）（obstruction），セクハラがあった仕事をやめたり，部署を移ったりする自己排除（self-removal）に分類される。鎮静（defusion）は，セクハラの衝撃を覆（おお）い隠すために，冗談やシャレとして済ませてしまうマスキング（masking），職場の同僚などに相談するサポート希求（social support）に分類される。交渉（negotiation）は，セクハラ行為者にセクハラを止めるように言うなどの直接的要求（direct requests），法律の専門家などの助言を求める専門家の介入（professional mediation）に分類することができる。対立（confrontation）は，強い口調で主張したり，身体的な攻撃

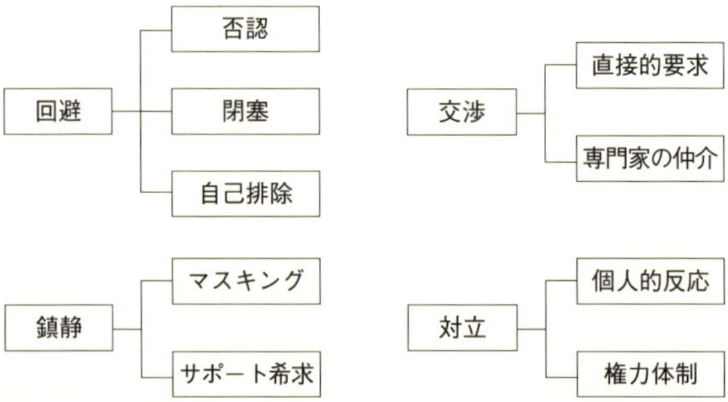

図3-12　グルーバーによるセクハラ・コーピングの分類

や阻止をしたりする個人的反応（personal responses）と，組織内の機関などに苦情を訴える権力体制（power structure）に分類することができる。

2）フィッツジェラルドの分類

フィッツジェラルド（Fitzgerald, 1990 in cited Fitzgerald et al., 1993）は，ラザルスの問題焦点型対処と情動焦点型対処という2つのコーピング次元（8頁参照）に注目し，セクハラに対するコーピングを「外的焦点型対処」と「内的焦点型対処」に分類している。外的焦点型対処（externally focused coping）とは，ラザルスの問題焦点型対処に相当し，積極的にセクハラという問題に対して対処しようとするコーピングである。セクハラ行為者から離れるような回避（avoidance），行為者が離れるような言い訳を考えるなどの宥和（ゆうわ）（appeasement），セクハラを止めるように行為者に言うなどの主張（assertion），上司などに訴える組織支援希求（seeking institutional or organizational relief），誰かに相談するサポート希求（seeking social support）が外的焦点型対処に分類される。内的焦点型対処（internally focused coping）とは，ラザルスの情動焦点型対処に相当し，セクハラによって生じた情動や認知を対処するようなコーピングである。セクハラに耐える我慢（endurance），セクハラを忘れるようにする否認（denial），セクハラに遭遇したことを重要視しない離隔（detachment），セクハラに対するとらえ方を変える再帰属（reattribution），自分に責任があると思う非現実的コントロール（illusory control）が内的焦点型対処に分類される。

この分類をもとにフィッツジェラルド（1990）はセクハラ・コーピング尺度（Coping with Harassment Questionnaire）を作成しており，セクハラに対するコーピングを測定する尺度として，よく用いられている。

3）ナップの分類

ナップ（Knapp et al., 1997）は，ギューテクとコス（Gutek & Koss, 1993）の分類をもとに，セクハラに対するコーピングを2つの次元によって，4つのスタイルに分類している（表3-17）。2つの次元とは，セクハラ行為者に関与するかしないかに関する次元と，外的な援助を求めるか求めないかに関する次元である。回避・否認（avoidance/denial）は，セクハラを否認したり，セクハラやセクハラ行為者を避けたりする方略である。一般的に，最も使用頻度

表3-17　ナップによるセクハラコーピングの分類

	自己の反応	サポートを求める反応
セクハラ行為者から回避	回避・否認	社会的コーピング
セクハラ行為者への関与	対決・交渉	擁護希求

が高い方略であるが，セクハラ行為を止めさせるにはわずかな効果しかないと考えられている（Knapp et al., 1997)。社会的コーピング（social coping）は，「回避・否認」と，セクハラ行為者を避ける点においては同様であるが，他者にサポートを求める点において異なりがある。たとえば，セクハラ行為者が近寄らないように，友人にそばに付いてもらったり，友人や同僚，家族に話をしたりするような方略である。このような方略は，セクハラの被害者にとって心理的な負担の低減になるかもしれないが，セクハラ行為を止めることはできないと考えられている（Knapp et al., 1997)。対決・交渉（confrontation/negotiation）は，セクハラ行為者と直接話し合ったり，意見を言ったりするような方略である。一般的に，使用頻度は低いと考えられている（Knapp et al., 1997)。擁護希求（advocacy seeking）は，セクハラ行為を止めるように，上司，専門家，公的機関などに訴えるような方略である。セクハラ行為者に対して，セクハラ行為を止めてもらうように，友人に主張してもらうなどの方略も含まれる。このような方略は，通常セクハラ行為を止めさせるには効果的であると考えられている（Knapp et al., 1997)。実際，「回避・否認」や「社会的コーピング」よりも，「対決・交渉」や「擁護希求」を用いる方が，セクハラに対して効果的である，という報告もなされている（Sigal et al., 2003 など)。

(2) セクハラに対するコーピングの効果

シーガルら（Sigal et al., 2003）は，ニューヨークの大学生を対象に，大学教授や職場の上司からのセクハラに対するコーピングと，その効果について調査を行っている。「上司に報告する」「セクハラと対決する」「友人などに話をする」「無視する」の4つのコーピング方略の効果を比較すると，調査協力者は，「上司に報告する」という方略が最も効果的であり，次に「セクハラと対決する」方略が効果的であると回答している。先のナップ（1997）の報告と合わせると，セクハラ行為者に対して断固たる態度で臨むようなコーピングが，セクハラを止めるために効果的であることがわかる。

第４節　特殊な対人ストレッサー

■ 1　家庭内暴力や性的暴力

"*Journal of Family Violence*"(Plenum Press)，"*Journal of Interpersonal Violence*"(Sage Publications)，"*Violence Against Women*"(Sage Publications)，"*Violence and Victims*"(Springer Publishing) などの専門誌が発刊されているように，欧米では，パートナーからの暴力や，性的暴力に関する心理学的研究が数多く報告されている。そして，家庭内暴力や性的暴力による心理的影響の大きさが知られている（Arata, 2002; Macy, 2007; Neville & Heppner, 1999; Resick, 1993）。

(1)　家庭内暴力や性的暴力に対するコーピングの分類

1）バートとカッツの分類

バートとカッツ（Burt & Katz, 1987）は，性的被害に対するコーピングの個人差を測定する性的暴力コーピング尺度（Coping with How I Deal with Things）を作成している。性的暴力コーピング尺度では，性的被害に対するコーピングを「回避」「感情表出」「苛立ち・不安」「認知的方略」「自己破滅」の５つに分類している。回避（avoidance）は，「何が起こったのか考えないようにした」など，性的被害を受けたことから逃れるような方略である。感情表出（expressive）は，泣いたり，困惑したり，他者に自分の感情を示すような方略である。苛立ち・不安（nervous/anxiety）は，普段よりたばこを多く吸ったり，リラックスするために薬を飲んだりするような方略である。認知的方略（cognitive）とは，異なる視点から状況をとらえなおしたり，性的暴力が起こった理由などを考えたり，性的暴力の被害にあったことを認知的に処理する方略である。自己破滅（self-destructive）は，自殺を考えたり，普段より危険な行動をしたり，リスクのある行動を意図的に選択する方略である。いずれのコーピング方略も，使用頻度が高いほどストレス反応が高いと報告されている（Burt & Katz, 1987）。

2）グットマンらの分類

グットマンら（Goodman et al., 2003）は，先行研究や自身の臨床研究などから項目を収集し，パートナー暴力方略尺度（Intimate Partner Violence Strategies Index）を作成している。パートナー暴力方略尺度は，「公的ネットワーク」「法的対処」「安全設計」「私的ネットワーク」「抵抗」「鎮静化」の6つの下位カテゴリーを持っている。公的ネットワーク（formal network）は，暴力について医師や看護師に話をしたり，牧師や専門家に相談をしたりする方略である。法的対処（legal）とは，警察官を呼んだり，犯罪を告発したり，法的な援助を求めたりする方略である。安全設計（safety planning）とは，部屋の鍵を隠したり，すぐに取り出すことができるような場所にナイフや拳銃を置いたり，暴力を受けそうになった場合の安全を確保する方略である。私的ネットワーク（informal network）とは，家族や友人など個人的なつながりのある人に援助を求める方略である。抵抗（resistance）とは，パートナーと寝室を別にしたり，家を出たり，関係を断ち切ったりするような方略である。鎮静化（placating）は，暴力を振るっている時には泣かないようにしたり，パートナーを怒らせないようにしたり，パートナーが興奮して暴力を振るわないようになだめ，鎮めるような方略である。

グットマンら（Goodman et al., 2003）の400名を超える暴力を受けた女性を対象にした調査では，「関係を断ち切る」「パートナーが命じたことを拒絶する」「警官を呼ぶ」などの方略を用いる頻度が高く，「助けを呼ぶための重要な電話番号を記録する」「家庭内暴力援助プログラムに参加する」「重要な書類を隠す」などの方略が効果的であると被害女性は知覚している，と報告している。

(2) 家庭内暴力や性的暴力に対するコーピングの選択

1）他のストレッサーとの比較

性的暴行や家庭内暴力と他のストレッサーでは，選択するコーピング方略に異なりがあるのだろうか。サンテロら（Santello & Leitenberg, 1993）は，アメリカ北東部の女子大生を対象に，性的暴行に対するコーピングとそれ以外のストレッサーに対するコーピングとの使用頻度を比較した。その結果，性的暴力では，それ以外のストレッサーよりも，「問題解決」「肯定的解釈」「サポート希求」「感情表現」「問題回避」「願望的思考」というコーピング方略の使用頻度が低かった。一方，「社会的引きこもり」と「自己批判」といったコーピング方略では，性的暴力に対する使用頻度が高かった。性的暴力では，社会的引きこもりや自責といったコーピングを用いる特徴があると思われる。

2）日米比較

わが国では，客観的視点から，性的暴力や家庭内暴力に対するコーピング研究は皆無である。その点において，ヨシハマ（Yoshihama, 2002）の研究は貴重なデータである。ヨシハマ（2002）は，ロサンゼルス在住の日本人とアメリカ人との家庭内暴力に対するコーピングの比較を行っている。アメリカ人は，日本人より，「パートナーと対立する」「友人に相談する」「家族に相談する」など，積極的に問題に直面する方略の使用頻度が高かった。一方，日本人は，「状況の深刻さを低く見積もる」という方略の使用頻度が高かった。また，コーピング方略の効果については，アメリカ人より日本人は，「状況の深刻さを低く見積もる」方略が効果的であると思っていた。さらに，アメリカ人は，「積極的コーピング」が効果的だと思っているほど，心理的ストレス反応が低いのに対して，日本人では，「積極的コーピング」が効果的であると思っているほど，心理的ストレス反応が高かった。ヨシハマの報告は，国外で報告されている性的暴力や家庭内暴力に対するコーピング研究の知見が，わが国にもあてはまるとは限らないことを示唆している。この領域での，わが国におけるコーピング研究が必要であろう。

3）過去の性的な児童虐待経験

家庭内暴力や性的暴力研究では，その個人における過去の性的な児童虐待経験の有無に焦点があてられることが多い（Messman-Moore & Long, 2003; Roodman & Clum, 2001）。そして，虐待の有無が家庭内暴力や性的暴力に対するコーピングの選択に影響を及ぼすと考えられている。たとえば，119名の性的暴力の犠牲者を対象にしたアラタ（Arata, 1999）の研究では，児童期に性的虐待のある女性と，そのような経験のない女性との，コーピングの使用頻度を比較している。そして，過去に性的虐待の経験がある女性は，そうでない女性と比較して，自責の程度，認知的方略（別の視点から状況をとらえ直したり，性的暴力の原因などを考えたり，認知的に処理しようとする方略），苛立ち・不安（リラックスするために，たばこや薬を飲んだりするような方略）の使用頻度が高いと報告している。また，過去における性的虐待の程度がひどいほど，性的暴力に対する自責の念が強いとも，報告している。

4）時系列的変化

暴力の被害を受けてから，縦断的にデータを収集し続けることによって，性的暴力に対するコーピング頻度の時系列的変化を知ることができる。このようなデータを収集することは難しく，貴重なデータとなる。フレージャー（Frazier, 2003）は，アメリカ中西部の性的暴力被害女性に対して，被害を受けた2週間後，2ヶ月後，6ヶ月後，12ヶ月後の縦断的データを収集している。その結果，性的被害に対する自責は時間が経つにつれ減少するのに対し，性的被害を克服することができるというコントロール感は低下していた。さらに，自責とストレス反応との関連性は，性的被害を受けた2週間後より（相関係数は0.30），12ヶ月後の方が高かった（相関係数は0.41）。すなわち，自責の程度が高いほどストレス反応が高いが，その結びつきは，性的被害を受けた直後より，時間が経った方が強くなるのである。一方，コントロール感とストレス反応との関連性（相関）の強さに大きな異なりはみられなかった。

(3) コーピングとストレス反応

性的暴力や家庭内暴力における研究でも，児童虐待，セクハラなどと同様，それを自分の責任であると感じる自責に注目が集まっている。表3-18は，性的暴力や家庭内暴力（配偶者だけでなくパートナーからの暴力を含む）に対するコーピング方略とトラウマ症状をはじめとするストレス反応との関連性を検証した報告をまとめたものである。自責を含め，いずれのコーピング方略も効果的でない，という報告がなされている。ただ，わずかな報告ではあるが，性的暴力に対して肯定的に解釈するような方略が，トラウマ症状やストレス反応を緩和させるという報告もなされている。

アラタ（1999）は，バートとカッツ（1987）の性的暴力コーピング尺度を用い，性的暴力に対するコーピングや帰属傾向とトラウマ症状との関連性を検証

表 3-18　性的暴力および家庭内暴力に対するコーピングとストレス反応

対象	コーピング方略	結果	出典
自責			
パートナーの暴力	自責	↗	Clements & Sawhney（2000）
パートナーの暴力	自責	↗	Clements et al.(2004)
性的行為の強制	自責	↗	Nurius et al.(2000)
性的暴力	自責	↗	Arata（1999）
性的暴力	自責	↗	Arata & Burkhart（1998）
性的暴力	自責	↗	Frazier（2003）
性的暴力	自責	↗	Frazier & Schauben（1994）
性的暴力	自責	↗	Hill & Zautra（1989）
性的暴力	自責	↗	Koss & Figueredo（2004）
性的暴力	自責	↗	Meyer & Taylor（1986）
問題焦点型対処			
パートナーの暴力	問題焦点型対処	↘	Clements & Sawhney（2000）
パートナーの暴力	問題焦点型対処	↗	Lerner & Kennedy（2000）
パートナーの暴力	問題焦点型対処	↗	Pape & Arias（1995）
情動焦点型対処			
パートナーの暴力	情動焦点型対処	↗	Lerner & Kennedy（2000）
パートナーの暴力	情動焦点型対処	↗	Pape & Arias（1995）
性的暴力	苛立ちを抑える	↗	Burt & Katz（1987）
回避			
パートナーの暴力	回避	↗	Clements & Sawhney（2000）
性的暴力	回避	↗	Arata（1999）
性的暴力	回避	↗	Frazier et al.（2005）
性的暴力	回避	↗	Burt & Katz（1987）
パートナーの暴力	行動的非交戦	↗	Clements et al.（2004）
パートナーの暴力	否認	↗	Clements et al.（2004）
性的暴力	考えないようにする	↘	Frazier & Burnett（1994）
性的暴力	思い出さないようにする	↗	Arata（1999）
引きこもり			
性的暴力	家から出ない	↗	Frazier & Burnett（1994）
性的暴力	家から出ない	↗	Meyer & Taylor（1986）
性的暴力	社会的引きこもり	↗	Frazier et al.（2005）
性的暴力	引きこもり	↗	Frazier & Burnett（1994）
性的暴力	引きこもり	↗	Meyer & Taylor（1986）
肯定的解釈			
性的暴力	肯定的解釈	↘	Frazier & Burnett（1994）
性的暴力	肯定的解釈・ストレス低減	↘	Meyer & Taylor（1986）
感情表出			
性的暴力	感情表出	↗	Arata（1999）
性的暴力	感情表出	↗	Burt & Katz（1987）

対象	コーピング方略	結果	出典
自己破滅的行動			
パートナーの暴力	薬物とアルコールの使用	↗	Clements et al.（2004）
性的暴力	自己破滅的行動	↗	Burt & Katz（1987）
その他			
性的暴力・暴力	願望的思考	↗	Valentiner et al.（1996）
性的行為の強制	それとなく断る	↗	Nurius et al.(2000)
性的暴力	忙しくする	↘	Frazier & Burnett（1994）
性的暴力	気晴らし	↗	Ullman（1996）
性的暴力	状況を捉えなおす	↗	Burt & Katz（1987）
パートナーの暴力	自責・回避・願望的思考	↗	Lee et al.（2007）

（表3-18の続き）

している。そして，性的暴力を自分の責任に帰属させるほど，感情表出（泣いたり，困惑したり，他者に自分の感情を示すような方略）の使用頻度が低く，その結果，トラウマ症状が悪化する，と報告している。216名の性的暴力の犠牲者（女性）を対象にしたリトルトンら（Littleton & Breitkopf, 2006）の研究でも，自責は性的暴力に対する回避的コーピングの使用頻度を増加させると報告している。これらの結果から，性的暴力に対する自責は，（性的暴力に対しては）不適切なコーピング方略の使用を増長し，その結果，トラウマ症状やストレス反応を増大させると考えられる。

メーシー（Macy, 2007）は，性的暴力に対して，「予防的コーピング」や「抵抗的コーピング」の重要性を論じている。予防的コーピング（proactive coping）とは，アスピンウォールとテーラー（Aspinwall & Taylor, 1997）が提唱したコーピング方略の新しい次元であり，潜在的にストレスフルな状況に遭遇する前に，そのストレスフルな状況に対して予防したり，修正したりするコーピング方略である。性的暴力に関していえば，性的被害を避けるような行動が「予防的コーピング」になる。性的暴力に遭遇するリスクを回避することは，選択しづらいコーピングである。たとえば，夜遅くなったため，盛りあがってきた合コンを途中で抜け出したり，合コンで飲酒することを避けたりすることは，性的被害者になるリスクを回避することができる「予防的コーピング」である。しかし，その行為によって，「場の雰囲気を壊さないだろうか」「自分は変わり者と思われないだろうか」などと考えてしまう。このように，「予防的コーピング」は選択されない傾向にあるようである。抵抗的コーピング（resistance coping）とは，性的被害に遭遇した時に，その状況から身を守るコーピングである。抵抗的コーピングは，性的被害から逃れるために効果的であるが，あまり浸透していない。実際に被害場面に遭遇した際に，このコーピングを効果的に実行するためには，時間と労力が必要であるからである。実際に性的被害に遭遇した女性では，「抵抗的コーピング」を用いることに積極的であるが，性的被害に遭遇していない女性にとっては他人事であり，そのようなスキルを身につけようとしないのである。

■2　差　別

差別は他者から正当な理由なく劣ったものとして不当に扱われることであり，そこには必ず他者が存在する。また，人種差別は，慢性的な日常の出来事であり，人種差別を受けた人々に否定的な影響を及ぼすことが知られている（Clark et al., 1999）。差別がストレッサーとなりうるならば，差別は対人ストレッサーの一種であると考えられる。本項では人種差別（racism）に対するコーピングについて取りあげる。わが国では人種差別が問題視されることは少ないが，北米では大きな問題として関心が寄せられている。人種差別に対するコーピング研究は，“*Journal of Counseling Psychology*”（American Psychological Association），“*Journal of Black Psychology*”（Association of Black Psychologists）などの学術専門誌に掲載されることが多い。

(1) 人種差別ストレッサーの分類

人種差別ストレッサーは，いくつかの種類に分類されることが知られている。たとえば，アトシーら（Utsey & Ponterotto, 1996）は，人種差別ストレッサー尺度（Index of Race-Related Stress）を作成し，人種差別ストレッサーを「個別的人種差別」「制度的人種差別」「文化的人種差別」「集合的人種差別」に分類している。個別的人種差別（individual racism）とは，個人レベルで経験した人種差別ストレッサーである。制度的人種差別（institutional racism）とは，アパートへの入居を断られたり，職場で昇進できなかったり，制度や政策によって生じる人種差別ストレッサーである。文化的人種差別（cultural racism）とは，黒人に対する好意的な情報がメディアに流されない，白人の警察官や暴徒に黒人が殺害されても，誰も刑務所に送られないなど，優位にある人種の慣習によって生じる人種差別ストレッサーである。集合的人種差別（collective racism）とは，黒人が白人のコミュニティに移住した時に白人から受ける敵意など，ある人種が別の人種の権利を制限する際に生じる人種差別ストレッサーである。

(2) 人種差別に対するコーピングの測定

マクネリーら（McNeilly et al., 1996）は，知覚された人種差別尺度（Perceived Racism Scale）を作成している。マクネリーらの知覚された人種差別尺度は，人種差別の頻度，人種差別による感情，人種差別に対するコーピング，それぞれの個人差を測定するものであり，人種差別に対するコーピングは6つの方略に分類されている。6つの方略とは，「仕事への没頭と問題変化」「回避・無視」「祈り」「許し」「暴力」「意見の主張」である。仕事への没頭と問題変化（working harder/trying to change things）とは，人種差別に対して，物事を変えようとしたり，仕事に没頭したりする方略である。回避・無視（avoiding/ignoring）とは，人種差別を受けたことを無視する方略である。祈り（praying）とは神に祈るなどの方略である。許し（forgetting it）とは，人種差別を受けたことを許す方略である。暴力（getting violent）とは，人種差別に対して暴力で解決しようとする方略である。意見の主張（speaking up）とは，人種差別に対して自分の意見を言う方略である。

(3) コーピング方略と精神的健康

人種差別に対するコーピングの研究は，あまり報告されていない。アトシーら（Utsey et al., 2000）は，213名のアメリカ黒人の大学生を対象に，人種差別に対するコーピングが生活の満足感や自尊心に及ぼす影響を調査している。そして，問題から逃れる回避コーピングを用いるほど，生活の満足感や自尊心が低いことを報告している。

ヨーとリー（Yoo & Lee, 2005）は，アジア系アメリカ人155名を対象に，人種差別に対するコーピングが個人の生活満足感に及ぼす影響を調査している。その結果，サポート希求（援助を求める），認知的再構成（ストレッサーを肯定的に解釈する)，問題解決（積極的に問題を解決する)，いずれのコーピングも，生活満足感に直接影響を及ぼさなかった。しかし，人種差別の経験頻度が高い群で，民族アイデンティティの低い者は，認知的再構成の使用頻度が高いほど生活満足感が高かった。すなわち，アジア系であることにアイデンティティを感じておらず，人種差別に曝(さら)されているアジア系アメリカ人は，人種差別に対して，差別を肯定的に解釈しようとするほど，生活の満足感が高くなるのである。このように，人種差別を考えるうえでは，民族アイデンティティは重要な変数とされている。

■ 3　死　別

親密な人との死別は，われわれにとって，最も ストレスフルな出来事であると考えられている。"*Death Studies*"(Routledge)，"*Journal of Personal and Interpersonal Loss*"(Taylor & Francis）など，死別に関する専門誌も発刊されている。死別に対するコーピングの研究には，大別して，精神分析に基盤を置く研究と，ストレス研究に基盤を置く研究がある。前者はフロイト(Freud, S.)の「悲哀とメランコリー」(Trauer und Melancholie）に由来し，主に，死別に対する反応（主に悲嘆反応）や死別からの回復過程についての研究が進められてきた。それら多くの研究は主観的解釈や，死別経験者の手記の抜粋やインタビューの羅列(られつ)に過ぎない。上記の学術雑誌もまた，精神分析の考えを色濃く反映しており，実証的な論文はほとんどみられない。後者は，ラザルスらの心理的ストレス理論（4頁）に基づき，それぞれの専門領域から，死別をストレッサーのひとつとしてとらえた研究である。この領域では，エイズによる愛する人との死別，看護職者が経験した患者との死別，乳児の突然死による母親の死別など，特殊な死別を扱った研究が多くみられる。

(1) コーピング方略の分類

1）富田らの分類

わが国において，最も体系的な死別研究がなされているのは，富田らの研究グループである。富田ら（2000a, 2000b）は，死別体験者から得た自由記述と先行研究によって，5つの下位尺度を有する死別対処行動尺度（Scale for

Coping with Bereavement）を作成している。5つの方略とは，宗教的活動に救いを求める「宗教関連行動」，気晴らしのような行動を選択する「回避受容的行動」，死別を肯定的に解釈する「人生への意味づけ」，他者からのサポートを求める「援助希求行動」である。

2）マカビンらの研究

マカビンら（McCubbin et al., 1976）は，戦争で行方不明となった兵士の妻を対象に，夫と別れ別れになった状況に対するコーピングについて調査を行っている。そして，6つのコーピング方略を有する離別コーピング尺度（Coping with Separation Inventory）を開発している。6つのコーピング方略とは，「解決への探求と感情表出」「完全な家族の維持」「家族の絆の維持と自立」「不安の軽減」「自己成長による自律」「過去との結びつきの維持と宗教への依存」である。解決への探求と感情表出（seeking resolution and expression of feelings）は，軍との対立，夫が置かれている状況について，軍に十分な説明を求めるような方略である。完全な家族の維持（maintaining family integrity）は，父親が帰ってくるという希望を，子どもが抱き続けることができるように努めたり，伝統的な軍の家族が行う奉仕活動を続けたりすることで，完全な家族の状態を維持するような方略である。家族の絆の維持と自立（establishing autonomy while maintain family ties）は，個人として成長したり，仕事に就いたりすることで自律性を伸ばし，夫のいない将来について計画を立てたりすることで，家族の絆を強めたりする方略である。不安の軽減（reducing anxiety）は，不安を低減するために，飲酒や喫煙をしたり，泣き叫んだり，デートに出かけたりする方略である。自己成長による自律（establishing independence through self-development）は，財政投資や自己表現の鍛錬をしたり，新たなスキルを身につけたりすることで，個人として，母親として，成長するよう努力する方略である。過去との結びつきの維持と宗教への依存（maintaining the past and dependence on religion）は，過去を追体験したり，宗教活動を行ったりするような方略である。マカビンら（1976）の研究では，「解決への探求と感情表出」の程度が高いほど，夫との結婚生活での満足感が高いこと，「不安の軽減」の程度が高いほど，夫との結婚生活の満足感が低いことなどが報告されている。

マカビンら（1976）の離別コーピング尺度は，1976年に発表されている。一方，コーピング研究において，コーピング測定の礎（いしずえ）となったラザルスとフォルクマンのコーピング尺度の原点が1980年である。また，コーピングの概念が，欧米で広がり始めたのも1980年代である。マカビンらの離婚コーピング尺度は，ラザルスとフォルクマンのコーピング尺度以前に発表されており，しかも，ストレス研究ではなく，夫婦関係の領域で報告されている点が興味深い。

(3) 死別に対するコーピングとストレス反応

表3-19は，死別に対するコーピングとトラウマ症状などのストレス反応との関連性を検証した報告をまとめたものである。情動焦点型対処，回避，自責，宗教的活動などは，ストレス反応を増加する研究報告が多く，一貫して，ストレス反応を低減させるようなコーピング方略は存在しないようである。

先に説明したように，死別に対するコーピング研究では，大別して，精神分析に基盤を置く研究と，ストレス研究に基盤を置く研究がある。精神分析に基盤を置く研究では，主観的で，科学的アプローチを軽視した研究が多く，研究の進展に対する寄与はほとんどない。一方，ストレス研究では，エイズによる愛する人との死別，看護職者が経験した患者との死別，乳児の突然死による母親の死別など，特定の死別を扱った研究が多く，死別全般を視野に入れた研究を進める必要がある。

表3-19　死別に対するコーピングとストレス反応

死別の内容	コーピング方略	結果	出典
	問題焦点型対処		
死別を経験した老女	問題焦点型対処	➚	Gass（1987）
近親者の死	課題焦点型対処	➘	Meuser & Marwit（1999-2000）
エイズによる死別	積極的対処	➘	Rogers et al（2005）
エイズによる死別	積極的対処	➚	Tarakeshwar et al.（2005）
	情動焦点型対処		
子どもの突然死	情動焦点型対処	➚	Anderson et al.（2005）
死別を経験した老女	情動焦点型対処	➚	Gass（1987）
近親者の死	情動焦点型対処	➚	Meuser & Marwit（1999-2000）

死別の内容	コーピング方略	結果	出典
回避			
子どもの突然死	回避	↘	Anderson et al.（2005）
配偶者あるいは子どもの死	回避	↗	Bonanno et al.（2005）
近親者の死	回避	↘	Meuser & Marwit（1999-2000）
エイズによる死別	回避	↗	Rogers et al.（2005）
エイズによる死別	逃避・回避	↗	Sikkema et al.（2003）
エイズによる死別	回避	↗	Tarakeshwar et al.（2005）
自責・他責			
子どもの突然死	自責	↗	Downey et al.（1990）
死別を経験した老女	自責	↗	Gass（1987）
死別	自責	↗	Frazier & Schauben（1994）
配偶者の死	自責	↘	Jacobs et al.（1994）
癌による配偶者の死	自責	↗	坂口（2003）
子どもの突然死	他責	↗	Downey et al.（1990）
肯定的解釈			
死別を経験した老女	ストレスによる成長	↗	Gass（1987）
死別	肯定的解釈	↘	Mattlin et al.（1990）
子どもの突然死	死の意味を見つける	↘	McIntosh et al.（1993）
癌による配偶者の死	肯定的解釈	↘	坂口ら（2001）
宗教活動			
死別	宗教に頼る	↘	Mattlin et al.（1990）
エイズによる死別	宗教活動	↗	Tarakeshwar et al.（2005）
殺害	神に依存する	↗	Thompson & Vardaman（1997）
殺害	神に怒りをぶつける	↗	Thompson & Vardaman（1997）
サポート希求			
エイズによる死別	サポート希求	↗	Tarakeshwar et al.（2005）
殺害	牧師・教会に救いを求める	↘	Thompson & Vardaman（1997）
その他			
死別を経験した老女	願望的思考	↗	Gass（1987）
死別を経験した老女	脅威を最小限に見積もる	↗	Gass（1987）
死別を経験した老女	回避・サポート希求	↗	Gass（1987）
エイズによる死別	自己コントロール	↗	Sikkema et al.（2003）
エイズによる死別	自己破滅的な行動	↗	Tarakeshwar et al.（2005）
殺害	実りある生活をする	↗	Thompson & Vardaman（1997）
子どもの死	考え込む	↗	富田ら（2000b）
子どもの死	死別の受容と克服	↘	富田ら（2000b）

（表3-19の続き）

終　章　対人ストレスコーピング研究の問題点

本章は，本書をここまで読み進め，対人ストレスコーピングに関心を持ち，対人ストレスコーピングの研究を行いたいと思った読者を対象に書いた少し長い「あとがき」である。対人ストレスコーピング研究を行う際，参考になると思われる事柄を，思いのままに書き綴(つづ)った。

■ 1　対人ストレスコーピング研究の現状

(1) 世論の関心と学術的関心の異なり

「ストレス」,「人間関係」ともに，多くの人々の関心を集めている。情報検索サイトGoogleによる検索では,「ストレス」は2,960万件ヒットし,「人間関係」は308万件ヒットする。一方,「対人ストレス」は17,800件しかヒットしない（2007年11月3日現在)。これは，対人ストレスに対する関心の低さを示しているわけではない。「ストレス」かつ「人間関係」による検索では210万件,「人間関係の悩み」で検索すると126万件もヒットする。Googleでの検索が意味することは,「対人ストレス」という用語は一般的ではないかもしれないが，多くの人々が人間関係に関するストレスに関心を持っているということである。

一方，学術研究における「対人ストレス」への関心の程度はいかほどであろうか。心理学領域の学術専門データベースであるPsycINFOでは，“stress”をキーワードとする学術論文は33,345篇ヒットし，“interpersonal relations”をキーワードとする学術論文は801篇ヒットする。これに対して，“interpersonal stress”をキーワードとする学術論文は78篇である。これは，ストレスをキーワードとした研究論文のわずか2%に過ぎない。さらに，そのうち，“coping” をキーワードとする論文は 15 篇しかない（2007 年 11 月 3 日現在)。そのうち 7 つの論文が筆者の論文である。また，“interpersonal stress coping” をキーワードとした論文は筆者の論文しかヒットしない。これらのことから，「対人ストレス」および「対人ストレスに対するコーピング」の研究に対する学術的報告は少ないといわざるをえない。

(2) 対人ストレス研究は新たな研究領域

実際には，対人ストレスに関する研究が少ないわけではない。第 3 章「さまざまな領域における対人ストレスコーピング研究」で紹介したように，夫婦関係，友人関係，親子関係など特定の関係で生じる対人ストレッサーや，セクハラ，虐待，離婚，死別など特定の対人ストレッサーに関する研究が，多く報告されている。すなわち，細分化された対人ストレスの領域に関する研究は進展しており，多くの知見が蓄積されているが，対人ストレスそのものに関する研究は十分ではない。

細分化された対人ストレス領域では，コーピングが精神的健康に及ぼす影響が検討され，さまざまな理論が提唱されている。これらの諸現象や諸理論を説明可能な体系的な理論が提唱されることは，重要なことである。そのためには，対人ストレスそのものに関する研究を進める必要がある。本書の試みもそのひとつである。

対人ストレス（interpersonal stress）の概念が初めて学術論文の表題として掲載されたのは，1964 年に “*Journal of Nervous and Mental Disease*” という学術雑誌に掲載されたブルーメンソール（Blumenthal, R. L.）の精神分裂病患者の発語混乱に関する論文であった。そして，対人ストレスコーピング（interpersonal stress coping）の概念が初めて学術論文の表題として掲載されたのは，2000 年の “*Japanese Journal of Educational Psychology*”（教育心理学研究）という学術雑誌に掲載された加藤（Kato, T.）の論文であった（PsycINFO より)。対人ストレスコーピングという概念は新しく，その研究報告も十分ではない。加えて，学術的意義が高いだけではなく，多くの人々からの関心も高い。一言でまとめるとするならば，対人ストレスそのものに関する研究は未開発の研究意義のある領域である。

■ 2　対人ストレスコーピング研究の留意点

(1) 対人ストレスコーピング研究の難しさ

対人ストレスコーピングを研究することの第一の関門が，先行研究を見つけ出すことである。あなたが，対人ストレスに関心を持ち，対人ストレスコーピングに関する先行研究を調べようと試みたとする。さまざまなデータベースを用い，「対人ストレス」や「対人ストレスコーピング」をキーワードとした検索を行い，該当論文を探そうとする。先にも説明したとおり，「対人ストレス」および「コーピング」，あるいは，「対人ストレスコーピング」をキーワードとして抽出することのできる論文は限られている。先行研究が少ないため，先行研究で実施されていない研究を計画・実施し，論文として完成させることは比較的容易だと考えるかもしれない。しかし，現実はそんなに甘くはない。その研究は，他の研究者によって，すでに報告されているかもしれない。細分化された対人ストレス研究では，「対人ストレス」や「コーピング」が表題やキーワードでない場合が多いからである。

「対人ストレス」や「コーピング」を表題やキーワードとした研究論文は，容易に手にすることができる。しかし，「対人ストレス」や「コーピング」を表題やキーワードとしない細分化された対人ストレス研究に関する先行研究を見つけ出すことは困難である。学術専門データベースはほとんど役に立たない。対人ストレスに関する先行研究を見つけ出すためには，対人ストレスに対するコーピング研究が掲載されている複数の学術雑誌に目を通すしか方法はない。しかも，その学術雑誌は多岐にわたる。ストレスに関する学術雑誌や人間関係に関する学術雑誌はもちろんのこと，臨床心理学，社会心理学，さらに，医学や看護学，社会福祉学などの学術論文を継続して読み続けることが必要となる。本書の引用文献をみれば，さまざまな領域の学術雑誌から引用されていることがわかるであろう。ちなみに，筆者は少なくとも185種の英文学術雑誌に，定期的に目を通すようにしている。これらの学術雑誌に記載されている論文のうち，対人ストレス研究に関連する論文は年間200篇を超える。185種の学術雑誌の目次に目を通すだけでも，多くの労力を要する。しかし，このことは，対人ストレス研究が多くの研究領域において関心の高いテーマであることの裏付けでもあり，それだけ，対人ストレス研究の遣り甲斐も高くなる。

(2) その論文は，本当に対人ストレスに対するコーピング研究なのか

対人ストレスに対するコーピングであるかどうかは，論文の表題を見ただけではわからない。たとえば，「職場の人間関係において，コーピングが抑うつ傾向に及ぼす影響」という表題の論文を目にしたとしよう。この論文は，職場での人間関係に対するコーピングの研究であるから，対人ストレスコーピングに関する研究だと思うかもしれない。

対人ストレスコーピング研究では，学術論文の「方法」に記載されている内容が重要となる。「方法」には，その研究で使用したコーピング尺度あるいはコーピングの測定方法などが記載されている。そこに，「何に対するコーピングを測定したのか」が明記されている。当然のことであるが，対人ストレッサーに対するコーピングを測定したことが明示されていない論文は，対人ストレスに対するコーピング研究ではない。「何に対するコーピングを測定したのか」が記載されていない論文もまた，対人ストレスコーピングの研究ではない。わが国の学術論文では，何に対するコーピングを測定したのか，記載されていない論文の割合が英語論文より高い傾向にあることは残念なことである。

論文を読む時，この問題に対して，常に注意を払う必要がある。たとえば，「夫婦関係におけるコーピングが夫婦生活の満足感に及ぼす影響」「HIV 陽性患者の介護者のコーピングと精神的健康」という表題の論文があったとする。夫婦関係で用いるコーピングであるから，介護者が用いるコーピングであるから，対人ストレスコーピングに関する研究であると思うかもしれない。しかし，「方法」の詳細に目を通すまでは，対人ストレス研究と判断してはならない。夫婦関係で用いたコーピングであっても，夫婦関係以外のストレス状況を含めたストレッサーに対するコーピングを測定しているかもしれないし，介護者が使用したコーピングであっても，介護場面以外の場面を含めたストレス状況に対するコーピングを測定しているかもしれない。一見，対人ストレスコーピングに関する研究のようで，実際にはそうではない研究が想像以上に多い。「方法」に目を通すことなく，対人ストレスの研究として，誤って引用している学術論文も多くみられる。対人ストレス研究であるのか，そうでないのか，判断することが，対人ストレス研究の第二の関門である。対人ストレス研究を始める前に，この２つの関門が待ち構えている。

引用文献

秋光恵子（1995）ストレス対処過程における神経症傾向の影響—認知的評価と理想的対処及び現実対処との関連について— 甲南大学人間科学年報, **20**, 25-39.

Anderson, M. J., Marwit, S. J., Vandenberg, B., & Chibnall, J. T. (2005). Psychological and religious coping strategies of mothers bereaved by the sudden death of a child. *Death Stud*, **29**, 811-826.

Andreou, E. (2001). Bully/victim problems and their association with coping behaviour in conflictual peer interactions among school-age children. *Educ Psychol*, **21**, 59-66.

Aquino, K. (2000). Structural and individual determinants of workplace victimization: The effects of hierarchical status and conflict management style. *J Manage*, **26**, 171-193.

荒木　剛（2005）いじめ被害体験者の青年期後期におけるレズィリエンス（resilience）に寄与する要因について　パーソナリティ研究, **14**, 54-68.

Arata, C. M. (1999). Coping with rape: The roles of prior sexual abuse and attributions of blame. *J Interpers Violence*, **14**, 62-78.

Arata, C. M. (2002). Child sexual abuse and sexual revictimization. *Clin Psychol (New York)*, **9**, 135-164.

Arata, C. M., & Burkhart, B. R. (1998). Coping appraisals and adjustment to nonstranger sexual assault. *Violence Against Women*, **4**, 224-239.

Arellano, C. M., & Markman, H. J. (1995). The Managing Affect and Differences Scale (MADS): A self-report measure assessing conflict management in couples. *J Fam Psychol*, **9**, 319-334.

有光興記（2002）“あがり”への対処法に関する研究—“あがり”対処法の種類，因子構造，状況間相違に関する検討—　心理学研究, **72**, 482-489.

Armistead, L., McCombs, A., Forehand, R., Wierson, M., Long, N., & Fauber, R. (1990). Coping with divorce: A study of young adolescents. *J Clin Child Psychol*, **19**, 79-84.

浅原知恵（2003）「痛いところ」をめぐる内的葛藤と対人葛藤　心理臨床学研究, **21**, 113-124.

浅原知恵・明田芳久（2003）内的葛藤と対人葛藤の関係—情緒的反応と対処方略に焦点化して—　上智大学心理学年報, **27**, 7-17.

Aspinwall, L . G., & Taylor, S. E. (1997). A stitch in time: Self-regulation and proactive coping. *Psychol Bull*, **121**, 417-436.

Bal, S., van Oost, P., de Bourdeaudhuij, I., & Crombez, G. (2003). Avoidant coping as a mediator between self-reported sexual abuse and stress-related symptoms in adolescents. *Child Abuse Negl*, **27**, 883-897.

Barki, H., & Hartwick, J. (2001). Interpersonal conflict and its management in information system development. *MIS Q*, **25**, 195-228.

Barki, H., & Hartwick, J. (2004). Conceptualizing the construct of interpersonal conflict. *Int J Confl Manage*, **15**, 216-244.

Berry, D. S., Willingham, J. K., & Thayer, C. A. (2000). Affect and personality as predictors of conflict and closeness in young adults' friendships. *J Res Pers*, **34**, 84-107.

Bijttebier, P., & Vertommen, H. (1998). Coping with peer arguments in school-age children with bully/victim problems. *Br J Educ Psychol*, **68**, 387-394.

Billings, D. W., Folkman, S., Acree, M., & Moskowitz, J. T. (2000). Coping and physical health during caregiving: The roles of positive and negative affect. *J Pers Soc Psychol*, **79**, 131-142.

Birnbaum, G. E., Orr, I., Mikuliner, M., & Florian, V. (1997). When marriage breaks up: Does attachment style contribute to coping and mental health? *J Soc Pers Relatsh*, **14**, 643-654.

Blake, R. R., & Mouton, J. S. (1964). *The managerial grid*. Houston, TX: Gulf.

Blumenthal, R. L. (1964). The effects of level of mental health, premorbid history and interpersonal stress upon the speech disruption of chronic schizophrenics. *J Nerv Ment Dis*, **139**, 313-323.

Bodenmann, G. (1995). A systemic-transactional conceptualization of stress and coping in couples. *Swiss J Psychol*, **54**, 34-49.

Bodenmann, G. (2000). *Stress and coping bei paaren*. Göttingen, Germany: Hogrefe.

Bodenmann, G. (2005). Dyadic coping and its significance for marital functioning. In T. A. Revenson, K. Kayser, & Bodenmann(Eds.), *Couples coping with stress: Emerging perspectives on dyadic coping*. Washington, D.C.: American Psychological Association. Pp. 33-49.

Bodenmann, G., Pihet, S., & Kayser, K. (2006). The relationship between dyadic coping and marital quality: A 2-year longitudinal study. *J Fam Psychol*, **20**, 485-493.

Bodenmann, G., & Shantinath, S. D. (2004). The couples coping enhancement training (CCET): A new approach to prevention of marital distress based upon stress and coping. *Fam Relat*, **53**, 477-484.

Boekaerts, M. (2002). Intensity of emotions, emotional regulation, and goal framing: How are they related to adolescent's choice of coping strategies? *Anxiety Stress Coping*, **15**, 401-412.

Bolger, N., & Zuckerman, A. (1995). A framework for studying personality in the stress process. *J Pers Soc Psychol*, **69**, 890-902.

Bonanno, G. A., Papa, A., Zhang, N., Lalande, K., & Noll, J. G. (2005). Grief processing and deliberate grief avoidance: A prospective comparison of bereaved spouses and parents in the United Sates and the people's republic of China. *J Consult Clin*

Psychol, **73**, 86-98.

Bouchard, G., Lussier, Y., Sabourin, S., Wright, J., & Richer, C. (1998). Predictive validity of coping strategies on marital satisfaction: Cross-sectional and longitudinal evidence. *J Fam Psychol*, **12**, 112-131.

Bowling, N. A., & Beehr, T. A. (2006). Workplace harassment from the victim's perspective: A theoretical model and meta-analysis. *J Appl Psychol*, **91**, 998-1012.

Bowman, M. L. (1990). Coping effects and marital satisfaction: Measuring marital coping and its correlates. *J Marriage Fam*, **52**, 463-474.

Brand, B. L., & Alexander, P. C. (2003). Coping with incest: The relationship between recollections of childhood coping and adult functioning in female survivors of incest. *J Trauma Stress*, **16**, 285-293.

Brown, S. D., & Reimer, D. A. (1984). Assessing attachment following divorce: Development and psychometric evaluation of the Divorce Reaction Inventory. *J Couns Psychol*, **31**, 520-531.

Browne, A., & Finkelhor, D. (1986). Impact of child sexual abuse: A review of the research. *Psychol Bull*, **99**, 66-77.

Buehlman, K. T., Gottman, J. M., & Katz, L. F. (1992). How a couple views their past predicts their future: Predicting divorce from an oral history interview. *J Fam Psychol*, **5**, 295-318.

Burt, M. R., & Katz, B. L. (1987). Dimensions of recovery from rape: Focus on growth outcomes. *J Interpers Violence*, **2**, 57-81.

Carrère, S., Buehlman, K. T., Gottman, J. M., Coan, J. A., & Ruckstuhl, L. (2000). Predicting marital stability and divorce in newlywed couples. *J Fam Psychol*, **14**, 42-58.

Carver, C. S., Scheier, M. F., & Weintraub, J. K. (1989). Assessing coping strategies: A theoretically based approach. *J Pers Soc Psychol*, **56**, 267-283.

Catanzaro, S. J., & Greenwood, G. (1994). Expectancies for negative mood regulation, coping, and dysphoria among college students. *J Couns Psychol*, **41**, 34-44.

Catanzaro, S. J., & Mearns, J. (1990). Measuring generalized expectancies for negative mood regulation: Initial scale development and implications. *J Pers Assess*, **54**, 546-563.

Caughlin, J. P., & Huston, T. L. (2002). A contextual analysis of the association between demand/withdraw and marital satisfaction. *Pers Relatsh*, **9**, 95-119.

Caughlin, J. P., Huston, T. L., & Houts, R. M. (1990). How does personality matter in marriage? An examination of trait anxiety, interpersonal negativity, and marital satisfaction. *J Pers Soc Psychol*, **78**, 326-336.

Causey, D. L., & Dubow, E. F. (1992). Development of a self-report coping measure for elementary school children. *J Clin Child Psychol*, **21**, 47-59.

Chaffin, M., Wherry, J. N., & Dykman, R. (1997). School age children's coping with sexual abuse: Abuse stresses and symptoms associated with four coping strategies.

Child Abuse Negl, **21**, 227-240.

Chan, K. W., Huang, X., & Ng, P. M. (2008). Managers' conflict management styles and employee attributional outcomes: The mediating role of trust. *Asia Pac J Manage*, **25**, 277-295.

Chen, Y., Tjosvold, D., & Fang, S. S. (2005). Working with foreign managers: Conflict management for effective leader relationships in China. *Int J Confl Manage*, **16**, 265-286.

Christensen, A. (1987). Detection of conflict patterns in couples. In K. Hahlweg & M. J. Goldstein(Eds.), *Understanding major mental disorder: The contribution of family interaction research*. New York: Family Process Press. Pp. 250-265.

Christensen, A. (1988). Dysfunctional interaction patterns in couples. In P. Noller & M. A. Fitzpatrick(Eds.), Perspectives on marital interaction. *Monographs in social psychology of language*, No. 1. Clevedon, Philadelphia, PA: Multilingual Matters. Pp. 31-52.

Christensen, A., & Heavey, C. L. (1990). Gender and social structure in the demand/withdraw pattern of marital conflict. *J Pers Soc Psychol*, **59**, 73-81.

Christensen, A., & Shenk, J. L. (1991). Communication, conflict, and psychological distance in nondistressed, clinical, and divorcing couples. *J Consult Clin Psychol*, **59**, 458-463.

Christensen, A., & Sullaway, M. (1984). *Communication Patterns Questionnaire*. Unpublished questionnaire, University of California, Los Angeles.

Chung, M. C., Farmer, S., Grant, K., Newton, R., Payne, S., Perry, M., Saunders, J., Smith, C., & Stone, N. (2003). Coping with post-traumatic stress symptoms following relationship dissolution. *Stress Health*, **19**, 27-36.

Clark, R., Anderson, N. B., Clark, V. R., & Williams, D. R. (1999). Racism as a stressor for African Americans: A biopsychosocial model. *Am Psychol*, **54**, 805-816.

Clements, C. M., Sabourin, C. M., & Spiby, L. (2004). Dysphoria and hopelessness following battering: The role of perceived control, coping, and self-esteem. *J Fam Violence*, **19**, 25-36.

Clements, C. M., & Sawhney, D. K. (2000). Coping with domestic violence: Control attributions, dysphoria, and hopelessness. *J Trauma Stress*, **13**, 219-240.

Cohan, C. L., & Bradbury, T. N. (1997). Negative life events, marital interaction, and the longitudinal course of newlywed marriage. *J Pers Soc Psychol*, **73**, 114-128.

Connor-Smith, J. K., & Compas, B. E. (2002). Vulnerability to social stress: Coping as mediator or moderator of sociotropy and symptoms of anxiety and depression. *Cognit Ther Res*, **26**, 39-55.

Connor-Smith, J. K., Compas, B. E., Wadsworth, M. E., Thomsen, A. H., & Saltzman, H. (2000). Responses to stress in adolescence: Measurement of coping and inventory stress responses. *J Consult Clin Psychol*, **68**, 976-992.

Coyne, J. C., Ellard, J. H., & Smith, D. F. (1990). Social support, interdependence, and the dilemmas of helping. In B. R. Sarason, I. G. Sarason, & G. R. Pierce (Eds.), *Social support: An interactional view*. New York: John Wiley & Sons. Pp. 129-149.

Coyne, J. C., & Smith, D. A. F. (1991). Couples coping with a myocardial infarction: A contextual perspective on wives' distress. *J Pers Soc Psychol*, **61**, 404-412.

Coyne, J. C., & Smith, D. A. F. (1994). Couples coping with a myocardial infarction: Contextual perspective on patient self-efficacy. *J Fam Psychol*, **8**, 43-54.

Cramer, D. (2002). Linking conflict management behaviours and relational satisfaction: The intervening role of conflict outcome satisfaction. *J Soc Pers Relatsh*, **19**, 425-432.

Crick, N. R., & Dodge, K. A. (1994). A review and reformulation of social information-processing mechanisms in children's social adjustment. *Psychol Bull*, **115**, 74-101.

Cummings, E. M. (1997). Marital conflict, abuse, and adversity in the family and child adjustment. In D. A. Wolfe, R. J. McMahon, & R. D. Peters (Eds.), *Child abuse: New directions in prevention and treatment across the lifespan*. Thousand Oaks, CA: Sage Publications. Pp. 3-26.

Daigneault, I., Hébert, M., & Tourigny, M. (2006). Attributions and coping in sexually abused adolescents referred for group treatment. *J Child Sexual Abus*, **15**, 35-59.

Darby, B. W., & Schlenker, B. R. (1982). Children's reactions to apologies. *J Pers Soc Psychol*, **43**, 742-753.

Davis, D., Shaver, P. R., & Vernon, M. L. (2003). Physical, emotional, and behavioral reactions to breaking up: The roles of gender, age, emotional involvement, and attachment style. *Pers Soc Psychol Bul*, **29**, 871-884.

DeLongis, A., & O'Brien, T. (1990). An interpersonal framework for stress and coping: An application to the families of Alzheimer's patients. In M. A. P. Stephens, J. H. Crowther, S. E. Hobfoll, & D. L. Tennenbaum (Eds.), *Stress and coping in later life families*. New York: Hemisphere Publishing. Pp. 221-239.

Desivilya, H. S., & Yagil, D. (2005). The role of emotions in conflict management: The case of work teams. *Int J Confl Manage*, **16**, 55-69.

Deutsch, M. (1949). A theory of cooperation and competition. *Hum Relat*, **2**, 129-151.

van Dierendonck, D., & Mevissen, N. (2002). Aggressive behavior of passengers, conflict management behavior, and burnout among trolley car drives. *Int J Stress Manage*, **9**, 345-355.

Dodge, K. A. (1986). A social information processing model of social competence in children. In M. Perlmutter (Ed.), *The Minnesota symposium on child psychology*, Vol. 18. Hillsdale, NJ: Erlbaum. Pp. 77-125.

Downey, G., Silver, R. C., & Wortman, C. B. (1990). Reconsidering the attribution-adjustment relation following a major negative events: Coping with the loss of a child. *J Pers Soc Psychol*, **59**, 925-940.

Dunahoo, C. L., Hobfoll, S. E., Monnier, J., Hulsizer, M. R., & Johnson, R. (1998). There's more than rugged individualism in coping. Part 1: Even the lone ranger had Tonto. *Anxiety Stress Coping*, **11**, 137-165.

D'Zurilla, T. J., & Goldfried, M. R. (1971). Problem solving and behavior modification. *J Abnorm Psychol*, **78**, 107-126.

D'Zurilla, T. J., & Nezu, A. M. (1990). Development and preliminary evaluation of the Social Problem-Solving Inventory. *Psychol Assess*, **2**, 156-163.

D'Zurilla, T. J., Nezu, A. M., & Maydeu-Olivares, A. (2002). *Social Problem-Solving Inventory-Revised (SPSI-R): Manual*. North Tonawanda, NY: Multi-Health Systems.

Eldridge, K. A., & Christensen, A. (2002). Demand-withdraw communication during couple conflict: A review and analysis. In P. Noller, & J. A. Feeney (Eds.), *Understanding marriage: Developments in the study of couple interaction*. Cambridge, UK: Cambridge University Press. Pp. 289-322.

Eldridge, K. A., Sevier, M., Jones, J., Atkins, D. C., & Christensen, A. (2007). Demand-withdraw communication in severely distressed, moderately distressed, and nondistressed couples: Rigidity and polarity during relationship and personal problem discussions. *J Fam Psychol*, **21**, 218-226.

Engler, P., Anderson, B., Herman, D., Bishop, D., Miller, I., Pirraglia, P., Hayaki, J., Stein, M. (2006). Coping and burden among informal HIV caregivers. *Psychosom Med*, **68**, 985-992.

Euwema, M. C., van de Vliert, E., & Bakker, A. B. (2003). Substantive and relational effectiveness of organizational conflict behavior. *Int J Confl Manage*, **14**, 119-139.

Fabes, R. A., & Eisenberg, N. (1992). Young children's coping with interpersonal anger. *Child Dev*, **63**, 116-128.

Feldman, C. M., & Ridley, C. A. (2000). The role of conflict-based communication responses and outcomes in male domestic violence toward female partners. *J Soc Pers Relatsh*, **17**, 552-573.

Feldman, S. S., Fisher, L., Ranson, D. C., & Dimiceli, S. (1995). Is "what is good for the goose good for gender?" sex differences in relations between adolescent coping and adult adaptation. *J Res Adolesc*, **5**, 333-359.

Feldman, S. S., & Gowen, L. K. (1998). Conflict negotiation tactics in romantic relationships in high school students. *J Youth Adolesc*, **27**, 691-717.

Filipas, H. H., & Ullman, S. E. (2006). Child sexual abuse, coping responses, self-blame, posttraumatic stress disorder, and adults sexual revictimization. *J Interpers Violence*, **21**, 652-672.

Fitzgerald, L. F. (1990). *Assessing strategies for coping with harassment: A theoretical/empirical approach*. Paper presented at the Midwinter Conference of the Association for Women in Psychology, Tempe, AZ.

Fitzgerald, L. F., Buchanan, N. T., Collinsworth, L. L., Magley, V. J., & Ramos, A. M. (1999). The abuse defense in sexual harassment litigation. *Psychol Public Policy Law*, **5**, 730-759.

Fitzgerald, L.F., & Shullman, S. L. (1993). Sexual harassment: A research analysis and agenda for the 1990s. *J Vocat Behav*, **42**, 5-27.

Fitzgerald, L. F., Swan, S., & Fischer, K. (1995). Why didn't she just report him? The psychological and legal implications of women's responses to sexual harassment. *J Soc Issues*, **51**, 117-138.

Folkman, S. (1984). Personal control and stress and coping processes: A theoretical analysis. *J Pers Soc Psychol*, **46**, 839-852.

Folkman, S. (1992). Improving coping assessment: Reply to Stone and Kennedy-Moore. In H. S. Friedman (Ed.), *Hostility, coping and health*. Washington, D. C. : American Psychological Association. Pp. 215-223.

Folkman, S., Chesney, M., Collette, L., Boccellari, A., & Cooke, M. (1996). Postbereavement depressive mood and its prebereavement predictors in HIV+ and HIV- gay men. *J Pers Soc Psychol*, **70**, 336-348.

Folkman, S., Chesney, M., McKusick, L., Ironson, G., Johnson, D. S., & Coates, T. J. (1991). Translating coping theory into an intervention. In J. Eckenrode (Ed.), *The social context of coping*. New York: Plenum Press. Pp. 239-260.

Folkman, S., & Lazarus, R. S. (1980). An analysis of coping in a middle-aged community sample. *J Health Soc Behav*, **21**, 219-239.

Folkman, S., & Lazarus, R. S. (1985). If it changes it must be a process: Study of emotion and coping during three stages of a college examination. *J Pers Soc Psychol*, **48**, 150-170.

Folkman, S., & Lazarus, R. S. (1988). *Manual for the Ways of Coping Questionnaire*. Palo Alto, CA: Consulting Psychologists Press.

Folkman, S., Lazarus, R. S., Dunkel-Schetter, C., DeLongis, A., & Gruen, R. (1986). The dynamics of a stressful encounter: Cognitive appraisal, coping, and encounter outcomes. *J Pers Soc Psychol*, **50**, 992-1003.

Folkman, S., & Moskowitz, J. T. (2004). Coping: Pitfalls and promise. *Annu Rev Psychol*, **55**, 745-774.

Fosco, G. M., & Grych, J. H. (2007). Emotional expression in the family as a context for children's appraisals of interparental conflict. *J Fam Psychol*, **21**, 248-258.

Frazier, P. A. (2003). Perceived control and distress following sexual assault: A longitudinal test of a new model. *J Pers Soc Psychol*, **84**, 1257-1269.

Frazier, P. A., & Burnett, J. W. (1994). Immediate coping strategies among rape victims. *J Couns Deve*, **72**, 633-639.

Frazier, P. A., & Cook, S. W. (1993). Correlates of distress following heterosexual relationship dissolution. *J Soc Pers Relatsh*, **10**, 55-67.

Frazier, P. A., Mortensen, H., & Steward, J. (2005). Coping strategies as mediators of the relations among perceived control and distress in sexual assault survivors. *J Couns Psychol*, **52**, 267-278.

Frazier, P., & Schauben, L. (1994). Causal attributions and recovery from rape and other stressful life events. *J Soc Clin Psychol*, **13**, 1-14.

Friedman, R. A., Tidd, S. T., Currall, S. C., & Tsai, J. C. (2000). What goes around comes around: The impact of personal conflict style on work conflict and stress. *Int J Confl Manage*, **11**, 32-55.

福田美紀・加藤　司・鈴木直人（2006）小学生用対人ストレスコーピング尺度作成の試み　日本心理学会第70回大会発表論文集, 1302.

福田美紀・加藤　司・鈴木直人（2007）児童生徒における対人ストレス過程の検証　日本心理学会第71回大会発表論文集, 1182.

Fukushima, O., & Ohbuchi, K. (1993). Multiple goals and resolution strategies in interpersonal conflict. *Tohoku Psychol Folia*, **52**, 20-27.

Futa, K. T., Nash, C. L., Hansen, D. J., & Garbin, C. P. (2003). Adult survivors of childhood abuse: An analysis of coping mechanisms used for stressful childhood memories and current stressors. *J Fam Violence*, **18**, 227-239.

Gamble, W. C. (1994). Perceptions of controllability and other stressor event characteristics as determinants of coping young adolescents and young adults. *J Youth Adolesc*, **23**, 65-84.

Gass, K. A. (1987). The health of conjugally bereaved older widows: The role of appraisal, coping and resources. *Res Nurs Health*, **10**, 39-47.

Gibson, L. E., & Leitenberg, H. (2001). The impact of child sexual abuse and stigma on methods of coping with sexual assault among undergraduate women. *Child Abuse Negl*, **25**, 1343-1361.

Givertz, M., & Segrin, C. (2005). Explaining personal and constraint commitment in close relationships: The role of satisfaction, conflict responses, and relational bond. *J Soc Pers Relatsh*, **22**, 757-775.

Goodman, L., Dutton, M. A., Weinfurt, K., & Cook, S. (2003). The intimate Partner Violence Strategies Index: Development and application. *Violence Against Women*, **9**, 163-186.

Gottman, J. M. (1979). *Marital interaction: Experimental investigations*. New York: Academic Press.

Gottman, J. M., & Krokoff, L. J. (1989). Marital interaction and satisfaction: A longitudinal view. *J Consult Clin Psychol*, **57**, 47-52.

Gray, J. D., & Silver, R. C. (1990). Opposite sides of the same coin: Former spouses' divergent perspectives in coping with their divorce. *J Pers Soc Psychol*, **59**, 1180-1191.

Griffin, K. W., Friend, R., Kaell, A. T., & Bennett, R. S. (2001). Distress and disease status among patients with rheumatoid arthritis: Roles of coping styles and perceived responses from support providers. *Ann Behav Med*, **23**, 133-138.

Gruber, J. E. (1989). How women handle sexual harassment: A literature review. *Sociol Soc Res*, **74**, 3-9.

Grych, J. H., & Cardoza-Fernandes, S. (2001). Understanding the impact of interparental conflict on children. In J. H. Grych & F. D. Fincham (Eds.), *Interparental conflict and child development*. Cambridge, UK: Cambridge University Press. Pp. 157-187.

Grych, J. H., & Fincham, F. D. (1990). Marital conflict and children's adjustment: A cognitive-contextual framework. *Psychol Bull*, **108**, 267-290.

Grych, J. H., & Fincham, F. D. (1993). Children's appraisals of marital conflict: Initial investigations of the cognitive-contextual framework. *Child Dev*, **64**, 215-230.

Grych, J. H., Fincham, F. D., Jouriles, E. N., & McDonald, R. (2000). Interparental conflict and child adjustment: Testing the mediational role of appraisals in the cognitive-contextual framework. *Child Dev*, **71**, 1648-1661.

Grych, J. H., Seid, M., & Fincham, F. D. (1992). Assessing marital conflict from the child's perspective: The Children's Perception of Interparental Conflict Scale. *Child Dev*, **63**, 558-572.

Gutek, B. A., & Koss, M. P. (1993). Changed women and changed organizations: Consequences of coping with sexual harassment. *J Vocat Behav*, **42**, 28-48.

Hahlweg, K., Reisner, L., Kohli, G., Vollmer, M., Schindler, L., & Revenstorf, D. (1984). Development and validity of a new system to analyze interpersonal communication: Kategoriensystem fuer Partnerschaftliche Interaktion. In K. Hahlweg & N. S. Jacobson(Eds.), *Marital interaction: Analysis and modification*. New York: Guilford Press. Pp. 182-198.

Hahn, S. E. (2000). The effects locus of control on daily exposure, coping and reactivity to work interpersonal stressors: A diary study. *Pers Individ Dif*, **29**, 729-748.

橋本　剛（1997）大学生における対人ストレスイベント分類の試み　社会心理学研究, **13**, 64-75.

橋本　剛（2006）ストレスをもたらす対人関係　谷口弘一・福岡欣治（編）対人関係と適応の心理学　北大路書房　Pp. 1-18.

林　安文・深田博己・児玉真樹子・周　王慧（2003）結婚満足度の及ぼす新密度と葛藤解決方略の影響―台湾における夫婦の場合―　広島大学心理学研究, **3**, 87-96.

Hayes, S. C. (2004). Acceptance and commitment therapy, relational frame theory, and the third wave of behavioral and cognitive therapies. *Behav Ther*, **35**, 639-665.

Hayes, S. C., Luoma, J. B., Bond, F. W., Masuda, A., & Lillis, J. (2006). Acceptance and commitment therapy: Model, processes and outcomes. *Behav Res Ther*, **44**, 1-25.

Hayes, S. C., Wilson, K. G., Gifford, E. V., Follette, V. M., & Strosahl, K. (1996). Emotional avoidance and behavioral disorders: A functional dimensional approach to diagnosis and treatment. *J Consult Clin Psychol*, **64**, 1152-1168.

Heavey, C. L., Gill, D. S., & Christensen, A. (1996). *The Couples Interaction Rating Systems*. Unpublished manuscript. University of California , Los Angeles.

Heavey, C. L., & Layne, C., & Christensen, A. (1993). Gender and conflict structure in marital interaction: A replication and extension. *J Consult Clin Psychol*, **61**, 16-27.

Heppner, P. P. (1988). *The Problem Solving Inventory(PSI): Manual*. Palo Alto, CA: Consulting Psychologists Press.

Heppner, P. P., & Petersen, C. H. (1982). The development and implications of a Personal Problem-Solving Inventory. *J Couns Psychol*, **29**, 66-75.

Heppner, P. P., Witty, T. E., & Dixon, W. A. (2004). Problem-solving appraisal and human adjustment: A review of 20 years of research using the Problem Solving Inventory. *Couns Psychol*, **32**, 344-428.

Heyman, R. E., Eddy, J. M., Weiss, R. L., & Vivian, D. (1995a). Factor analysis of the Marital Interaction Coding System (MICS). *J Fam Psychol*, **9**, 209-215.

Heyman, R. E., Weiss, R. L., & Eddy, J. M. (1995b). Marital Interaction Coding System: Revision and empirical evaluation. *Behav Res Ther*, **33**, 737-746.

Hill, J. L., & Zautra, A. J. (1989). Self-blame attributions and unique vulnerability as predictors of post-rape demoralization. *J Soc Clin Psychol*, **8**, 368-375.

Hinrichsen, G. A., & Niederehe, G. (1994). Dementia management strategies and adjustment of family members of older patients. *Gerontologist*, **34**, 95-102.

Hobfoll, S. E. (1998). *Stress, culture, and community: The psychology and philosophy of stress*. New York: Plenum Press.

Hobfoll, S. E., Dunahoo, C. L., Ben-Porath, Y., & Monnier, J. (1994). Gender and coping: The dual-axis model of coping. *Am J Community Psychol*, **22**, 49-81.

Hojjat, M. (2000). Sex differences and perceptions of conflict in romantic relationships. *J Soc Pers Relatsh*, **17**, 598-617.

Holmes, T. H., & Rahe, R. T. (1967). The Social Readjustment Rating Scale. *J Psychosom Res*, **11**, 213-218.

伊澤冬子 (2004) 楽観的説明スタイルおよび属性的楽観性が対人ストレス過程において果たす役割―ハッピネスの観点から― 日本社会心理学会第45回大会発表論文集, 326-327.

Jacobs, S., Kasl, S., Schaefer, C., & Ostfeld, A. O. (1994). Conscious and unconscious coping with loss. *Psychosom Med*, **56**, 557-563.

Janoff-Bulman, R. (1979). Characterological versus behavioral self-blame: Inquiries into depression and rape. *J Pers Soc Psycho*, **37**, 1798-1809.

Janssen, O., & Van de Vliert, E. (1996). Concern for the other's goals: Key to (de-) escalation of conflict. *Int J Confl Manage*, **7**, 99-120.

Jehn, K. A. (1995). A multimethod examination of the benefits and detriments of intragroup conflict. *Adm Sci Q*, **40**, 256-282.

Jehn, K. A., & Chatman, J. A. (2000). The influence of proportional and perceptual conflict composition on team performance. *Int J Confl Manage*, **11**, 56-73.

Jenkins, J. M., Smith, M. A., & Graham, P. J. (1989). Coping with parental quarrels. *J Am Acad Child Adolesc Psychiatry*, **28**, 182-189.

Johnson, B. K., & Kenkel, M. B. (1991). Stress, coping, and adjustment in female adolescent incest victims. *Child Abuse Negl*, **15**, 293-305.

Jouriles, E. N., Spiller, L. C., Stephens, N., McDonald, R., & Swank, P. (2000). Variability in adjustment of children of battered women: The role of child appraisals of interparent conflict. *Cognit Ther Res*, **24**, 233-249.

Julien, D., Markman, H. J., & Lindahl, K. M. (1989). A comparison of a global and a microanalytic coding system: Implications for future trends in studying interactions. *Behav Assess*, **11**, 81-100.

Kaiser, H., & Powers, S. (2006). Testosterone and conflict tactics within late-adolescent couples: A dyadic predictive model. *J Soc Pers Relatsh*, **23**, 231-248.

嘉数朝子・砂川裕子・井上 厚（2000）児童のストレスに影響を及ぼす要因についての検討―ソーシャルサポート，対処行動―　琉球大学教育学部紀要（第一部・第二部），**56**, 343-358.

Kammrath, L. K., & Dweck, C. (2006). Voicing conflict: Preferred conflict strategies among increment and entity theorists. *Pers Soc Psychol Bul*, **32**, 1497-1508.

加藤　司（2000）大学生用対人ストレスコーピング尺度の作成　教育心理学研究, **48**, 225-234.

加藤　司（2001a）コーピングの柔軟性と抑うつ傾向との関係　心理学研究, **72**, 57-63.

加藤　司（2001b）対人ストレスコーピングとBig Fiveとの関連性について　性格心理学研究, **9**, 140-141.

加藤　司（2001c）対人ストレス過程における帰属とコーピング　性格心理学研究, **9**, 148-149.

加藤　司（2001d）対人ストレス過程の検証　教育心理学研究, **49**, 295-304.

加藤　司（2002a）共感的コーピング尺度の作成と精神的健康との関連性について　社会心理学研究, **17**, 73-82.

加藤　司（2002b）対人ストレス過程における社会的相互作用の役割　実験社会心理学研究, **41**, 147-154.

加藤　司（2002c）短縮版対人ストレスコーピング尺度の作成　神戸女学院大学学生相談室紀要, **7**, 17-22.

加藤　司（2003a）大学生の対人葛藤方略スタイルとパーソナリティ，精神的健康との関連性について　社会心理学研究, **18**, 78-88.

加藤　司（2003b）対人ストレスコーピング尺度の因子的妥当性の検証　人文論究（関西学院大学人文学会）, **52**, 56-72.

加藤　司（2003c）対人ストレスイベントには成り行きに任せる方略が効果的か？―解決先送りコーピングの有効性の検証―　日本心理学会第67回大会発表論文集, 954.

加藤　司（2004a）自己報告式によるコーピング測定の方法論的問題　心理学評論, **47**, 225-240.

加藤　司（2004b）対人ストレスコーピング尺度　大島正光・高田　昜・上田雅夫・河野友信（監修）青木和夫・長田久雄・児玉昌久・小杉正太郎・坂野雄二（編）ストレススケールガイドブック　実務教育出版　Pp. 198-202.

加藤　司（2004c）共感的コーピング尺度　大島正光・高田　昜・上田雅夫・河野友信（監修）青木和夫・長田久雄・児玉昌久・小杉正太郎・坂野雄二（編）ストレススケールガイドブック　実務教育出版　Pp. 387-390.

加藤　司（2005a）失恋ストレスコーピングと精神的健康との関連性の検証　社会心理学研究, **20**, 171-180.

加藤　司（2005b）ストレス反応の低減に及ぼす対人ストレスコーピングの訓練の効果に

関する研究―看護学生を対象に―　心理学研究, **75**, 495-502.
加藤　司（2005c）対人ストレスコーピングと社会的スキル―解決先送りコーピングの分析―　日本心理学会第69回大会発表論文集, 1033.
加藤　司（2005d）ストレスフルな状況に対するコーピングと精神的健康　東洋大学社会学部紀要, **43**(1), 5-21.
加藤　司（2006a）対人ストレス過程における対人ホープと対人ストレスコーピングが果たす役割の検証　健康心理学研究, **19**, 25-36.
加藤　司（2006b）対人ストレス過程における友人関係目標　教育心理学研究, **54**, 312-321.
加藤　司（2006c）英語文献におけるコーピング尺度の使用状況―1990年から1995年―東洋大学社会学部紀要, **43**(2), 5-24.
加藤　司（2006d）看護職者における対人ストレスコーピングとストレス反応―患者とのストレスフルな関係―　東洋大学人間科学総合研究所紀要, **5**, 120-129.
加藤　司（2006e）ポジティブ関係コーピングと精神的健康―ポジティブ関係コーピング尺度の作成―　東洋大学社会学部紀要, **44**(1), 85-101.
加藤　司（2006f）対人ストレスに対するコーピング　谷口弘一・福岡欣治（編）対人関係と適応の心理学―ストレス対処の理論と実践―　北大路書房　Pp. 19-38.
加藤　司（2006g）失恋の心理学　齊藤　勇（編）イラストレート恋愛心理学―出会いから親密な関係へ―　誠信書房　Pp. 113-123.
加藤　司（2007a）対人ストレス過程における対人ストレスコーピング　ナカニシヤ出版
加藤　司（2007b）英語文献におけるコーピング尺度の使用状況―1996年から1999年―東洋大学社会学部紀要, **44**(2), 71-87.
加藤　司（2007c）対人ストレスコーピング，対人葛藤方略と精神的健康との関連性―対人ストレスコーピング尺度の妥当性の検証―　現代社会研究（東洋大学現代社会総合研究所), **4**, 3-9.
加藤　司（2007d）看護学生における対人ストレスコーピングがストレス反応に及ぼす影響　東洋大学人間科学総合研究所紀要, **7**, 265-275.
加藤　司（2007e）職務満足感の規定要因としての職務意欲と対人ストレスコーピング　東洋大学21世紀ヒューマン・インタラクション・リサーチ・センター研究年報, **4**, 43-50.
加藤　司（2007f）対人ストレスコーピングと課題遂行満足感　東洋大学21世紀ヒューマン・インタラクション・リサーチ・センター研究年報, **4**, 89-93.
加藤　司（2007g）対人ストレスに如何に対処するか―罪悪感と対人ストレスコーピング―　日本心理学会第71回大会発表論文集, 894.
加藤　司（2007h）大学生における友人関係の親密性と対人ストレス過程との関連性の検証　社会心理学研究, **23**, 152-161.
加藤　司（2007i）対人ストレス状況における認知的評価，コーピング，情動の関連性について　健康心理学研究, **20**(2), 18-29.
加藤　司（2007j）失恋状況における認知的評価とコーピングが失恋後の心理的適応に及ぼす影響　東洋大学社会学部紀要, **45**(1), 123-137.

加藤　司（2008a）英語文献におけるコーピング尺度の使用状況―2000年から2002年―　東洋大学社会学部紀要, **45**(2).

加藤　司（2008b）高校生における対人ストレスコーピング　現代社会研究（東洋大学現代社会総合研究所）, **5**.

加藤　司・今田　寛（2001）ストレス・コーピングの概念　人文論究（関西学院大学人文学会）, **51**, 37-53.

Kelly, B., Edwards, P., Synott, R., Neil, C., Baillie, R., & Battistutta, D. (1999). Predictors of bereavement outcome for family carers of cancer patients. *Psychooncology*, **8**, 237-249.

Kerig, P. K. (1998). Moderators and mediators of the effects of interparental conflict on children's adjustment. *J Abnorm Child Psychol*, **26**, 199-212.

Kilmann, R. H., & Thomas, K. W. (1975). Interpersonal conflict-handling behavior as reflection of Jungian personality dimensions. *Psychol Rep*, **37**, 971-980.

Kinicki, A. J., & Latack, J. C. (1990). Explication of the construct of coping with involuntary job loss. *J Vocat Behav*, **36**, 339-360.

Klinetob, K. A., & Smith, D. A. (1996). Demand-withdraw communication in marital interaction: Tests of interpersonal contingency and gender role hypotheses. *J Marriage Fam*, **58**, 945-957.

Knapp, D. E., Faley, R. H., Ekeberg, S. E., & Dubois, C. Z. (1997). Determinants of target responses to sexual harassment: A conceptual framework. *Acad Manage Rev*, **22**, 687-729.

Knee, C. R., Lonsbary, C., Patrick, H., & Canevello, A. (2005). Self-determination and conflict in romantic relationships. *J Pers Soc Psychol*, **89**, 997-1009.

Kneebone, I. I., & Martin, P. R. (2003). Coping and caregiver of people with dementia. *Br J Health Psychol*, **8**, 1-17.

Knight, B. G., Silverstein, M., McCallum, T. J., & Fox, L. S. (2000). A sociocultural stress and coping model for mental health outcomes among African American caregivers in Southern California. *J Gerontol B Psychol Sci Soc Sci*, **55B**, P142-P150.

Kochenderfer-Ladd, B., & Skinner, K. (2002). Children's coping strategies: Moderators of the effects of peer victimization? *Dev Psychol*, **38**, 267-278.

小西瑞穂・佐藤　豪・大川匡子・橋本　宰（2006）自己愛人格傾向と対人ストレス・コーピングとの関連について　日本健康心理学会第19回大会発表論文集, 182.

Kosciulek, J. F. (1994). Relationship of family coping with head injury to family adaptation. *Rehabil Psychol*, **39**, 215-230.

Koss, M. P., & Figueredo, A. J. (2004). Change in cognitive mediators of rape's impact on psychosocial health across 2 years of recovery. *J Consult Clin Psychol*, **72**, 1063-1072.

Kotchick, B. A., Forehand, R., Wierson, M., Armistead, L., & Klein, K. (1996). Coping with illness: Interrelationships across family members and predictors of psychological adjustment. *J Fam Psychol*, **10**, 358-370.

Kramer, B. J. (1993). Expanding the conceptualization of caregiver coping: The importance of relationship-focused coping strategies. *Fam Relat*, **42**, 383-391.

Krokoff, L. J., Gottman, J. M., & Hass, S. D. (1989). Validation of a global Rapid Couples Interaction Scoring System. *Behav Assess*, **11**, 65-79.

Kunaviktikul, W., Nuntasupawat, R., Srisuphan, W., & Booth, R. Z. (2000). Relationships among conflict, conflict management, job satisfaction, intent to stay, and turnover of professional nurses in Thailand. *Nurs Health Sci*, **2**, 9-16.

久野能弘 (1993) 行動療法—医行動学講義ノート— ミネルヴァ書房

Kurdek, L. A. (1994). Conflict resolution styles in gay, lesbian, heterosexual nonparent, and heterosexual parent couples. *J Marriage Fam*, **56**, 705-722.

Kurdek, L. A. (1995). Predicting change in marital satisfaction from husbands' and wives' conflict resolution styles. *J Marriage Fam*, **57**, 153-164.

Kurdek, L. A., & Berg, B. (1983). Correlates of children's adjustment to their parents' divorces. In L. A. Kurdek (Ed.), *Children and divorce*. San Francisco, CA: Jossey-Bass. Pp. 47-60.

Kurdek, L. A., & Berg, B. (1987). Children's Beliefs about Parental Divorce Scale: Psychometric characteristics and concurrent validity. *J Consult Clin Psychol*, **55**, 712-718.

黒田祐二・桜井茂男 (2002) 中学生の友人関係場面における目標志向性とストレス対処方略の関係 日本教育心理学会第 44 回総会発表論文集, 336.

Kuyken, W., & Brewin, C. R. (1999). The relation of early abuse to cognition and coping in depression. *Cognit Ther Res*, **23**, 665-677.

Lackner, J. M., & Gurtman, M. B. (2004). Pain catastrophizing and interpersonal problems: A circumplex analysis of the communal coping model. *Pain*, **110**, 597-604.

Land, H., & Long, J. (2000). The structure of coping in AIDS caregiver: A factor analytically derived measure. *J Appl Soc Psychol*, **30**, 463-483.

Laursen, B. (1993). Conflict management among close peers. In B. Laursen (Ed.), *New Directions for Child Development, 60, Close friendships in adolescence*. San Francisco, CA: Jossey-Bass. Pp. 39-54.

Laursen, B., Finkelstein, B. D., & Betts, N. T. (2001). A developmental meta-analysis of peer conflict resolution. *Dev Rev*, **21**, 423-449.

Lazarus, R. S. (1990). Theory-based stress measurement. *Psychol Inq*, **1**, 3-13.

Lazarus, R. S. (1993). Coping theory and research: Past, present, and future. *Psychosom Med*, **55**, 234-247.

Lazarus, R. S. (1999). *Stress and emotion: A new synthesis*. New York: Springer.

Lazarus, R. S. (2000a). Toward better research on stress and coping. *Am Psychol*, **55**, 665-673.

Lazarus, R. S. (2000b). Emotions and interpersonal relationships: Toward a person-centered conceptualization of emotions and coping. *J Pers*, **74**, 9-46.

Lazarus, R. S., & Folkman, S. (1984). *Stress, appraisal, and coping*. New York: Springer.

Lazarus, R. S., & Folkman, S. (1987). Transactional theory and research on emotions and coping. *Eur J Pers*, **1**, 141-169.

Lee, C. (1990). Relative status of employees and styles of handling interpersonal conflict: An experimental study with Korean managers. *Int J Confl Manage*, **1**, 327-340.

Lee, J., Pomeroy, E., & Bohman, T. M. (2007). Intimate partner violence and psychological health in a sample of Asian and Caucasian women: The rde of social support and coping. *J Fam Violence*, **22**, 709-720.

Lee, R. M., & Liu, H. T. (2001). Coping with intergenerational family conflict: Comparison of Asian American, Hispanic, and European American college students. *J Couns Psychol*, **48**, 410-419.

Lee, R. M., Su, J., & Yoshida, E. (2005). Coping with intergenerational family conflict among Asian American college students. *J Couns Psychol*, **52**, 389-399.

Leitenberg, H., Greenwald, E., & Cado, S. (1992). A retrospective study of long-term method of coping with having been sexually abuse during childhood. *Child Abuse Negl*, **16**, 399-407.

Lerner, C. F., & Kennedy, L. T. (2000). Stay-leave decision making in battered women: Trauma, coping and self-efficacy. *Cognit Ther Res*, **24**, 215-232.

Littleton, H., & Breitkopf, C. R. (2006). Coping with the experience of rape. *Psychol Women Q*, **30**, 106-116.

Londahl, E. A., Tverskoy, A., & D'Zurilla, T. J. (2005). The relations of internalizing symptoms to conflict and interpersonal problem solving in close relationships. *Cognit Ther Res*, **29**, 445-462.

Long, B. C. (1990). Relation between coping strategies, sex-type traits, and environmental characteristics: A comparison of male and female managers. *J Couns Psychol*, **37**, 185-194.

Long, B. C., Kahn, S. E., & Schutz, R. W. (1992). Causal model of stress and coping: Women in management. *J Couns Psychol*, **39**, 227-239.

Lussier, Y., Sabourin, S., & Turgeon, C. (1997). Coping strategies as moderators of the relationship between attachment and marital adjustment. *J Soc Pers Relatsh*, **14**, 777-791.

Lyons, R. F., Mickelson, K. D., Sullivan, M. J. L., & Coyne, J. C. (1998). Coping as a communal process. *J Soc Pers Relatsh*, **15**, 579-605.

Macy, R. J. (2007). A coping theory framework toward preventing sexual revictimization. *Aggress Violent Behav*, **12**, 177-192.

Mannarino, A. P., Cohen, J. A., & Berman, S. R. (1994). The Children's Attributions and Perceptions Scale: A new measure of sexual abuse-related factors. *J Clin Child Psychol*, **23**, 204-211.

丸山利弥・今川民雄（2002）自己開示によるストレス反応低減効果の検討　対人社会心理学研究（大阪大学大学院人間科学研究科）, **2**, 83-91.

松島るみ（2003）対人的自己効力感とストレス対処方略が対人ストレスに及ぼす影響について　プシュケー（京都ノートルダム女子大学生涯発達心理学科研究誌），**2**, 75-85.

Mattlin, J. A., Wethington, E., & Kessler, R. C. (1990). Situational determinants of coping and coping effectiveness. *J Health Soc Behav*, **31**, 103-122.

Maybery, D. (2003). Incorporating interpersonal events within hassle measurement. *Stress Health*, **19**, 97-110.

Mazor, A., Batiste-Harel, P., & Gampel, Y. (1998). Divorcing spouses' coping patterns, attachment bonding and forgiveness processes in the post-divorce experience. *J Divorce & Remarriage*, **29** (3/4), 65-81.

McCubbin, H. I., Dahl, B. B., Lester, G. R., Benson, D., & Robertson, M. L. (1976). Coping repertoires of families adapting to prolonged war-induced separations. *J Marriage Fam*, **38**, 461-471.

McIntosh, D. N., Silver, R. C., & Wortman, C. B. (1993). Religion's role in adjustment to a negative life event: Coping with the loss of a child. *J Pers Soc Psychol*, **65**, 812-821.

McNeilly, M. D., Anderson, N. B., Armstead, C. A., Clark, R., Corbett, M., Robinson, E. L., Pieper, C. F., & Lepisto, E. M. (1996). The Perceived Racism Scale: A multidimensional assessment of the experience of white racism among African Americans. *Ethn Dis*, **6**, 154-166.

Mearns, J. (1991). Coping with a breakup: Negative mood regulation expectancies and depression following the end of a romantic relationship. *J Pers Soc Psychol*, **60**, 327-334.

Mearns, J., & Cain, J. E. (2003). Relationships between teachers' occupational stress and their burnout and distress: Roles of coping and negative mood regulation expectancies. *Anxiety Stress Coping*, **16**, 71-82.

Merrill, L. L., Guimond, J. M., Thomsen, C. J., & Milner, J. S. (2003). Child sexual abuse and number of sexual partners in young women: The role of abuse severity, coping style, and sexual functioning. *J Consult Clin Psychol*, **71**, 987-996.

Merrill, L. L., Thomsen, C. J., Sinclair, B. B., Gold, S. R., & Milner, J. S. (2001). Predicting the impact of child sexual abuse on women: The role of abuse severity, parental support, and coping strategies. *J Consult Clin Psychol*, **69**, 992-1006.

Messman-Moore, T. L., & Long, P. J. (2003). The role of childhood sexual abuse sequelae in the sexual revictimization of women: An empirical review and theoretical reformulation. *Clin Psychol Rev*, **23**, 537-571.

Meuser, T. M., & Marwit, S. J. (1999-2000). An integrative model of personality, coping and appraisal for the prediction of grief involvement in adults. *OMEGA*, **40**, 375-393.

Meyer, C. B., & Taylor, S. E. (1986). Adjustment to rape. *J Pers Soc Psychol*, **50**, 1226-1234.

翠川純子（1993）在宅障害老人の家族介護者の対処（コーピング）に関する研究　社会老年学, **37**, 16-26.

三浦正江・坂野雄二（1996）中学生における心理的ストレスの継時的変化　教育心理学

研究, **44**, 368-378.
水野喜子・石原金由（2000）中学生の学業・人間関係ストレッサーに対する認知的評価とコーピングがストレス反応に及ぼす影響―受験の有無の関連性に注目して―　児童臨床研究所年報（ノートルダム清心女子大学）, **13**, 21-34.
文部省・日本心理学会（1986）学術用語集―心理学編―　文部省
Monnier, J., Cameron, R. P., Hobfoll, S. E., & Gribble, J. R. (2000). Direct and crossover effects of prosocial and antisocial coping behaviors. *J Fam Psychol*, **14**, 570-584.
諸井克英（1989）大学生における孤独感と対処方略　実験社会心理学研究, **29**, 141-151.
村松常司・吉田　正・村松園江・平野嘉彦・金子修己・佐藤和子（2003）大学生の対人ストレスイベントと対処行動に関する研究　教育医学, **49**, 197-207.
Myaskovsky, L., Dew, M. A., Switzer, G. E., McNulty, M. L., DiMartini, A. F., & McCurry, K. R. (2005). Quality of life and coping strategies among lung transplant candidates and their family caregivers. *Soc Sci Med*, **60**, 2321-2332.
Müller, M. M. (1993). Fragebogen zur Erfassung des habituellen Ärgerausdrucks: Das Müller Anger Coping Questionnaire(MAQ). *Z Diagnostische Dif Psychol*, **14**, 205-219.
夏目 誠・古我貴史・浅尾博一・杉本寛治・中村彰夫・松原和幸・村田 弘・白石純三・藤井久和（1987）勤労者におけるストレス評価法について（第1報）―自己評価に基づくストレス指数の作成―　大阪府立公衆衛生研究所報告（精神衛生編）, **25**, 79-89.
Neville, H. A., & Heppner, M. J. (1999). Contextualizing rape: Reviewing sequelae and proposing a culturally inclusive ecological model of sexual assault recovery. *Appl Prev Psychol*, **8**, 41-62.
Newsom, J. T., Nishishiba, M., Morgan, D. L., & Rook, K. S. (2003). The relative importance of three domains of positive and negative social exchanges: A longitudinal model with comparable measures. *Psychol Aging*, **18**, 746-754.
Nicolotti, L., El-Sheikh, M., & Whitson, S. M. (2003). Children's coping with marital conflict and their adjustment and physical health: Vulnerability and protective functions. *J Fam Psychol*, **17**, 315-326.
日本人のストレス実態調査委員会（2002）データブックNHK現代日本人のストレス　日本放送協会出版会
Nolan, M., Keady, J., & Grant, G. (1995). CAMI: A basis for assessment and support with family carers. *Br J Nurs*, **4**, 822-826.
Nurius, P. S., Norris, J., Young, D. S., Graham, T. L., & Gaylord, J. (2000). Interpreting and defensively responding to threat: Examining appraisals and coping with acquaintance sexual aggression. *Violence Vict*, **15**, 187-208.
O'Brien, M., Bahadur, M. A., Gee, C., Balto, K., & Erber, S. (1997). Child exposure to marital conflict and child coping responses as predictors of child adjustment. *Cognit Ther Res*, **21**, 39-59.
O'Brien, M., Margolin, G., & John, R. S. (1995). Relation among marital conflict, child coping, and child adjustment. *J Clin Child Psychol*, **24**, 346-361.

O'Brien, T. B., & DeLongis, A. (1996). The interactional context of problem-, emotion-, and relationship-focused coping: The role of the big five personality factors. *J Pers*, **64**, 775-813.

O'Brien, T. B., & DeLongis, A. (1997). Coping with chronic stress: An interpersonal perspective. In B. H. Gottlieb (Ed.), *Coping with chronic stress*. New York: Plenum Press. Pp. 161-190.

大渕憲一・福島　治（1997）葛藤解決における多目標—その規定因と方略選択に対する効果—　心理学研究, **68**, 155-162.

大渕憲一・小嶋かおり（1999）対人葛藤における方略選択—動機的, 認知的要因—　行動科学, **38**, 19-28.

Ohbuchi, K., & Tedeschi, J. T. (1997). Multiple goals and tactical behaviors in social conflicts. *J Appl Soc Psychol*, **27**, 2177-2199.

大西勝二（2002）職場での対人葛藤発生時における解決目標と方略　産業・組織心理学研究, **16**, 23-33.

大竹恵子・島井哲志・嶋田洋徳（1998）小学生のコーピング方略の実態と役割　健康心理学研究, **11**, 37-47.

Pakenham, K. I. (2001a). Coping with multiple sclerosis: Development of a measure. *Psychol Health Med*, **6**, 411-428.

Pakenham, K. I. (2001b). Application of a stress and coping model to caregiving in multiple sclerosis. *Psychol Health Med*, **6**, 13-27.

Pakenham, K. I. (2002). Development of a measure of coping with multiple sclerosis caregiving. *Psychol Health*, **17**, 97-118.

Pakenham, K. I. (2005). Relations between coping and positive and negative outcomes in carers of persons with multiple sclerosis (MS). *J Clin Psychol Med Setting*, **12**, 25-38.

Pape, K. T., & Arias, I. (1995). Control, coping, and victimization in dating relationships. *Violence Vict*, **10**, 43-54.

Park, C. L., Armeli, S., & Tennen, H. (2004). Appraisal-coping goodness of fit: A daily internet study. *Pers Soc Psychol Bul*, **30**, 558-569.

Pasch, L. A., & Bradbury, T. N. (1998). Social support, conflict, and the development of marital dysfunction. *J Consult Clin Psychol*, **66**, 219-230.

Pearce, M. J. (2005). A critical review of the forms and value of religious coping among informal caregivers. *J Relig Health*, **44**, 81-118.

Penley, J. A., Tomaka, J., & Wiebe, J. S. (2002). The association of coping to physical and psychological health outcomes: A meta-analytic review. *J Behav Med*, **25**, 551-603.

Pollina, L. K., & Snell, W. E. (1999). Coping in intimate relationships: Development of the multidimentional intimate coping questionnaire. *J Soc Pers Relatsh*, **16**, 133-144.

Polusny, M. A., & Follette, V. M. (1995). Long-term correlates of child sexual abuse: Theory and review of the empirical literature. *Appl Prev Psychol*, **4**, 143-166.

Portello, J. Y., & Long, B. C. (2001). Appraisals and coping with workplace interpersonal stress: A model for women managers. *J Couns Psychol*, **48**, 144-156.

Powers, D. V., Gallagher-Thompson, D., & Kraemer, H. C. (2002). Coping and depression in Alzheimer's caregivers: Longitudinal evidence of stability. *J Gerontol B Psychol Sci Soc Sci*, **57B**, P205-P211.

Pruchno, R. A., Burant, C. J., & Peters, N. D. (1997). Coping strategies of people living in multigenerational households: Effects on well-being. *Psychol Aging*, **12**, 115-124.

Pruchno, R. A., & Resch, N. L. (1989). Mental health of caregiving spouses: Coping as mediator, moderator, or main effect? *Psychol Aging*, **4**, 454-463.

Quayhagen, M. P., & Quayhagen, M. (1982). Coping with conflict: Measurement of age-related patterns. *Res Aging*, **4**, 364-377.

Quayhagen, M. P., & Quayhagen, M. (1988). Alzheimer's stress: Coping with the caregiving role. *Gerontologist*, **28**, 391-396.

Rahim, M. A. (1983). A measure of styles of handling interpersonal conflict. *Acad Manage J*, **26**, 368-376.

Rahim, M. A. (1997). Styles of managing organizational conflict: A critical review and synthesis of theory and research. In M. A. Rahim, & R. T. Golembiewski (Eds.), *Current topics in management*, Vol. 2. Greenwich, London, UK: Jai Press. Pp. 61-77.

Rahim, M. A. (2002). Toward a theory of managing organizational conflict. *Int J Confl Manage*, **13**, 206-235.

Rahim, M. A., & Bonoma, T. V. (1979). Managing organizational conflict: A model for diagnosis and intervention. *Psychol Rep*, **55**, 439-445.

Rahim, M. A., & Magner, N. R. (1995). Confirmatory factor analysis of the styles of handling interpersonal conflict: First-order factor model and its invariance across groups. *J Appl Psychol*, **80**, 122-132.

Reifman, A., Villa, L. C., Amans, J. A., Rethinam, V., & Telesca, T. Y. (2001). Children of divorce in the 1990s: A meta-analysis. *J Divorce & Remarriage*, **36**(1/2), 27-36.

Resick, P. A. (1993). The psychological impact of rape. *J Interpers Violence*, **8**, 223-255.

Ridley, C. A., Wilhelm, M. S., & Surra, C. A. (2001). Married couples' conflict responses and marital quality. *J Soc Pers Relatsh*, **18**, 517-534.

リクナビ NEXT (2007, August, 8). Retrieved November, 5, 2007, from http://rikunabi-next. yahoo. co. jp/news/stress_ranking/stress_ranking_01. html

Rogers, M. E., Hansen, N. B., Levy, B. R., Tate, D. C., & Sikkema, K. J. (2005). Optimism and coping with loss in bereaved HIV-infected men and women. *J Soc Clin Psychol*, **24**, 341-360.

Rogge, R. D., & Bradbury, T. N. (1999). Till violence does us part: The differing roles of communication and aggression in predicting adverse marital outcomes. *J Consult Clin Psychol*, **67**, 340-351.

Roodman, A. A., & Clum, G. A. (2001). Revictimization rates and method variance: A meta-analysis. *Clin Psychol Rev*, **21**, 183-204.

Rook, K. S. (2001). Emotional health and positive versus negative social exchanges: A daily diary analysis. *Appl Dev Sci*, **5**, 86-97.

Rose, A. J., & Asher, S. R. (1999). Children's goals and strategies in response to conflicts within a friendship. *Dev Psychol*, **35**, 69-79.

Rosenstiel, A. K., & Keefe, F. J. (1983). The use of coping strategies in chronic low back pain patients: Relationship to patient characteristics and current adjustment. *Pain*, **17**, 33-44.

Rubenstein, J. L., & Feldman, S. S. (1993). Conflict-resolution behavior in adolescent boys: Antecedents and adaptational correlates. *J Res Adolesc*, **3**, 41-66.

Runtz, M. G., & Schallow, J. R. (1997). Social support and coping strategies as mediators of adult adjustment following childhood maltreatment. *Child Abuse Negl*, **21**, 211-226.

Rusbult, C. E., Johnson, D. J., & Morrow, G. D. (1986a). Impact of couple patterns of problem solving on distress and nondistress in dating relationships. *J Pers Soc Psychol*, **50**, 744-753.

Rusbult, C. E., Johnson, D. J., & Morrow, G. D. (1986b). Determinants and consequences of exit, voice, loyalty, and neglect: Responses to dissatisfaction in adult romantic involvements. *Hum Relat*, **39**, 45-63.

Rusbult, C. E., Zembrodt, I. M., & Gunn, L. K. (1982). Exit, voice, loyalty, and neglect: Responses to dissatisfaction in romantic involvements. *J Pers Soc Psychol*, **43**, 1230-1242.

Rye, M. S., Folck, C. D., Heim, T. A., Olszewski, B. T., & Traina, E. (2004). Forgiveness of an ex-spouse: How does it relate to mental health following a divorce? *J Divorce & Remarriage*, **41**(3/4), 31-51.

坂口幸弘（2003）近親者の死に対する自己批判と運命帰属の関係と精神的健康に及ぼす影響　健康心理学研究, **16**, 10-19.

坂口幸弘・柏木哲夫・恒藤　暁（2001）配偶者喪失後の対処パターンと精神的健康との関連　心身医学, **41**, 439-446.

Salovey, P., & Rodin, J. (1988). Coping with envy and jealousy. *J Soc Cli Psychol*, **7**, 15-33.

Sanders-Dewey, N. E. J., Mullins, L. L., & Chaney, J. M. (2001). Coping style, perceived uncertainty in illness, and distress in individuals with Parkinson's disease and their caregivers. *Rehabil Psychol*, **46**, 363-381.

Sandstrom, M. J. (2004). Pitfalls of the peer world: How children cope with common rejection experiences. *J Abnorm Child Psychol*, **32**, 67-81.

Santello, M. D., & Leitenberg, H. (1993). Sexual aggression by an acquaintance: Methods of coping and later psychological adjustment. *Violence Vict*, **8**, 91-104.

Sarrazin, J., & Cyr, F. (2007). Parental conflicts and their damaging effects on children. *J Divorce & Remarriage*, **47** (1/2), 77-93.

Schumacher, J. A., & Leonard, K. E. (2005). Husbands' and wives' marital adjustment, verbal aggression, and physical aggression as longitudinal predictors of physical aggression in early marriage. *J Consult Clin Psychol*, **73**, 28-37.

Seiffe-Krenke, I. (2006). Coping with relationship stressors: The impact of different working models of attachment and links to adaptation. *J Youth Adolesc*, **35**, 25-39.

Selman, R. L., Beardslee, W., Schultz, L. H., Krupa, M., & Podorefsky, D. (1986). Assessing adolescent interpersonal negotiation strategies: Toward the integration of structural and functional models. *Dev Psychol*, **22**, 450-459.

Selman, R. L., & Yeates, K. O. (1987). Childhood social regulation of intimacy and autonomy: A developmental-constructionist perspective. In W. M. Kurtines & J. L. Gewirtz(Eds.), *Moral development through social interaction*. Oxford, UK: John Wiley and Sons. Pp. 43-101.

Sbarra, D. A., & Emery, R. E. (2005). The emotional sequelae of nonmarital relationship dissolution: Analysis of change and intraindividual variability over time. *Pers Relatsh*, **12**, 213-232.

Shah, A. A., Snow, A. L., & Kunik, M. E. (2001). Spiritual and religious coping in caregivers of patients with Alzheimer's disease. *Clin Gerontol*, **24**(3/4), 127-136.

白石純三・夏目 誠・村田 弘・大林千恵・古我貴史・奥田純一郎・日野林俊彦・藤井久和 (1990) 大学生におけるストレス評価法（第１報）―点数法によるストレス度の自己評価の試み―　大阪大学健康体育部紀要, **5**, 35-44.

Shulman, S., Tuval-Mashiach, R., Levran, E., & Anbar, S. (2006). Conflict resolution patterns and longevity of adolescent romantic couples: A 2-year follow-up study. *J Adolesc*, **29**, 575-588.

Sigal, J., Braden-Maguire, J., Patt, I., Goodrich, C., & Perrino, C. S. (2003). Effects of type of coping response, setting, and social context on reactions to sexual harassment. *Sex Roles*, **48**, 157-166.

Sigmon, S. T., Greene, M. P., Rohan, K. J., & Nichols, J. E. (1996). Coping and adjustment in male and female survivors of childhood sexual abuse. *J Child Sexl Abus*, **5**, 57-75.

Sikkema, K. J., Kochman, A., DiFranceisco, W., Kelly, J. A., & Hoffmann, R. G. (2003). AIDS-related grief and coping with loss among HIV-positive men and women. *J Behav Med*, **26**, 165-181.

Sillars, A. L., & Wilmot, W. W. (1994). Communication strategies in conflict and mediation. In J. A. Daly, & J. M. Wiemann(Eds.), *Strategic interpersonal communication*. Hillsdale, NJ: Lawrence Erlbaum Associates. Pp. 163-190.

Simpson, L. E., & Christensen, A. (2005). Spousal agreement regarding relationship aggression on the Conflict Tactics Scale-2. *Psychol Assess*, **17**, 423-432.

Smith, H. S., & Cohen, L. H. (1993). Self-complexity and reactions to a relationship breakup. *J Soc Clin Psychol*, **12**, 367-384.

Smith, R. E., Schutz, R. W., Smoll, F. L., & Ptacek, J. T. (1995). Development and validation of a multidimensional measure of sport-specific psychological skills: The

Athletic Coping Skills Inventory-28. *J Sport Exerc Psychol*, **17**, 379.

Snow, D. L., Sullivan, T. P., Swan, S. C., Tate, D. C., & Klein, I. (2006). The role of coping and problem drinking in men's abuse of female partners: Test of a path model. *Violence Vict*, **21**, 267-285.

Sorenson, K. A., Russell, S. M., Harkness, D. J., & Harvey, J. H. (1993). Account-making, confiding, and coping with the ending of a close relationship. *J Soc Behav Pers*, **8**, 73-86.

Sorkin, D. H., & Rook, K. S. (2006). Dealing with negative social exchanges in later life: Coping responses, goal, and effectiveness. *Psychol Aging*, **21**, 715-725.

Spaccarelli, S. (1994). Stress, appraisal, and coping in child sexual abuse: A theoretical and empirical review. *Psychol Bull*, **116**, 340-362.

Sprecher, S., Felmlee, D., Metts, S., Fehr, B., & Vanni, D. (1998). Factors associated with distress following the breakup of a close relationship. *J Soc Pers Relatsh*, **15**, 791-809.

Steel, J., Sanna, L., Hammond, B., Whipple, J., & Cross, H. (2004). Psychological sequelae of childhood sexual abuse: Abuse-related characteristics, coping strategies, and attributional style. *Child Abuse Negl*, **28**, 785-801.

Straus, M. A. (1979). Measuring intrafamily conflict and violence: The Conflict Tactics (CT) Scales. *J Marriage Fam*, **41**, 75-88.

Straus, M. A., Hamby, S. L., Boney-McCoy, S., & Sugarman, D. B. (1996). The Revised Conflict Tactics Scales(CTS2). *J Fam Issues*, **17**, 283-316.

Stöber, J. (2004). Dimensions of test anxiety: Relations to ways of coping with pre-exam anxiety and uncertainty. *Anxiety Stress Coping*, **17**, 213-226.

Su, J., Lee, R. M., & Vang, S. (2005). Intergenerational family conflict and coping among Hmong American college students. *J Couns Psychol*, **52**, 482-489.

Sullivan, M. J. L., Rodgers, W. M., & Kirsch, I. (2001). Catastrophizing, depression and expectancies for pain and emotional distress. *Pain*, **91**, 147-154.

Sullivan, M. J. L., Tripp, D. A., & Santor, D. (2000). Gender differences in pain and pain behavior: The role of catastrophizing. *Cognit Ther Res*, **24**, 121-134.

Sullivan, T. P., Meese, K. J., Swan, S. C., Mazure, C. M., & Snow, D. L. (2005). Precursors and correlates of women's violence: Child abuse traumatization, victimization of women, avoidance coping, and psychological symptoms. *Psychol Women Q*, **29**, 290-301.

Swiatek, M. A. (1995). An empirical investigation of the social coping strategies used by gifted adolescents. *Gifted Child Q*, **39**, 154-161.

Swiatek, M. A., & Dorr, R. M. (1998). Revision of the Social Coping Questionnaire: Replication and extension of previous findings. *J Secondary Gifted Educ*, **10**, 252-260.

谷口弘一 (2007) 解決先送りコーピング再考　同志社心理, **54**, 78-85.

谷口弘一・加藤　司 (2007) 対人ストレスと対人ストレスコーピング　日本社会心理学会大会発表論文集, 496-497.

Tarakeshwar, N., Hansen, N., Kochman, A., & Sikkema, K. J. (2005). Gender, ethnicity and spiritual coping among bereaved HIV-positive individuals. *Ment Health Relig Cult*, **8**, 109-125.

Temoshok, L. R. (1987). Personality, coping style, emotion, and cancer: Toward an integrative model. *Cancer Surv*, **6**, 837-857.

Temoshok, L. R. (2000). Complex coping patterns and their role in adaptation and neuroimmunomodulation: Theory, methodology, and research. *Ann NY Acad Sci*, **917**, 446-455.

Temoshok, L. R., & Dreher, H. (1992). *The type C connection: The behavioral links to cancer and your health*. New York: Random House.

Thomas, K. W. (1976). Conflict and conflict management. In M. D. Dunnette(Ed.), *Handbook of industrial and organizational psychology*. Chicago, IL: Rand Mcnally. Pp. 889-938.

Thomas, K. W., & Kilmann, R. H. (1974). *The Thomas-Kilmann conflict mode instrument*. New York: Xicom.

Thompson, M. P., & Vardaman, P. J. (1997). The role of religion in coping with the loss of a family member to homicide. *J Sci Stud Relig*, **36**, 44-51.

富田拓郎・大塚明子・伊藤 拓・三輪雅子・村岡理子・片山弥生・川村有美子・北村俊則・上里一郎 (2000b) 幼い子どもを失った親の悲嘆反応と対処行動の測定 カウンセリング研究, **33**, 32-44.

富田拓郎・瀬戸正弘・鏡 直子・上里一郎 (2000a) 死別体験後の悲嘆反応と対処行動—探索的検討— カウンセリング研究, **33**, 48-56.

友野隆成・橋本 宰 (2004a) 対人場面におけるあいまいさへの非寛容が対人ストレス過程に与える影響 日本心理学会第 68 回大会発表論文集, 965.

友野隆成・橋本 宰 (2004b) 対人場面におけるあいまいさへの非寛容とストレス過程—状況的コーピングによる検討— 日本教育心理学会第 46 回総会発表論文集, 159.

Torquati, J. C., & Vazsonyi, A. T. (1999). Attachment as an organizational construct for affect, appraisal, and coping of late adolescent females. *J Youth Adolesc*, **28**, 545-562.

Ullman, S. E. (1996). Social reactions, coping strategies, and self-blame attributions in adjustment to sexual assault. *Psychol Women Q*, **20**, 505-526.

Utsey, S. O., & Ponterotto, J. G. (1996). Development and validation of the Index of Race-Related Stress(IRRS). *J Couns Psychol*, **43**, 490-501.

Utsey, S. O., Ponterotto, J. G., Reynolds, A. L., & Cancelli, A. A. (2000). Racial discrimination, coping, life satisfaction, and self-esteem among African Americans. *J Couns Deve*, **78**, 72-80.

Valentiner, D. P., Foa, E. B., Riggs, D. S., & Gershuny, B. S. (1996). Coping strategies and posttraumatic stress disorder in female victims of sexual and nonsexual assault. *J Abnorm Psychol*, **105**, 455-458.

和田 実 (2000) 大学生の失恋関係崩壊時の対処行動と感情および関係崩壊後の行動的反応—性差と失恋関係進展度からの検討— 実験社会心理学研究, **40**, 38-49.

和気純子・矢冨直美・中谷陽明・冷水　豊（1995）在宅障害老人の家族介護者の対処（コーピング）に関する研究（2）—規定要因と効果モデルの検討：社会福祉援助への示唆と課題—　社会老年学, **39**, 24-34.

Wallerstein, J. S. (1986). Women after divorce: Preliminary report from a ten-year follow-up. *Am J Orthopsychiatry*, **56**, 65-77.

Weider-Hatfield, D. (1988). Assessing the Rahim Organizational Conflict Inventory-II (ROCI-II). *Manage Commun Q*, **1**, 350-366.

Weiss, R. L., & Summers, K. (1983). Marital Interaction Coding System-Ⅲ. In E. E. Filsinger (Ed.), *Marriage and family assessment: A sourcebook for family therapists.* Beverly Hills, CA: Sage. Pp. 85-115.

Wright, S. D., Lund, D. A., Caserta, M. S., & Pratt, C. (1991). Coping and caregiver well-being: The impact of maladaptive strategies. *J Gerontol Soc Work*, **17** (1/2), 75-91.

安井知己・藤島　寛（2006）自己に対する認知と対処行動との関係（1）—公的自己意識と対処行動との関係—　日本心理学会第70回大会発表論文集, 23.

Yeates, K. O., & Selman, R. L. (1989). Social competence in the schools: Toward an integrative developmental model for intervention. *Dev Rev*, **9**, 64-100.

横井美環・坂野雄二（1998）過剰適応と不合理な信念，対処スタイル，および心理的ストレス反応との関連について　ヒューマンサイエンス・リサーチ, **7**, 203-215.

Yoo, H. C., & Lee, R. M. (2005). Ethnic identity and approach-type coping as moderators of the racial discrimination/well-being relation in Asian Americans. *J Couns Psychol*, **52**, 497-506.

Yoshihama, M. (2002). Battered women's coping strategies and psychological distress: Differences by immigration status. *Am J Community Psychol*, **30**, 429-452.

Zietlow, P. H., & Sillars, A. L. (1998). Life-stage differences in communication during marital conflicts. *J Soc Pers Relatsh*, **5**, 223-245.

附録１　対人ストレスコーピング尺度

教示文

今まで，人間関係で生じるストレスを経験したことがあると思います。人間関係で生じるストレスとは，例えば，「けんかをした」，「誤解された」，「何を話していいのか，わからなかった」，「自分のことを，どのように思っているのか気になった」，「自慢話や，愚痴を聞かされた」，「嫌いな人と話をした」などの経験によって，緊張したり，不快感を感じたりしたことを言います。あなたが，実際に経験した人間関係で生じたストレスに対して，普段，どのように考えたり，行動したりしましたか。以下の項目に対して，「よくあてはまる」，「あてはまる」，「少しあてはまる」，「あてはまらない」から選択し，○をつけてください。

計算方法

それぞれの項目得点を「よくあてはまる」３点，「あてはまる」２点，「少しあてはまる」１点，「あてはまらない」０点とし，ポジティブ関係コーピング，ネガティブ関係コーピング，解決先送りコーピングごとに，項目得点を加算する。

項目番号	項目内容	方略の種類
1	自分のことを見つめ直した	ポジティブ
2	相手を受け入れるようにした	ポジティブ
3	相手を悪者にした	ネガティブ
4	相手の気持ちになって考えてみた	ポジティブ
5	相手の鼻を明かすようなことを考えた	ネガティブ
6	あまり考えないようにした	先送り
7	あいさつをするようにした	ポジティブ
8	たくさんの友人を作ることにした	ポジティブ
9	反省した	ポジティブ
10	こんなものだと割り切った	先送り
11	相手の良いところを探そうとした	ポジティブ
12	友達付き合いをしないようにした	ネガティブ
13	一人になった	ネガティブ
14	表面上の付き合いをするようにした	ネガティブ
15	自分の存在をアピールした	ポジティブ

（次のページに続く）

項目番号	項目内容	方略の種類
16	かかわり合わないようにした	ネガティブ
17	この経験で何かを学んだと思った	ポジティブ
18	積極的にかかわろうとした	ポジティブ
19	自分の意見を言うようにした	ポジティブ
20	無視するようにした	ネガティブ
21	人間として成長したと思った	ポジティブ
22	自分は自分，人は人と思った	先送り
23	何もせず，自然の成り行きに任せた	先送り
24	話をしないようにした	ネガティブ
25	相手と適度な距離を保つようにした	ネガティブ
26	気にしないようにした	先送り
27	そのことにこだわらないようにした	先送り
28	何とかなると思った	先送り
29	人を避けた	ネガティブ
30	積極的に話をするようにした	ポジティブ
31	そのことは忘れるようにした	先送り
32	これも社会勉強だと思った	ポジティブ
33	友人などに相談した	ポジティブ
34	相手のことを良く知ろうとした	ポジティブ

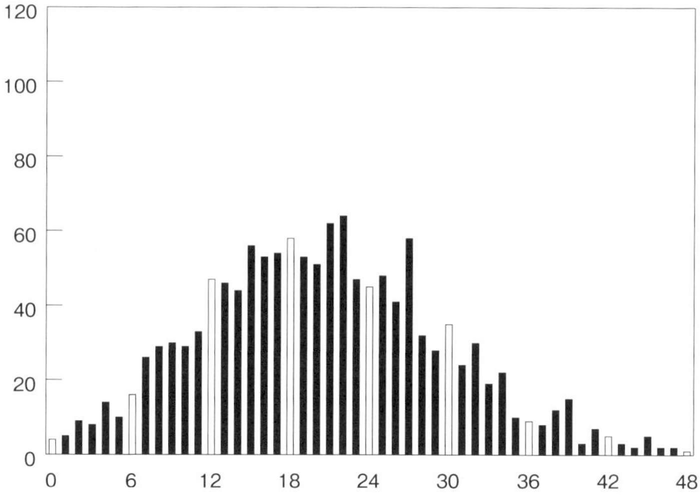

女性のポジティブ関係コーピングの得点分布（平均 20.46, 標準偏差 9.02）

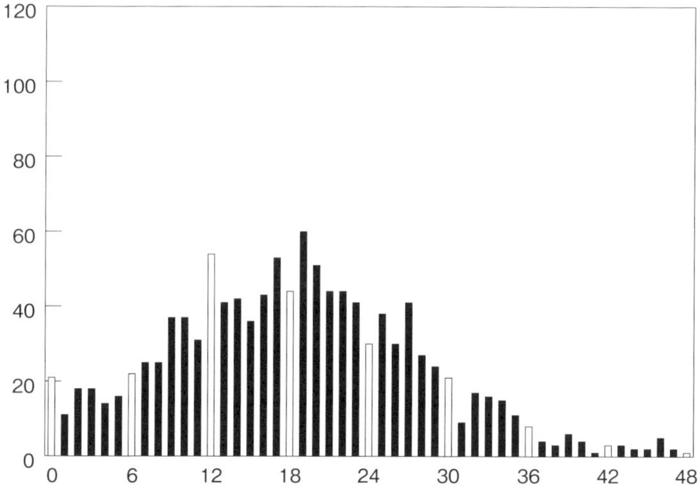

男性のポジティブ関係コーピングの得点分布（平均 18.37, 標準偏差 9.40）

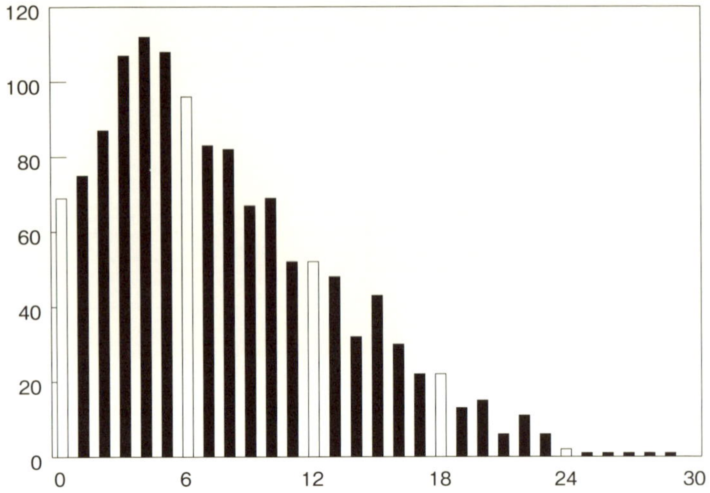

女性のネガティブ関係コーピングの得点分布（平均 7.66, 標準偏差 5.50）

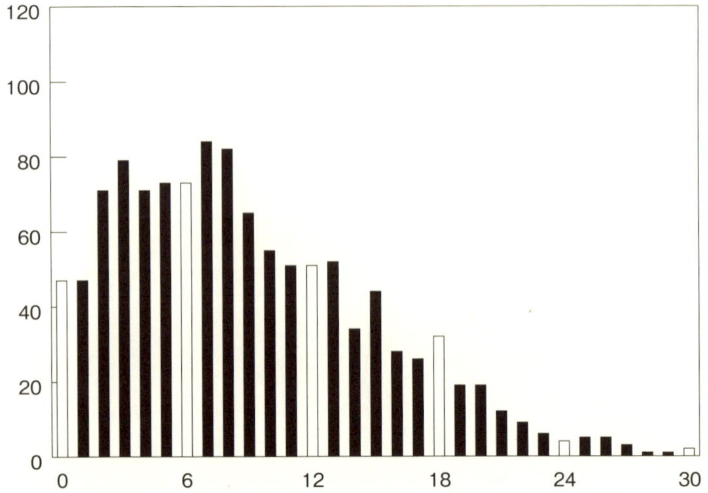

男性のネガティブ関係コーピングの得点分布（平均 8.88, 標準偏差 6.02）

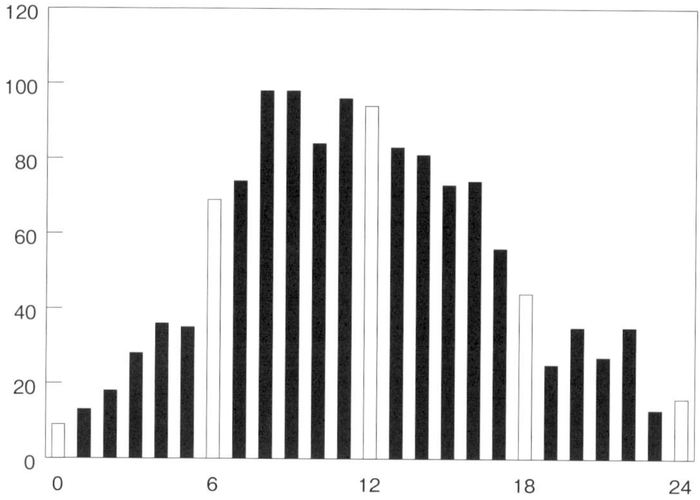

女性の解決先送りコーピングの得点分布（平均 11.80, 標準偏差 5.26）

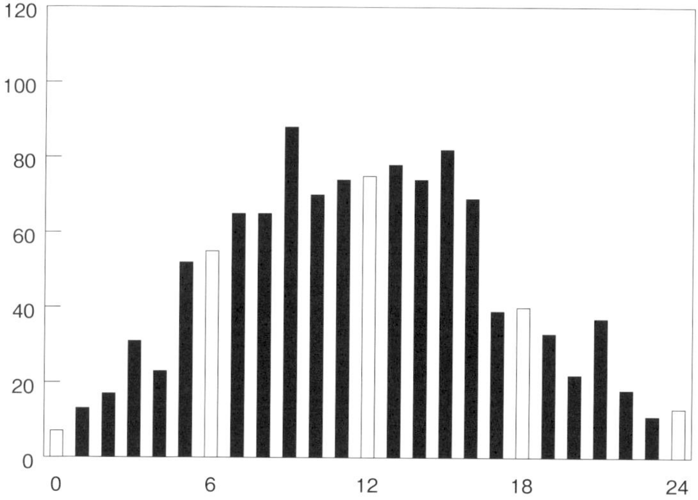

男性の解決先送りコーピングの得点分布（平均 11.79, 標準偏差 5.29）

附録2　小学生用対人ストレスコーピング尺度

項目番号	項目内容	方略の種類
4	友だちの気持ちになってみた	ポジティブ
6	あまり考えないようにした	先送り
11	友だちのいいところを見つけようとした	ポジティブ
12	友だちつき合いをしないようにした	ネガティブ
15	自分のことを，わかってもらおうとした	ポジティブ
16	かかわり合わないようにした	ネガティブ
19	自分の気持ちをわかってもらおうとした	ポジティブ
20	友だちを無視するようにした	ネガティブ
24	友だちと話をしないようにした	ネガティブ
26	気にしないようにした	先送り
27	そのことにこだわらないようにした	先送り
28	何とかなると思った	先送り
29	友だちをさけた	ネガティブ
31	そのことはわすれるようにした	先送り
34	友だちのことをわかろうとした	ポジティブ

注）項目番号は対人ストレスコーピング尺度（加藤, 2000, 2007a）に対応している。項目は著者が作成したが，出典は福田ら（2006）による。

索　引

あ

相手（other party）　18
アキノ（Aquino, K.）　159
アクセプタンス（acceptance）　100
アクセプタンス・コミットメント・セラピー（acceptance and commitment therapy）　100
アトシー（Utsey, S. O.）　169, 170
アラタ（Arata, C. M.）　165, 166
安全設計（safety planning）　164
安定性次元（stability）　81
イェーン（Jehn, K. A.）　13
意見の主張（speaking up）　170
意思決定（decision making）　47
いじめ　159
一次的コントロール（primary control coping）　29
祈り（praying）　170
イベント特定コーピング尺度（event-specific coping scales）　21
苛立ち・不安（nervous/anxiety）　163
ウァイス（Weiss, R. L.）　113
ウォラースタイン（Wallerstein, J. S.）　129
エイズ・ケアギバー・コーピング尺度（Coping in AIDS Caregivers）　136
NHKの全国調査　16
LCU得点（Life Change Unite Score）　2
大渕憲一　73
置き換え　131
夫の要求－妻の撤退（husband-demand/wife-withdraw）　39
大人に仲裁を求める方略（seek authority）　149
オブライエン（O'Brien, M.）　149
オブライエン（O'Brien, T. B.）　51
親子間葛藤（parent-child conflict）　145

か

カーデック（Kurdec, L. A.）　109, 124, 149
カーバー（Carver, C. S.）　21
解決先送りコーピング（postponed-solution coping）　21, 63, 68, 89, 99
解決策の産出（generation of alternatives）　47
解決への探求と感情表出（seeking resolution and expression of feelings）　172
外在化（externalizing）　142
懐柔的意見（conciliatory remarks）　40
改訂対人ストレスコーピング尺度（Interpersonal Stress-Coping Inventory Revised）　31
外的焦点型対処（externally focused coping）　161
回避（avoidance）　109, 131, 160, 161, 163
回避・情動型　136
回避スタイル（avoiding）　35, 65
回避スタイル（avoidance style）　47
回避的コーピング（avoidance coping）　9
回避・否認（avoidance/denial）　161
回避・無視（avoiding/ignoring）　170
解放的コーピング（disengagement coping）　29
過去との結びつきの維持と宗教への依存（maintaining the past and dependence on religion）　172
家族介護者対処スタイル尺度　136
家族コーピング尺度（Family Coping Behavior）　137
家族の絆の維持と自立（establishing autonomy while maintain family ties）　172
課題葛藤（task conflict）　13

片思い（unrequited love）　130
カタンザロ（Catanzaro, S. J.）　48
カッツ（Katz, B. L.）　163, 166
葛藤（conflict）　109, 114
葛藤から逃げようとする方略（avoid）　149
葛藤交戦（conflict engagement）　110
活動水準（activity level）　145
葛藤方略尺度（Conflict Resolution Styles Inventory）　109
カップル相互作用得点化システム（CISS：Couple Interaction Scoring System）　112
カップル相互作用評定システム（CIRS：Couples Interaction Rating System）　40
家庭内暴力（domestic violence）　51, 163
加藤　司　17, 18, 31, 33, 36, 51, 57, 61, 67, 68, 69, 72, 74, 76, 80, 81, 93, 95, 101, 130, 131, 132, 133, 176
我慢（endurance）　161
体を張ってケンカを止める（physical intervention）　149
関係解消　131
関係葛藤（relationship conflict）　13
関係焦点型対処（relationship-focused coping）　24
感情処理（affectivity）　28
感情制御（emotion-regulation）　48
感情表出（expressive）　163
感情表出（seeking resolution and expression of feelings）　172
感情表出・攻撃性（emoting or aggressing）　146
感情を表に出したりする方略（express feelings）　149
間接的問題解決（independent attempts to solve the problem）　146
完全な家族の維持（maintaining family integrity）　172
帰属スタイル（attributional style）　153
気晴らし（distancing）　19, 131
気晴らしなどによってストレスフルな情動を鎮める方略（dealing with stress symptoms）　136
ギャンブル（Gamble, W. C.）　146
ギューテク（Gutek, B. A.）　161
脅威　82
脅威の低減（minimization of threat）　28
共感的コーピング（empathic coping）　50
共感的コーピング尺度（Empathic Coping Scale）　51
協調（cooperation）　19
協調スタイル（cooperation）　34
協調－対立モデル（cooperative-competitive model）　34
共同コーピング（communal coping）　30
共同コーピングモデル（communal coping model）　26
共同ダイアディック・コーピング（common dyadic coping）　106
協力的な従事（supportive engagement）　135
拒絶　131
緊張緩和（family tension management）　137
空想（fantasy）　28
クエイヘイゲン（Quayhagen, M.）　27
グットマン（Goodman, L.）　164
グライク（Grych, J. H.）　148
クライントフ（Klinetob, K. A.）　118
クリステンセン（Christensen, A.）　38, 52, 116, 123
グルーバー（Gruber, J. E.）　160
グレイ（Gray, J. D.）　129, 130
クレイマー（Kramer, D.）　25
黒田祐二　20
ケアギバー（caregiver）　25, 134
ケア・マネジメント尺度（Care's Assessment of Management Index）　136
経験の回避（experiential avoidance）　100
原因帰属（casual attribution）　81
見解の相違（disagreement）　13
ケンカの理由を両親に尋ねる方略（question parent）　149
ケンカを止めるように言う（verbal intervention）　149
現実生活の成長（existential growth）　27
現実的援助の要請（practical assistance）　135
現実的対処（reality-based coping）　136

献身的ではない意見（noncommittal remarks）　40
建設的相互コミュニケーション（mutual constructive communication）　39
権力体制（power structure）　161
コイン（Coyne, J. C.）　25
攻撃（verbal aggression）　52
向社会的コーピング（prosocial coping）　26
向社会－反社会軸（prosocial-antisocial axis）　26
交渉（negotiation）　52, 160
交戦（engagement）　156
高速カップル相互作用得点化システム（RCISS：Rapid Couple Interaction Scoring System）　112
肯定的解釈（positive reappraisal）　19
肯定的解釈（positive reframing）　131, 135
肯定的関係焦点型対処（positive relationship-focused coping）　25
肯定的感情（positive affect）　114
肯定的コミュニケーション（positive communication）　40
肯定的支援ダイアディック・コーピング（positive supportive dyadic coping）　106
肯定的接近（positive approach）　109
肯定的ダイアディック・コーピング（positive form of dyadic coping）　106
肯定的見通し（positive outlook）　136
肯定的問題解決（positive problem solving）　110
公的ネットワーク（formal network）　164
行動制定（behavioral enactment）　43
行動的コーピング（behavioral coping）　9
行動的コーピング（behavioral strategies of coping）　51
行動療法（behavior therapy）　99
合理的問題解決スキル（rational problem-solving skills）　46
コーズィー（Causey, D. L.）　142
コーピング（coping）　6
コーピング（coping behavior）　4
コーピング行使者（protagonist）　18
コーピング資源（coping resources）　4
コーピング尺度（COPE）　22
コーピング尺度（Ways of Coping Questionnaire）　21
コーピング受動者（coping recipients）　18
コーピング日誌（daily diary measure of coping）　101
コーリン（Caughlin, J. P.）　121
コシチューレク（Kosciulek, J. F.）　137
個人的反応（personal responses）　161
コス（Koss, M. P.）　161
ゴットマン（Gottman, J. M.）　112
コナー・スミス（Conner-Smith, J. K.）　29
個別的人種差別（individual racism）　169
コミュニケーションスキル（communication skills）　114
コミュニケーション・パターン（communication pattern）　38
コミュニケーション・パターン尺度（CPQ：Communication Patterns Questionnaire）　38
コントロールの可能性（controllability）　5
コントロールの信念（personal control）　46

さ

再帰属（reattribution）　161
再婚の希望（hope of reunification）　149
差別　169
サポート希求（acquiring social support）　137
サポート希求（help seeking）　27
サポート希求（seeking social support）　19, 142, 146, 161
サポート希求（social support）　160
サポートと認証（support-validation）　114
サポートを求める方略（social support coping tendencies）　112
妨げ（interference）　14
サンテロ（Santello, M. D.）　164
シーガル（Sigal, J.）　162
ジェノフ・ブールマン（Janoff-Bulman, R.）　153
シェンク（Shenk, J. L）　123
時間的猶予仮説（enough time theory）　94
自己志向性（concern for self）　34

自己主張（assertion）　19
自己制御（self regulation）　48
自己制御（self-restrain）　19
自己成長による自律（establishing independence through self-development）　172
仕事への没頭と問題変化（working harder/trying to change things）　170
自己排除（self-removal）　160
自己破滅（self-destructive）　163
自信および問題解決（self-reliance/problem solving）　142
自責（self-blame）　149
失敗の恐怖（fear of failure）　145
失恋　130
失恋形態　131
失恋ストレスコーピング（coping with romantic break-ups）　131
私的ネットワーク（informal network）　164
児童虐待　151
児童・青年用のコーピング尺度　146
児童用夫婦間葛藤コーピング・インタビュー（Children's Marital Conflict Coping Strategies Interview）　149
児童用離婚信念尺度（Children's Beliefs about Parental Divorce Scale）　149
支配（dominance）　114
支配スタイル（dominating）　35, 65
自分を責める（self-blame）　149
自分を頼りにする方略（self-rely）　149
死別　171
死別対処行動尺度（Scale for Coping with Bereavement）　171
社会的コーピング（social coping）　162
社会的コーピング尺度（Social Coping Questionnaire）　145
社会的再適応評価尺度（Social Readjustment Rating Scale）　2
社会的情報処理モデル（social information-processing mechanisms）　43
社会的スキル（social skill）　42
社会的問題解決（social problem solving）　45
シャルマン（Shulman, S.）　124
宗教コーピング（religious coping）　139
集合的人種差別（collective racism）　170
集団内葛藤尺度（Intragroup Conflict Scale）　13
重要性　82
主張（assertion）　161
ジュリアン（Julien, D.）　115
準統合的コーピング（semi-integrative coping patterns）　128
傷害（injury）　52
小学生用対人ストレスコーピング尺度（Interpersonal Stress-Coping Inventory for Children）　31, 208
衝動・軽率スタイル（impulsive/careless style）　47
情動に焦点をあてた方略（emotional orientation）　111
情動焦点型対処（emotion-focused coping）　8
職場ストレス　156
叙述（description）　113
シラス（Sillars, A. L.）　40
シルバー（Silver, R. C.）　129, 130
人種差別（racism）　169
人種差別尺度（Perceived Racism Scale）　170
人種差別ストッレサー尺度（Index of Race-Related Stress）　169
身体的暴力（physical assault）　52
スウィアティツ（Swiatek, M. A.）　145
ストーキング（stalking, unwanted pursuit behavior）　131
ストラウス（Straus, M. A.）　51
ストレス状況のとらえ方を変えようとする方略（alternative perception of events）　136
ストレス反応（strain, distress）　2, 5
ストレスマネジメント（stress management）　101
ストレッサー（stressor）　2
スネル（Snell, W. E.）　111
スノウ（Snow, D. L.）　117
スミス（Smith, D. A.）　118
スミス（Smith, D. F.）　25
精神的健康　（well-being）　6

精神不安（dysphoric affect）　114
性的強制（sexual coercion）　52
性的暴力（sexual violence）　163
性的暴力コーピング尺度（Coping with How I Deal with Things）　163
制度的人種差別（institutional racism）　169
責任（blame）　113
セクハラ　159
セクハラ・コーピング尺度（Coping with Harassment Questionnaire）　161
積極的管理（active management）　137
積極的コーピング（approach coping）　9
積極的接近コーピング（active engagement）　25
接近－回避スタイル（approach-avoidance style）　46
接近・認知型　136
セリエ（Selye, H.）　2
セルマン（Selman, R. L.）　44
潜在的なストレッサー（potential stressor）　5, 15
全般性次元（globality）　81
専門家の介入（professional mediation）　160
相互回避コミュニケーション（mutual avoidance communication）　39
相互作用次元コード化システム（IDCS：Interaction Dimensions Coding System）　114
ソーシャル・サポート（social support）　41
促進（facilitation）　114
組織支援希求（seeking institutional or organizational relief）　161

た

ダイアディック・コーピング（dyadic coping）　106
ダイアディック・コーピング尺度（Dyadic Coping Questionnaire）　108
対決・交渉（confrontation/negotiation）　162
第三者（third parties）　18
第三世代の行動療法　99
大衆性・順応（population/conformity）　145
退出（exit）　111
対処行動　6
対処効力感（coping efficacy）　5, 82
対人過失（interpersonal blunder）　11
対人葛藤（interpersonal conflict, social conflict）　11, 13, 32
対人葛藤（橋本）　11
対人葛藤方略（interpersonal conflict resolution）　32
対人葛藤方略（DTCH：Dutch Test of Conflict Handling）　36
対人葛藤方略スタイル尺度（Handling Interpersonal Conflict Inventory）　36
対人交渉方略モデル（INS model）　44
対人ストレス（interpersonal stress）　176
対人ストレスイベント（interpersonal event）　9
対人ストレスイベント尺度（Scale of Interpersonal Stressor）　11
対人ストレス過程における社会的相互作用モデル（the interactional model in the interpersonal stress process）　95
対人ストレスコーピング（interpersonal stress coping）　17, 27, 31, 176
対人ストレスコーピング訓練（coping training for interpersonal stress）　101
対人ストレスコーピング尺度（Interpersonal Stress-Coping Inventory）　31, 203
対人ストレス状況（interpersonal stressful situation）　9
対人ストレッサー（interpersonal stressor, relationship stressor）　9, 14, 71
対人摩耗（interpersonal dislocation）　12
タイプC（type C）　49
対立（confrontation）　160
対立スタイル（competition）　34
対立的意見（confrontative remarks）　41
妥協スタイル（compromising, compromise）　36, 65
多次元モデル（multiaxial model of coping）　26
他者志向性（concern for others）　34
他者への接近（friend-marking）　19
谷口弘一　71, 94

多発性硬化症ケアギバー・コーピング尺度（Coping with MS Caregiving Inventory）　135
知識の獲得（resource acquisition）　137
父親の責任（paternal blame）　149
忠実（loyalty）　111
調和次元（integrative dimension）　66
直接的問題解決（direct problem management）　136
直接的問題解決（direct problem solve）　146
直接的要求（direct requests）　160
鎮静（defusion）　160
鎮静化（placating）　164
追従（compliance）　110
妻の要求－夫の撤退（wife-demand/husband-withdraw）　38
提案の変化（propose change）　114
ディーレンドンク（van Dierendonk, D.）　159
抵抗（resistance）　164
抵抗的コーピング（resistance coping）　168
手がかりの解釈（interpretation of cue）　43
手がかりの符号化（encoding of cue）　43
敵意　131
敵意的ダイアディック・コーピング（hostile dyadic coping）　107
撤退（withdraw）　114
テモショック（Temoshok, L. R.）　49
デュボウ（Dubow, E. F.）　142
デロンギス（DeLongis, A.）　51
天才児（Gifted Children）　144
天才の否認（denial of giftedness）　145
ドイッチュ（Deutsch, M.）　34
同意（validation）　114
統合スタイル（integrating）　35, 65
統合的コーピング（integrative coping patterns）　128
当事者（party）　18
ドゥズリラ（D'Zurilla, T. J.）　46
疼痛研究（pain）　24
疼痛研究（pain study）　26
頭部外傷の疑問減少（head injury demand reduction）　137
トーキアーティ（Torquati, J. C.）　147
特定感情得点化システム（SPAFF：Specific Affect Coding System）　112
ドッジ（Dodge, K. A.）　43
トマス（Thomas, K. W.）　34, 66
富田拓郎　171

な

内在化（internalizing）　142
内在性次元（internality）　81
内省（self-examination）　19
内省・自責（introspective self-blame）　109
内的焦点型対処（internally focused coping）　161
仲間の嘲笑と回避（peer ridicule and avoidance）　149
ナップ（Knapp, D. E.）　161
何もしない（helpless）　149
ニーボン（Kneebone, I. I.）　139
ニコロッティ（Nicolotti, L.）　150
二次的コントロール（secondary control coping）　29
二重関心モデル（dual concern model）　34
日常苛立ち事（daily hassles）　9
入手と構成（response access or construction）　43
認知行動療法（cognitive behavioral therapy）　99
認知症対処方略尺度（Dementia Management Strategies Scale）　137
認知・情動的コーピング（cognitive/affective strategies of coping）　51
認知的葛藤（cognitive conflict）　14
認知的コーピング（cognitive coping）　9
認知的評価（cognitive appraisal）　4, 5, 81
認知的方略（cognitive）　163
ネガティブ関係コーピング（negative relationship-oriented coping）　19, 63, 68, 88, 98
ネズ（Nezu, A. M.）　46
ノーラン（Nolan, M.）　136

は

バーキ（Barki, H.）　14
バーク（Berg, B.）　149
パーク（Park. C. L.）　16
バート（Burt, M. R.）　163, 166
パートナー暴力方略尺度（Intimate Partner Violence Strategies Index）　164
配分次元（distributive dimension）　66
破局的思考（catastrophizing）　26
パケナム（Pakenham, K. I.）　135
励まし（encouragement）　137
橋本　剛　11
バズソニー（Vazsonyi, A. T.）　147
発言（voice）　111
母親の責任（maternal blame）　149
反社会的コーピング（antisocial coping）　26
反応決定（response decision）　43
ピアース（Pearce, M. J.）　141
ヒインリッヒセン（Hinrichsen, G. A.）　137
引き下がり（withdraw）　110
引き下がり（withdrawal）　114
非現実的コントロール（illusory control）　161
非効果的葛藤方略尺度（Ineffective Arguing Inventory）　109
非交戦（disengagement）　156
否定的関係焦点型対処（negative relationship-focused coping）　25
否定的感情（emotional conflict, affection）　14
否定的感情（negative affect）　114
否定的感情制御（NMR：Negative Mood Regulation）　48
否定的コミュニケーション（negative communication）　40
否定的社会的交換（negative social exchange）　41
否定的ソーシャル・サポート（negative social support）　41
否定的ダイアディック・コーピング（negative form of dyadic coping）　107
非難・強制（criticism and coercion）　135
否認（denial）　114, 161
否認（non-recognition）　160
否認とごまかし（denial and equivocation）　40
批判（criticism）　137
ヒューストン（Huston, T. L.）　121
表面的ダイアディック・コーピング（supeficial dyadic coping）　107
ビルンバウム（Birnbaum, G. E.）　130
不安の軽減（reducing anxiety）　172
フィッツジェラルド（Fitzgerald, L. F.）　160
フータ（Futa, K. T.）　151
夫婦関係　39, 106
夫婦コーピング尺度（Marital Coping Inventory）　109
夫婦相互作用記号化システム（MICS：Marital Interaction Coding System）　113
フェルドマン（Feldman, C. M.）　117
フェルドマン（Feldman, S. S.）　147
フォルクマン（Folkman, S.）　8
服従スタイル（obliging）　35, 65
福田美紀　31, 63, 78
不敬な意見（irreverent remarks）　40
不統合的コーピング（non-integrative coping patterns）　128
ブラウン（Brown, S. D.）　129
プルーノ（Pruchno, R. A.）　138
ブルーメンソール（Blumenthal, R. L.）　176
ブレーク（Blake, R. R.）　34
フレージャー（Frazier, P. A.）　166
フロイト（Freud, S.）　56, 171
プロセス理論（process theory）　7, 56
文化的人種差別（cultural racism）　169
分析（analytic remarks）　40
分担ダイアディック・コーピング（delegated dyadic coping）　107
閉塞（obstruction）　160
ヘヴィ（Heavey, C. L.）　116
ヘップナー（Heppner, P. P.）　46
ペンリー（Penley, J. A.）　58
防衛機制（defense mechanisms）　6, 56
包括的コーピング尺度（coping scales with broad applicability）　21

法的対処（legal）　164
ボウマン（Bowman, M. L.）　108
暴力（getting violent）　170
暴力（violence）　52
ボーデンマン（Bodenmann, G.）　106
ホームズ（Holmes, T. H.）　2
ポジティブ関係コーピング（positive relationship oriented coping）　19, 63, 68, 84, 97
保身的緩和コーピング（protective buffering）　25
ホブフォール（Hobfoll, S. E.）　26
ポリナ（Pollina, L. K.）　111
ボルガー（Bolger, N.）　23

ま

マークマン（Markman, H. J.）　114
マーティン（Martin, P. R.）　139
マカビン（McCubbin, H. I.）　172
マクネリー（McNeilly, M. D.）　170
マスキング（masking）　160
マゾー（Mazor, A.）　128
的外れ（irrelevant）　114
見捨てられることへの脅威（fear of abandonment）　149
翠川純子　136
ミヤスコフスキー（Myaskovsky, L.）　138
未練　131
ムートン（Mouton, J. S.）　34
無効化（invalidation）　114
無視（neglect）　111
明確化と定式化（problem definition and formulation）　47
メイベリー（Maybery, D.）　10
メヴィッセン（Mevissen, N.）　159
メーシー（Macy, R. J.）　168
メリル（Merrill, L. L.）　153
目標の明確化（clarification of goals）　43
問題解決（problem solving and coping）　136
問題解決（problem solving）　27, 114
問題解決型　136
問題解決に関する方略（problem-solving orientation）　111
問題解決の自信（problem solving confidence）　46
問題回避・無視（avoid problem or do nothing）　146
問題志向（problem orientation）　46
問題焦点型対処（problem-focused coping）　8
問題となる関係に焦点をあてた方略（focus on relationship issues）　111
問題の回避（avoidance）　135
問題を回避する方略（escape from problems）　111

や

ヤンセン（Janssen, O.）　36
友人関係　142
友人ストレッサー　142
友人の受容（peer acceptance）　145
友人や兄弟に助けを求める方略（seek peer/siblings）　149
ユーモアに関する方略（humor coping）　112
宥和（appeasement）　161
許し（forgiveness）　129
許し（forgetting it）　170
要求－撤退コミュニケーション（demand/withdraw communication）　38, 116, 117, 118, 123
要求－撤退役割（demand/withdraw roles）　39
擁護希求（advocacy seeking）　162
ヨー（Yoo, H. C.）　170
ヨシハマ（Yoshihama, M.）　165
予防的コーピング（proactive coping）　168

ら

ライ（Rye , M. S.）　129
ライアンズ（Lyons, R. F.）　30
ライフイベント（life events）　9
ライマー（Reimer, D. A.）　129
ラザルス（Lazarus, R. S.）　4, 56
ラヒム（Rahim, M. A.）　36, 64
ランド（Land, H.）　136
離愛（dating relationship dissolution）　130

リー（Lee, C.）　156
リー（Lee, R. M.）　170
離隔（detachment）　161
離隔（distancing）　142
リクナビ NEXT　16
履行と検証（solution implementation and verification）　47
利己的行動（self-interest）　109
離婚　128
離婚コーピング・インタビュー（Coping with Divorce Interview）　128
離婚反応尺度（Divorce Reaction Inventory）　130
理性的話し合い（reasoning）　52
リドリー（Ridley, C. A.）　117, 121
リトルトン（Littleton, H.）　168
離別コーピング尺度（Coping with Separation Inventory）　172
両価性ダイアディック・コーピング（ambivalent dyadic coping）　107
両親間葛藤（interparental conflict）　147
両親間葛藤知覚尺度（Perception of Interparental Conflict Scale）　148
ルーベンシュタイン（Rubenstein, J. L.）　147
ルスブルト（Rusbult, C. E.）　110, 126
レイ（Rahe, R. T.）　2
恋愛関係　106
ローク（Rook, K. S.）　41
ローソン（Laursen, B.）　76, 78, 155
ロング（Long, B. C.）　156
ロング（Long, J.）　136
ロンダール（Londahl, E. A.）　47

わ

話題の扱い（topic management）　40

英文索引

Coping Strategies Inventory　27
CTS：Conflict Tactics Scales　51
CTS-2：Revised Conflict Tactics Scale　52
MODE：Management of Differences Exercise　36
Multidimensional Intimate Coping Questionnaire　111
PSI：Problem Solving Inventory　46
Responses to Stress Questionnaire：Social Stress Version　29
ROCI-Ⅱ：Rahim's Organizational Conflict Inventory-Ⅱ　36
Self-Report Coping Measure　142
SPSI：Social Problem-Solving Inventory　46
Ways of Coping Questionnaire　8, 21

著者紹介
加藤　司（かとう　つかさ）
関西学院大学文学研究科心理学専攻 2002 年修了
（心理学）博士
現在，東洋大学社会学部社会心理学科教授

対人ストレスコーピングハンドブック
人間関係のストレスにどう立ち向かうか

2008 年 4 月 10 日　初版第 1 刷発行　　定価はカヴァーに
2020 年 9 月 30 日　初版第 9 刷発行　　表示してあります。

著　者　加藤　司
発行者　中西　良
発行所　株式会社ナカニシヤ出版
〒606-8161　京都市左京区一乗寺木ノ本町15番地
Telephone　075-723-0111
Facsimile　075-723-0095
郵便振替　01030-0-13128
URL　http://www.nakanishiya.co.jp/
Email　iihon-ippai@nakanishiya.co.jp

装幀＝岩本なお／印刷・製本＝ファインワークス

Printed in Japan.
ISBN978-4-7795-0222-4 C3011